Für meinen Mann

Ich glaube, dass die Historien, so man nach unseren Zei-
ten von diesem Hof schreiben wird, artiger und zeitver-
treiblicher als kein Roman sein werden; ich fürchte, unsere
Nachkommen werden es nicht glauben können und nur für
Märchen halten ...

LISELOTTE VON DER PFALZ,
Herzogin von Orléans

Auftretende Personen

In der Herrschaftszeit von Ludwig dem XIV. von Frankreich (1638–1715) trugen viele Menschen dieselben Vornamen. Insofern setze ich die Namen, mit denen ich die Personen in diesem Roman bezeichne, in Großbuchstaben.

MADAME MARIE-Catherine D'AULNOY
JUDITH, ihre Mutter
NICOLAS, ihr Vater
BARON D'AULNOY, ihr Mann, getrennt lebend
Charles BONENFANT, ihr Geliebter, verstorben
JUDITH, Tochter
THÉRÈSE, Tochter
FRANÇOISE, Tochter
BELLE-BELLE, Seidenäffchen
MIMI, Amme
ANNE, Köchin
BERTHE, Dienstmädchen

Im Salon
CHARLES PERRAULT
MARIE Perrault, seine Frau, verstorben
CHARLES, Sohn
PIERRE, Sohn

Madame Marie-Jeanne L'Héritier de Villandon,
bekannt als TÉLÉSILLE, Perraults Cousine

MADAME HENRIETTE-Julie DE MURAT

COMTE DE MURAT, ihr Mann

MADAME ANGÉLIQUE TIQUET

CLAUDE, ihr Mann

MOURA, ihr Diener

MADAME MIAOU, ihre Katze

Charles BRIOU

CHARLOTTE-ROSE Caumont de La Force, Zofe der
Dauphine, der Kronprinzessin

Prinzessin Marie Anne de Bourbon, genannt FÜRSTIN
VON CONTI, die offiziell anerkannte Tochter
Ludwigs des XIV. mit Athénaïs

ABBÉ Charles COTIN, Geistlicher

Charles de SAINT-ÉVREMOND

Am Hof

KÖNIG LUDWIG XIV. von Frankreich (Louis XIV)

Madame de Montespan, bekannt als ATHÉNAÏS,
die offizielle Mätresse des Königs

MADAME DE MAINTENON, die neue Mätresse des Königs

Jean-Baptiste COLBERT, Finanzminister

Maria Anna Christina Victoria von Bayern, bekannt als
DAUPHINE, Gemahlin des französischen Thronfolgers

FAGON, Leibarzt

LA VOISIN, Weissagerin

Gabriel Nicolas de La REYNIE, Polizeichef

Inhalt

1. Das Märchen von der Eselshaut, *erster Teil* 13
2. Das Märchen vom guten Mädchen 25
3. Das Märchen von der Eselshaut, *zweiter Teil* 37
4. Das Märchen vom Gift 52
5. Die Märchen von Anguillette und Rotkäppchen 71
6. Das Märchen vom schönen Prinzen 94
7. Das Märchen vom gläsernen Pantöffelchen 106
8. Das Märchen vom Widder 113
9. Das Märchen von der Insel der friedvollen Freuden 122
10. Das Märchen von der Birne 130
11. Das Märchen vom grünen Fröschlein 131
12. Das Märchen von der geschickten Prinzessin oder: Abenteuer der Finette 137
13. Das Märchen von der Bärenhaut 151
14. Das Märchen von der Hexe 160
15. Das Märchen von Blaubart 175
16. Das Märchen von Persinette 182
17. Das Märchen von der Rose 202
18. Das Märchen von der Gänsemagd 212
19. Die Märchen von Ricdin-Ricdon und den drei lächerlichen Wünschen 219
20. Das Märchen vom Spieglein 235
21. Das Märchen vom Ballkleid 239

22. Das Märchen vom gestiefelten Kater   246

23. Das Märchen von der weißen Katze   259

24. Das Märchen von den Töchtern   266

25. Das Märchen vom verzauberten Brief   277

Anmerkungen der Autorin   283

Danksagungen   285

Quellen   287

1.

Das Märchen von der Eselshaut
erster Teil

E s war einmal ein großer König. Manche sagten, vielleicht sei er sogar der mächtigste Herrscher, der je gelebt hatte. Außerdem sagte man – natürlich –, er habe in Friedenszeiten gerecht regiert und in Kriegszeiten großen Schrecken verbreitet. Seine Untertanen lebten in vollkommener Zufriedenheit, und seine Feinde bebten vor Furcht. Dieser König hatte – natürlich – die tugendhafteste und schönste Gemahlin, die man sich nur vorstellen kann. Aus ihrer Ehe erwuchs eine mit vielen Reizen und Tugenden gezierte Prinzessin. Das glückliche Paar der Landeseltern lebte in schönster Eintracht.«

So beginnt Charles Perrault sein Märchen von der »Eselshaut«. Und so wollen auch wir unsere Geschichte beginnen.

Im Salon der Madame d'Aulnoy beugt sich Perraults kleine Schar von Zuhörerinnen gespannt auf den Polsterstühlen vor, um zu hören, welche Katastrophe über diese perfekte Familie hereinbrechen wird. Denn die Kraft, die hinter allen Geschichten steckt, ist eine zerstörerische Kraft – das Verlangen, das, was *ist*, für das, was *sein könnte*, niederzubrennen. Es ist Spätherbst im ausgehenden siebzehnten Jahrhundert, während der Regierungszeit von Ludwig dem XIV. Man sitzt versammelt in einem luxuriösen Zimmer an der Rue Saint-Benoît in Paris, hat es gemütlich zwischen schwerem, besticktem, korallenrotem Brokat; Kerzenflammen tanzen dicht an jedem Ärmelsaum.

Kurz zuvor ist Charles Perrault den Mitgliedern dieses elitären, intellektuellen Zirkels vorgestellt worden, der regelmäßig in dem Salon zusammenkommt und sich Geschichten erzählt, die zu dieser Zeit meist noch »Geschichten von Mutter Gans« genannt werden; manche bezeichnen sie als Erzählungen vom Storch oder von der Eselshaut. Uns sind sie vielleicht unter ihrem moderneren Namen bekannt: *contes de fées,* die Märchen. Ja, es war Madame d'Aulnoy selbst, die diesen Begriff geprägt und damit für ein wahres Märchenfieber gesorgt hat.

Normalerweise kann Charles sich Namen gut merken, aber als er jetzt den Blick über die Gesichter schweifen lässt, merkt er, dass er etliche schon wieder vergessen hat. Da sitzt seine Cousine, Marie-Jeanne L'Héritier de Villandon, temperamentvoll und ein wenig frömmelnd – er muss sie einfach mögen, auch wenn er sich von ihrem wohlwollend glänzenden, gewöhnlichen Gesicht ein wenig abgestoßen fühlt. Seine Cousine hat ihn in diese Runde eingeführt, weil sie hofft, ihn damit etwas aus seiner Melancholie zu reißen. Hier möchte sie Télésille genannt werden – die Mode verlangt einen Salonnamen, und sie hat sich nach der griechischen Dichterin Telesilla benannt, die die Frauen von Argos im antiken Hellas in den Kampf führte. Charles empfindet das Ganze als ein wenig absurd, versucht aber aus Höflichkeit mitzuspielen.

Während er sich umsieht, bemerkt er auch eine der außerehelichen Töchter des Königs, die Fürstin von Conti, die mit der Selbstverständlichkeit einer mächtigen Frau dasitzt, als habe sie unter den Röcken die Beine weit gespreizt. Die Prinzessin, eine Blondine mit reiner Haut und starkem Kinn, trägt weder Perücke noch Make-up. Sie ist attraktiv, aber mehr in der Art eines schneidigen jungen Prinzen als einer Prinzessin – verwegen raucht sie eine Tabakspfeife.

Die reiche Erbin Madame Angélique Tiquet erkennt er sofort – dekadent lümmelt sie sich auf dem Sessel zu seiner Linken in einem rosa Schäferinnenkleid, das sie aus der Kostümkiste des Salons geborgt hat (für die Darstellung in einem vorherigen Märchen an diesem Abend), ihren Hirtenstab hält sie immer noch wie ein Zepter in der Hand. Angélique Tiquet ist die Art Frau, die trotz fortschreitenden Alters aus jedem Kleid zu platzen droht; Zuckerkristalle kleben in den Winkeln ihres üppigen Mundes mit dem fauligen Schneidezahn. Begleitet wird sie von einer weißen Katze mit juwelenbesetztem Halsband, die sie oft unter dem Arm mit sich herumträgt.

Daneben sitzt einer der wenigen Männer, die in diesem Zirkel zugelassen worden sind – Abbé Cotin, ein mittelmäßiger Geistlicher, der gähnend langweilige Sonette verfasst. Und er sieht die scharfzüngige Madame Henriette de Murat, deren Nasenflügel sich über die reine Anwesenheit des Abtes empört blähen. Dann ist da noch die hübsche, in der allerneuesten Mode gekleidete, aber schrecklich eitle Charlotte-Rose Caumont ... de La Irgendwas – ach ja, richtig, Force –, die er als Zofe vom Hof her kennt. Und die anderen? Niederer Adel. Wer ist der hochgewachsene junge Mann mit den langen Wimpern?

Dickflüssige heiße Schokolade wird in sehr schönem, hellgrün glasiertem Porzellan serviert. Nach jedem Kakaoschlückchen lecken sich die Damen über Zähne und Oberlippe, weil sie braune Rückstände fürchten.

Es ist Perraults erster Besuch im Salon, und er will die Herzen für sich gewinnen, um seiner Cousine und seiner selbst willen. Das Märchen von der »Eselshaut« – *Peau d'Âne* – hat ihn schon immer entzückt, seit sein Kindermädchen es ihm am glimmenden Kaminfeuer erzählt hat. Als eines der vierzig hoch geachteten Mitglieder der Académie française, der Institution zur Pflege der französischen Sprache, bekannt als *les immortels*, nach dem Motto der Akademie, *À l'immortalité* (»Zur Unsterblichkeit!«), glaubt er, eine kleine, literarisch interessierte Zuhörerschaft wie diese leicht für sich gewinnen zu können – die Geschichte muss nur kurz und spritzig sein: ein Glas Champagner, ausgetrunken, bevor man es in der Hand bemerkt hat.

Wer sich einen Augenblick Zeit nimmt, Perrault näher zu betrachten, sieht einen Mann Anfang sechzig vor sich, mit einer braunen Perücke, die an einen wohlfrisierten Cockerspaniel erinnert. Man sagt, er sei in sein Gesicht hineingewachsen, das offen ist, mit glänzenden Augen, die nicht anders können, als vergnügt in die Welt zu schauen. Er ist ein weltgewandter Mann mit echtem Charisma, der über die große Gabe verfügt, an jedem interessiert zu sein, vom Kronprinzen bis zur Köchin. Ein paar funkelnde Momente lang seine Aufmerksamkeit zu genießen, bedeutet für gewöhnlich, ihn zu mögen, ein Effekt, der ihm insgeheim sehr wohl bewusst ist.

»Man stelle sich nur den prächtigen Palast des Königs vor!«, fährt er jetzt fort. »Höflinge kommen aus aller Welt, um die Gemälde von Rubens und Leonardo zu bewundern, die Statuen von Bernini, den verschwenderischen Spiegelsaal ...« Das sorgt für Gelächter, sein Publikum versteht, dass er sich auf den Spiegelsaal Ludwigs des XIV. im hinreißenden Schloss von Versailles bezieht, eines der Wunder des Abendlandes – den Saal, den Charles Perrault persönlich mit über dreihundert großen Spiegeln ausstatten ließ. Es ist der vermutlich berühmteste Raum in ganz Frankreich, eine Aladinshöhle voll vorteilhaft beleuchteter Schönheiten, die auf unendliche Spiegelungen ihrer Selbst blicken. Damit, dass Perrault Versailles anspricht, bekennt er sich zu dem, was in dieser Runde sowieso allgemein bekannt ist: dass er seit dem Tod seines Freundes Colbert bei Ludwig dem XIV. in Ungnade gefallen ist. Niemand soll glauben, das Thema Versailles dürfe seinetwegen nicht erwähnt werden. Immerhin bezieht er nach wie vor seine Pension und ist stolz auf das, was er dort erreicht hat. Einen neuen Lebensabschnitt zu beginnen, ist keine Schande.

Perrault blickt Madame d'Aulnoy beim Erzählen direkt in die Augen, weil er vor allem seiner Gastgeberin eine Freude machen will. Marie d'Aulnoys vor Kurzem veröffentlichter Roman »Historie des Hipolytus, Grafen von Duglas« war eine Sensation in der Pariser Gesellschaft, und er möchte die Verfasserin sehr gern kennenlernen – aber in ihrem Blick ist etwas Kühles, Zurückweisendes. Kurz hat Perrault einen Turm mit gläsernen Wänden vor Augen und sich selbst als fahrenden Ritter, der verzweifelt an dem glatten Turm hochzuklettern versucht. Das ist kein ihm vertrautes Gefühl. Er versucht, einen verspielten Tonfall anzuschlagen, merkt aber, dass es neu und beunruhigend für ihn ist, so leichthin über Könige und Paläste zu sprechen. Ist das der Grund, warum die Damen sich hier Märchen erzählen? Um rebellische Gedanken unter dem Deckmantel von Kindergeschichten am Zensor vorbeizuschmuggeln?

Wenn man anderen eine Geschichte erzählt, improvisiert man bis zu einem gewissen Grad immer aus dem Augenblick heraus, und sein Instinkt sagt Perrault, dass er die Handlung vorantreiben muss. »In den Stallungen des Königs gab es prächtige Pferde aller Arten«, fährt er schnell fort. »Doch alle, die den Stall betraten, sahen mit großem Staunen – zu reden wagten sie kaum darüber –, dass der Ehrenplatz von einem abscheulichen Esel mit riesengroßen Ohren eingenommen wurde. Diesen Platz hatte sich der Esel damit verdient, dass er morgens nicht Eselsmist kackte, sondern Goldtaler.«

Es wird gelacht – ein einfacher Lacher, das weiß er. Die Augen seiner Cousine Télésille leuchten ihm mit einer seltsamen Mischung widerstreitender Gefühle entgegen – er vermutet, dass sie ihre persönliche Abneigung gegen diese Art von Humor herunterschluckt –, zugleich vertraut er aber seiner Fähigkeit, den Raum in seinen Bann zu ziehen.

»Gott aber, der uns Gutes und Böses schickt, damit wir nicht träge werden, ließ die Königin erkranken. Sie wurde blass und dünn, ihre Augen glasig. Weder erfahrene Ärzte noch Scharlatane konnten etwas gegen ihr Fieber ausrichten. Wie die Königin ihr letztes Stündlein herannahen fühlte, sprach sie zu ihrem Gatten wie folgt: ›Versprecht mir, dass Ihr nicht eher zum zweiten Mal heiraten werdet, bis Ihr eine Dame gefunden habt, die klüger und schöner ist als ich.‹ Man muss nämlich wissen, dass die Königin in ihrer Eitelkeit sicher war, dass es ihrem Mann unmöglich sein würde, eine solche Frau zu finden, und ihr letzter Wunsch würde dem König eine erneute Verehelichung unmöglich machen. Es soll nicht verschwiegen werden, dass ein Gefühl der Befriedigung sie erfüllte, als sie ihren letzten Atemzug tat. Sie ahnte nichts von den schrecklichen Ereignissen, die sie damit in Bewegung setzte. ›Natürlich, meine liebe Königin, ich will Euch jeden Wunsch erfüllen‹, schluchzte der König, als sie in seinen Armen starb.«

(Charles schluckt den Speichel hinunter, der sich auf seiner Zunge sammelt. Er wird nicht daran denken, nicht hier in der Öffentlichkeit. Er wird nicht daran denken.)

»Mehrere Monate lang war der König untröstlich, aber dann bedrängten ihn die Höflinge, er müsse für einen männlichen Erben sorgen, und er willigte in eine zweite Ehe ein. Das war jedoch leichter gesagt als getan, da er seinen Schwur auf keinen Fall brechen wollte. Wer konnte seiner seligen Königin in Intelligenz und Schönheit gleichen? Nur seine eigene Tochter, die ihn mit ihrer anmutigen Gestalt und ihren himmelblauen Augen täglich mehr betörte. Nur seine Tochter.

Der Gedanke nistete sich in seinem Kopf ein und verzehrte seine Eingeweide. Er begann, von ihm Besitz zu ergreifen. *Nur seine Tochter.* Sie war seine Gattin in Miniaturausgabe, die Wiedergeburt seiner Frau. Die Antwort auf das Rätsel. Nur durch die Verehelichung mit seiner eigenen Tochter konnte er halten, was er seiner Königin auf dem Sterbebett geschworen hatte! Und so gestand er der Prinzessin eines Tages, als sie vor seinen Füßen spielte, dass er sie, nur sie, heiraten wolle. Seine Tochter lachte, als handle es sich um einen Witz, aber dann wurde ihr klar, dass es kein Witz war. ›Bitte macht mir keine Angst, Vater.‹

›Deine Mutter wollte es so. Es war ihr letzter Wunsch.‹

›Bitte sprecht nicht so seltsam mit mir‹, erwiderte die Prinzessin und zitterte, als habe sich ein Schatten über sie gelegt.

In dieser verzweifelten Lage blieb der armen Prinzessin nichts übrig, als sich an ihre gute Fee zu wenden, die in einer Höhle aus« – Perrault lässt den Blick durch das Zimmer mit den schweren, korallenroten Stoffen und schimmernden Kerzenleuchtern schweifen und improvisiert – »Korallen und Perlen lebte.«

Perraults vorwiegend weibliches Publikum nickt zustimmend, die weißen Perücken bewegen sich im Gleichtakt wie ein Schwarm Tauben, dem man Körner hinwirft. Seine Zuhörerinnen scheinen sich einig zu sein, dass dies der Ort ist, an dem gute Feen zu finden wären. Das Schlürfen von Getränken ist zu hören, das Klirren einer Tasse auf einer Untertasse, das beständige Knistern des Feuers. Der Kamin ist ein wenig zu gut angeheizt, Perrault ist schweißgebadet – Lampenfieber kann es ja nicht sein. Bei öffentlichen Auftritten bekämpft er seine Nervosität oft damit, dass er sich das Publikum nackt vorstellt, aber in diesem Fall – inmitten so vieler Vertreterinnen des weiblichen Geschlechts – befürchtet er, dass diese Technik seine Transpiration nur noch verstärken würde.

Er öffnet wieder den Mund. »›Ich weiß, warum Ihr da seid‹, sprach die gute Fee. ›Euer Herz ist schwer. Aber wir guten Feen besitzen Listen und Schliche. Sicherlich wird Euch kein Leid zustoßen, wenn Ihr Euch an meinen Rat haltet. Sagt Eurem Vater, er müsse Euch ein Kleid von der Farbe des Himmels verschaffen, bevor Ihr ihn heiraten könnt. Das wird ihm nicht gelingen.‹ Und so trat die Prinzessin zitternd vor ihren Vater. Doch als er ihren Wunsch vernahm, ließ er sogleich die besten Schneider des ganzen Reichs kommen. Sie sollten auf der Stelle ein Kleid von der Farbe des Himmels anfertigen, sonst würde er sie allesamt hängen. Schon am nächsten Tag bekam die Prinzessin ihr Kleid. Es strahlte im changierenden Blau des Himmels.

Als Nächstes riet ihr die gute Fee: ›Bittet ihn um ein Kleid von der Farbe des Mondes. Das wird ihm sicherlich nicht gelingen.‹ Doch dem mächtigsten König, der je über die Welt geherrscht hat, war fast nichts unmöglich. Der König ließ seine Stickerinnen kommen, drohte ihnen, und schon vier Tage später war das Kleid von der Farbe des Mondes fertig – selbst im dunklen Kleiderschrank verströmte es ein gespenstisches Licht.

›Na gut‹, sagte die Fee, diesmal mit einem schon etwas besorgteren Gesicht. ›Wir versuchen es noch einmal – ein Kleid, so leuchtend wie die Sonne. Wie soll man so etwas zustande bringen? Es in Brand setzen?‹ Diesmal ließ der König seinen Goldschmied kommen und befahl ihm, ein Tuch aus Gold und Juwelen anzufertigen; wenn es ihm misslinge, würde ihm der Kopf abgehackt. In nicht einmal einer Woche hatte der Juwelier ein Kleid vollendet, das die Augen so blendete, dass es kleine, schwebende Punkte auf der Netzhaut hinterließ.«

Diesen Teil des Märchens erzählt Perrault gern – die klare Struktur. Der Rhythmus. Er mag es, wenn Dinge Gestalt annehmen. Und Perrault mag schöne, erlesene Dinge: Fresken, Hyazinthen, Uhrmacher, Marzipan, Schmetterlingsflügel, goldenes Tafelgeschirr, Springbrunnen, gute Schuhe, den Gesang der Nachtigall. Er ist ein Ästhet. Trotz aller Enttäuschungen, die er am Ende am Hof von Versailles erlebt hat, versucht er, stolz auf das zu sein, was er dort miterschaffen hat: Zivilisation.

Im Raum ist es mucksmäuschenstill – er hat seine Zuhörerinnen in den Bann gezogen –, als er sein Märchen weitererzählt: »Die Prinzessin wusste, dass sie sich eigentlich beim König bedanken müsste, aber das Wort blieb ihr in der Kehle stecken. Da zischte ihr die gute Fee den nächsten Rat ins Ohr: ›Ich hab's! Bittet ihn um einen Mantel aus der Haut des Esels, der im königlichen Stall steht. Er liebt diesen Esel. Wenn ich mich nicht gänzlich irre, wird er ihn auf keinen Fall umbringen.‹

Das war die bis dahin beste Idee, aber der Fee war nicht klar, dass das Begehren des Königs nach seiner Tochter mittlerweile alles andere übertrumpfte. Die Begierde nach ihr quälte ihn, ein Gefühl, das er – in seiner Stellung – noch nie empfunden hatte. Fast augenblicklich brüllte er den Befehl. Minuten später wurde die noch warme Haut seines Goldesels vor der Prinzessin ausgebreitet: blutig, mit den lustigen Ohren, den vorstehenden Zähnen und feuchten Augen. ›Jetzt reicht es mir, Kind‹, sagte er. ›Morgen heiraten wir.‹

Nun bekamen es die Prinzessin und ihre Fee wahrhaft mit der Angst zu tun. Die gute Fee sagte der Prinzessin, ihr bleibe keine andere Wahl mehr, sie müsse unter der Eselshaut versteckt fliehen. Die Fee füllte eine Truhe mit den Kleidern der Prinzessin, mit Spiegel, Puder und Juwelen, und gab ihr einen Zauberstab, mit dem sie nur den Boden zu berühren brauche, dann würde die Truhe erscheinen. Doch davon abgesehen war das Mädchen auf sich selbst gestellt. Und so schaffte es die Prinzessin, am selben Morgen, an dem sie ihren Vater heiraten sollte, unerkannt zu verschwinden.«

Als Perrault diese Worte ausspricht, überkommt ihn mit einem Mal ein Gefühl der Beklemmung. Er merkt, dass er nicht in der Lage ist, Madame d'Aulnoy ins Gesicht zu blicken, weil es ihm plötzlich wie Schuppen von den Augen fällt – wie hatte er nur so dumm sein können, gerade dieses Märchen für sein Debüt auszuwählen? Dies ist, zumindest zum Teil, Marie d'Aulnoys Geschichte. Siedend heiß fällt ihm wieder ein, wie aufgeregt in den Sälen von Versailles gewispert wurde, als sie vor ein paar Jahren wieder in der Stadt auftauchte und einen Salon eröffnete.

Den Gerüchten zufolge war Madame d'Aulnoy aus finanziellen Gründen schon als kleines Mädchen von ihrem Vater an den Baron d'Aulnoy verheiratet worden. Der Baron war natürlich kein echter Baron, sondern ein trunksüchtiger Frauenheld, der sich den Titel gekauft hatte. Und nachdem jahrelang darüber geredet wurde, wie er seine blutjunge Ehefrau missbraucht und entwürdigt hatte (und sie zwei von drei Kindern verloren hatte, das arme Ding), wurde er wegen Hochverrats in die Bastille gesperrt, weil er sich zu laut über das Steuersystem des Königs beschwert hatte.

Aber dann – und hier kam die interessante Wendung der Geschichte – wurde der Baron wieder freigelassen. Der Gerüchteküche zufolge, weil ihm das Verbrechen nur in die Schuhe geschoben worden war und er seine Unschuld beweisen konnte. Das Ganze sei eine Verschwörung von Madame d'Aulnoy, ihrer Mutter und zwei Männern gewesen (vermutlich ihren Liebhabern), um ihn fälschlicherweise anzuschwärzen! Den beiden Männern wurde der Kopf abgehackt, und Madame d'Aulnoy selbst wurde zusammen mit ihrem dritten, neugeborenen Baby in einen Turm gesperrt, sprang jedoch aus dem Fenster und floh.

Ob Madame d'Aulnoy in einer Verkleidung entkam wie Eselshaut? Und die Frage, von der man am Hof, natürlich, besessen ist, geht auch Perrault jetzt durch den Kopf: Wie kann es sein, dass Madame d'Aulnoy wieder hier sein darf, viele Jahre später, im Herzen von Paris, als Mittelpunkt ihres Salons?

2.

Das Märchen
vom guten Mädchen

Bitte entschuldigt – es war falsch, nicht am Anfang anzufangen, also mit der Geburt. Geschichten handeln von Menschen und ihren Eigenschaften – ihrer Entwicklung, ihren Lebensumständen, dem komplexen Netz aus Beziehungen, ihrem Verhalten und den sich daraus ergebenden Konsequenzen, ihren Begegnungen mit dem Schicksal – und der wahre Beginn eines Menschen ist die Geburt, das wahre Ende der Tod. Aber falls es euch später lieber ist, können wir uns natürlich entscheiden, nicht mit dem Tod zu enden. Dann müssen wir, als Erwachsene, allerdings zumindest anerkennen, dass wir mit einem solchen Ende die Augen vor der Wahrheit verschließen. Und ich muss euch gleich warnen: Das hier ist eindeutig ein Märchen für Erwachsene.

Dann lasst uns also mit der Geburt beginnen. Wir sprechen hier von einer Zeit, in der Kindsgeburten ganz generell nicht einfach verlaufen und viele Frauen sterben, wenn sie ein Kind gebären. Manche sind noch zu jung, weil sie schon mit zwölf oder dreizehn verheiratet worden sind; manche pressen noch mit Ende vierzig ein kränkliches vierzehntes Kind heraus, andere haben schlicht und einfach Pech. Oft verbluten sie, das Leben fließt aus ihnen heraus und sammelt sich in Pfützen, bis nicht mehr genug Flüssigkeit in ihren Adern ist, um bis zum Herz zu gelangen; andere sterben an Infektionen, oder an den Ärzten, die in dieser Ära praktisch keinerlei Wissen vorweisen können, aber gut bezahlt werden – zum größten Teil, um die anderen Männer davon zu überzeugen, dass man nichts weiter für die Frau im Kindbett hätte tun können. Insofern ist es brandgefährlich, einen Arzt im schwarzen Umhang ins Zimmer rauschen zu sehen.

Madame d'Aulnoy kommt natürlich nicht als Madame auf die Welt – wie absurd solche Titel scheinen, wenn man von blinden, ständig in die Windeln kackenden, winzigen Menschenwesen spricht –, sondern als kleine Marie-Catherine, die 1650 stoßweise auf ein Bett in der Normandie gepresst wird: ihr indigoblaues Köpfchen, bedeckt mit schleimiger Käseschmiere, scharlachrote Tropfen, die wegen eines Dammrisses schnell auf die Laken fallen, das gotteslästerliche Gebrüll ihrer Mutter, das die Glocken der mittelalterlichen Kirche, den rauschenden Fluss und die sich im Wind wiegenden Apfelbäume übertönt.

Marie ist das erste Kind von Nicolas und Judith, und die Geburt verläuft langwierig und schwer, weil der Lauf der Zeit den jungen Körper ihrer Mutter noch nicht hat erschlaffen lassen. Für Judith, eine ehrgeizige Frau, die sich fürs Flirten, Politik, Sprachen und die Oper interessiert, ist es der schrecklichste Tag ihres Lebens – eine ungerechte Strafe, die sie über Monate hinweg launisch und mürrisch werden lässt –, aber zum Glück treten keine Komplikationen auf, und es erscheinen keine Ärzte mit ihren unreinen Instrumenten und Gläsern voller Blutegel. Nicolas wird mitgeteilt, es sei ein Mädchen, und er tritt gegen den Waschtisch und verflucht sein Schicksal, wie damals üblich.

Judith hat keinerlei Interesse daran, einem Kind die Brust zu geben – allein die Vorstellung erinnert sie an verdreckte Milchkühe –, deswegen wird das Neugeborene direkt an eine Amme weitergereicht, wie zu der Zeit üblich: Mimi (deren eigener Sohn tot auf die Welt kam, zum Glück für fast alle Beteiligten). Marie tastet blind nach der großen, rosabraunen Brustwarze und entlockt ihr eine Perle süßer Muttermilch. »So ist's brav«, lobt Mimi sie zärtlich, schmerzliche Erinnerungen sammeln sich in ihrem Kopf, ihren Brüsten und Augen. Mimi sieht aus wie das Idealbild einer Amme: schwerfällig und sanftmütig. »Oh! Was bist du für ein gutes kleines Mädchen.«

Marie wird älter und ist weiterhin ein gutes Mädchen. Sie weiß zum Beispiel, dass sie ihrem Vater besser aus dem Weg geht, wenn er Rotwein trinkt, weil er dann im Selbstmitleid ersäuft. Zu seinen vielen Kümmernissen zählt, dass er nicht zum Billardspiel taugt und an äußerst schmerzhaften Gichtschüben leidet, kleinen Kristallen, die sich in seinen Gelenken ablagern, und dann neigt er dazu, in seiner Tochter ein hüpfendes, kleines Memento mori zu sehen, ein Skelett im Kinderkleid, das ihn an der Hand zum Abgrund führen will. Sie weiß, wann sie ihrer Mutter während eines Weinkrampfs beruhigend den Rücken streicheln und ihr gut zureden muss, aber auch, dass sie ihr nie mit Spielsachen oder naiven Kinderfragen auf die Nerven gehen darf, denn Judith ist davon überzeugt, dass es nichts Langweiligeres für eine intelligente Frau gibt als ihr eigenes Kind.

Ihre Amme Mimi, warm und mütterlich in ihrem Wesen, erweist sich als Rettung des kleinen Mädchens; ständig krault sie der Katze den Bauch oder lässt sie an ihrem Knöchel nagen, wischt Marie das Gesicht mit Spucke sauber oder flicht ihr die Haare. Manchmal wird Marie bei ihren Umarmungen ein wenig klaustrophobisch zumute, aber das ist allemal besser als ihre distanzierte Mutter. Mimi nennt Marie *ma puce* – »mein Floh« –, *mon coco* – »mein Sonnenschein« – oder *ma petite crotte* – »mein kleines Scheißerchen«.

Wenn sie abends vor dem Feuer Maries Locken kämmt, erzählt sie ihr Volkssagen wie die vom Däumling, einem zarten, stillen Jungen, der nicht größer als ein Daumen ist und für dumm gehalten wird. Mimi erzählt von einer großen Hungersnot, in der die Eltern des Däumlings beschließen, dass sie nicht mitansehen können, wie ihre Kinder verhungern, und sie deswegen im Wald aussetzen. Davon, wie der Däumling beim ersten Mal eine Spur aus Kieselsteinen auslegt und zurück zu seinen Eltern findet, und dann, als diese zum zweiten Mal versuchen, ihn auszusetzen, Brotkrumen verstreut, die aber von den Vögeln weggepickt werden. »Der Wald«, flüstert Mimi mit grässlicher Stimme, »ist voller Wölfe und Menschenfresser, und die können Kinder *riechen*!« Sie tut so, als würde sie Maries kleine Zehen abbeißen, und beide quietschen und kichern. Es ist ein schönes Gefühl.

Bloß dass Mimi natürlich keine Verwandte ist, sondern für ihre Umarmungen mit barer Münze bezahlt wird. Eines Tages teilt Nicolas der Amme einfach mit, dass sie entlassen ist und Marie auf die Klosterschule geschickt wird. Als Marie von diesen schrecklichen Neuigkeiten erfährt, kauert sie sich auf dem Dachboden zu einer kleinen, zitternden Kugel zusammen, wie eine Nuss in der Schale, und hofft, dass das Gebrüll der zornigen Erwachsenen unten aufhört. Mimi ist fuchsteufelswild und ihr Mundwerk dreckig wie ein Nachttopf. »Das soll meine Belohnung sein, nach allem, was ich für euch getan habe? Wie soll ich jetzt meine Familie ernähren? Egoistisches, gefühlsduseliges, arrogantes Pack!« Mimi kommt nicht die Treppe hoch, um Marie einen Abschiedskuss zu geben.

Zu jener Zeit werden Mädchen im Kloster erzogen, und Marie lernt ihre Lektion: Ihre wahre Aufgabe – im irdischen Leben – ist es, ein gutes Mädchen zu sein. Sie darf sich nicht nach ihrer Familie sehnen, nach Mimi oder ihrer Katze. Sie darf nicht jammern. Sie darf nicht erwarten, dass ihr jemand übers Haar streicht oder sie an den Füßen kitzelt. Stattdessen erwarten sie Französisch, Latein und Mathematik; die Kamine müssen in einem Kleid aus grobem Sackleinen ausgekehrt werden. Stundenlang muss sie zum Beten in der eiskalten Kapelle knien, immer neue Wege der Buße sind dafür zu finden, dass sie bis ins Innerste verderbt geboren worden ist. In gewisser Weise glaubt Marie in jungen Jahren daran und findet heraus, dass ihr ein bestimmtes Maß an Selbstkasteiung Freude bereitet – kalte Duschen, viel zu wenig Nahrung, sich selbst abscheuliche Sünden vorwerfen, ihre Bedürfnisse immer weiter zurückschrauben, bis fast keine mehr übrig sind und Marie sich rein und leicht fühlt. Wie sie feststellt, ist sie gut darin, sich selbst zu kontrollieren. Sogar die strenge Schwester Ruth sagt manchmal: »Aber wenigstens bist du ein gutes Mädchen, Marie«, und das erfüllt sie mit Glück. Bald schon eilt ihr der Ruf voraus, besonders still und gehorsam zu sein, obwohl sie die anderen Mädchen manchmal mit einer scharfsinnigen oder schneidenden Beobachtung schockiert, wenn sie ganz kurz die Intelligenz durchblitzen lässt, die sie geduldig sogar vor sich selbst verbirgt.

Abends im Bett erzählen die Mädchen sich manchmal Mutter-Gans-Geschichten. Marie ist sich ziemlich sicher, dass das nicht erlaubt sein kann, auch wenn es nie ausdrücklich verboten worden ist; die Geschichten sind heidnisch und wüst und machen einfach zu viel Spaß, als dass sie gottesfürchtig sein könnten. Einige der Geschichten kennt sie von Mimi, aber die kleinen Mädchen erzählen sie nicht gut und vergessen entscheidende Wendungen in der Handlung. Trotzdem hört Marie gern zu – insgeheim zu wissen, wie viel besser sie es erzählen könnte, macht ihr Freude – und hinterher liegt sie im Dunkeln und erzählt sich die Märchen in Gedanken immer wieder neu, schmückt sie aus, suhlt sich im Leid, in den Juwelen und Küssen und dem grotesken Gefühl, vor lauter Geschichten ganz aufgedunsen zu sein, und bittet Gott dann inständig um Vergebung, den Gott, der selbst den kleinsten Gedanken kennt, der durch ihren unwürdigen Kopf flackert.

Bald – erstaunlich bald – wird sie dreizehn, Geburtstage werden im Kloster allerdings nicht gefeiert. Nach dem Gebet huscht sie durch den Regen zum Nebengebäude, als eine schwere Hand auf ihrer Schulter landet. Es ist ihr nervöser, reizbarer Vater, mit tropfender Perücke und so aus dem Leim gegangen, dass er aussieht wie eine Kröte. Schweigend hält er seiner Tochter eine Rose hin, die er im Klostergarten gepflückt hat: ein warmes Weiß, an den Rändern ein wenig zerdrückt und braun. Es ist einer der unwirklichsten Augenblicke ihres Lebens – das nasse Prasseln, der durchdringende Geruch, das so völlig aus dem Nichts auftauchende Gesicht ihres Vaters – einen Augenblick muss sie nach seinem Namen suchen. Vater. *Mon père.*

»Ich habe daran gedacht«, erklärt er. »Es ist soweit. Du musst mitkommen.«

Was ist soweit? Marie hat das Gefühl, von einem Fluss mitgerissen zu werden, oder von der Geschichte, oder Gottes Willen, etwas, das sie gewaltsam fortträgt. Sie versucht, an nichts zu denken, als der Kutscher nach ihren Sachen greift – wie es scheint, müssen sie eine dringende Reise antreten.

»Weiß Maman, dass du mich mitnimmst?«

»Wir sind uns einig.«

»Und die Schwestern?«

»Die werden es bald genug mitkriegen.«

»Wohin fahren wir?«

»Das siehst du gleich. An einen wunderschönen Ort.«

»Zu meinem Geburtstag?«, fragt sie hoffnungsvoll.

»Na ja – etwas länger.«

In der Kutsche hält sie immer noch vorsichtig, damit die Dornen kein Loch in ihr Kleid reißen, die Rose in der Hand und versenkt ihre Nase darin, schließt die Augen und versucht, sich in dem Duft zu verlieren: erster und einziger Liebesbeweis ihres Vaters. Der Regen trommelt aufs Wagendach, und die nasse, schlaglochübersäte Straße wird dunkler und immer holpriger; Bäume biegen sich wie Arme. Das Hufgetrappel der Pferde ist so laut wie ihr pochendes Herz. Die Hufe scheinen eine Nachricht zu klopfen: *o Gott, o Gott, o Gott.*

Es wird Abend. Ihr Vater, der immer eine leise, bettelnde Stimme gehabt hat, spricht während der einstündigen Fahrt kaum ein Wort, als wisse er, dass er gerade etwas für immer zwischen ihnen zerstört. Tief gebeugt vor Scham sitzt er neben seinem krummen Schatten, nach einer Weile schlägt er die Hände vors Gesicht, wie ein Mann, der gerade am Spieltisch hoch gepokert und verloren hat. »Es ist besser so«, sagt er schließlich mit grässlich schwimmenden Augen, als sie vor dem prächtigen Gebäude anhalten. »Das Kloster ist nicht das echte Leben, das weißt du selbst. Und Geld ist Geld, also. Es war ein schwieriges Jahr, sogar für den Adel, deine Mutter musste etwas von ihrem Schmuck opfern. Wir müssen die Gelegenheit beim Schopf ergreifen. Kopf hoch, meine Rose.«

»Aber was wird Schwester Ruth von mir denken, wenn ich nicht zurückkomme?«, fragt Marie. Die Vorstellung, die Nonne zu verärgern, erfüllt sie mit Grauen. Die Vorstellung, sie könne das böse Mädchen in der Geschichte sein.

»Was spielt das für eine Rolle?«

»Sie wird meinen, ich hätte meinen Glauben verraten!«

»Sei nicht albern, Kind. Gott allein ist unser Richter.«

Als sie am Schloss des Herzogs von Vendôme halten, drückt der Vater ihr einen letzten, schroffen Kuss ins Haar und riecht noch einmal daran wie an einer Blume. Dann führt er seine Tochter die hohen Marmorstufen hinauf, über die vergoldete Schwelle, durch einen langen Korridor und in einen großen, überfüllten Saal – der kocht vor Hunderten von Kerzen, Musik, lauten, trunkenen Stimmen – und stellt sie ihrem zukünftigen Ehemann vor.

Der Baron d'Aulnoy hat seinen Titel erst vor Kurzem von seinem Freund, dem Herzog, gekauft. Ihm geht es gut, und wenn der Herzog zwischendurch abwesend ist, dann ist er gewissermaßen sein Stellvertreter und hält die Party am Laufen. Das Erste, das Marie sieht, als sie zu ihm hochblickt, sind lange, gelbe, feuchte Zähne, die aus seinem angegrauten Bart ragen. »Ach, du sollst also meine kleine Frau werden«, sagt Baron d'Aulnoy und legt leise, hingebungsvoll den Fächer Karten hin, den er in der Hand hält. »Herzlich willkommen!« Er breitet die Arme aus, als wolle er ihr alles schenken, insbesondere das in der Mitte zwischen seinen Beinen. Der Mann ist sehr groß und untersetzt und macht ausladende Gesten wie ein Baron in einem Theaterstück. Andere Details kommen in den Blick: das mit Reispuder bestäubte Haar, eine schmale Nase, Lachfältchen um die Augen, kleine Schönheitspflaster überall im Gesicht, unter denen die Pockennarben versteckt werden.

»Meine liebe Marie-Catherine. *Mon poussin.* Freut mich, deine Bekanntschaft zu machen, du kannst mich François nennen.« Er ergreift ihre Hand, führt sie zum Mund und kratzt leicht mit seinen nassen Zähnen darüber, als wolle er ihre Haut probieren. Die kichernden Höflinge, die hunderttausend Kerzenflammen. Ihre kleinen Finger in seiner Pranke.

Und sie leben vergnügt bis an ihr Ende.

So würden es zumindest die behaupten, deren Interessen es – politisch wie finanziell – dient, dass Frauen schon als Kinder verheiratet werden, die aber lieber nicht darüber nachdenken, was als Nächstes passiert. Sogar Marie selbst erinnert sich kaum daran, was in den Jahren danach geschah. Sie hat die Ereignisse so tief in ihr Inneres verdrängt, dass es fast ist, als seien sie nie geschehen. Nur manchmal, wenn sie rote Beeren im Schnee leuchten sieht oder ein Mädchen mit blutroten Lippen und einer Haut weiß wie ein Bettlaken, überkommt sie ein Schwindelgefühl, als würde sie über den Rand der Welt fallen.

Auch Jahre später wird sie sich weigern, an den dicken, lauernden Penis des Barons zu denken. An seinen speichelglänzenden Mund, der »Du gehörst mir« in ihre Haare zischt, während er sie vergewaltigt. An das Gefühl, von innen zerstört zu werden, als würden scharfe Glassplitter in ihre weichsten Teile getrieben.

Oder an ihre erste Periode, an den Fluch, den sie nicht versteht: Sie sitzt auf dem edel vergoldeten, cremefarben gepolsterten Stuhl und sieht, wie etwas Rotes aus der Falte ihres Rocks heraustropft, und bebt vor Scham und Grauen. Das verschlagene Grinsen des Barons, als er es schließlich auch sieht, wie er mit den Lippen schmatzt, »lecker, schmecker« sagt, seine Cousins lachen.

Sie wird den Gedanken an das rote Bett verweigern, in dem sie um Gnade fleht, wo sie wie auf der Folterbank gequält wird; ihr Kind, das endlich, Gott sei Dank, aus ihr herauskommt und losquäkt. Ihr kleines Lämmchen. Oder daran, wie sie ihren Säugling tot in seinem Bettchen findet, wie eine Puppe liegt er da, die Puppe, für die sie eigentlich zu alt ist. Eiskalt und grau angelaufen wie alter Schnee. Wie sie heult und mit dem Kopf gegen die Wand rennt, als wolle sie sich den Schädel einschlagen.

Rosenrot. Schneeweiß. Rosenrot. Schneeweiß.
Rosenrot,
> *Schneeweiß,*
>> *Rosenrot,*
>>> *Schneeweiß,*
rosenrotschneeweißrosenrotschneeweiß
rosenrotschneeweißrosenrotschneeweiß.

Alles ist voller Geschichten. Marie beginnt zu verstehen, dass die Welt von Erzählungen betäubt, betrunken von Geschichten ist und keinen Respekt vor der Wahrheit hat: Geschichten wie die, die Ehe sei ein Bund vor Gott; dass es bedeutet, du bist eine Frau, wenn zwischen deinen Beinen Blut herauskommt; dass ein Mann seine Ehefrau nicht vergewaltigen kann; dass die Ehe Ende gut, alles gut bedeutet. Die Geschichte, dass ein Baron besser sei als ein Diener. Dass ein Neugeborenes, das stirbt, zu seinem Schöpfer in den Himmel gerufen worden sei. Dass gute Mädchen belohnt werden. Geschichten, die den Menschen das wahre Antlitz der Welt nur ganz verschwommen zeigen, wie durch ein Buntglasfenster.

Aber Marie kann auch Geschichten erzählen. Marie wird vielleicht nicht geliebt, aber sie ist klug und mutig, und sie wird ihre eigene Geschichte schreiben, in der sie die Heldin ist und einfach alles weglässt, was sie nicht ertragen kann. An den vielen langen, leeren Tagen, die der Baron damit verbringt, sich mit seinen Freunden volllaufen zu lassen, flüchtet sie sich in die Bücher. Sie liest alles aus der Bibliothek des Fürsten und sorgt selbst für ihre Bildung. Sie fängt an, ihren Eltern jeden Tag einen Brief über ihr wunderbares neues Leben als Baronin d'Aulnoy zu schreiben – an ihnen probiert sie ihre wissende literarische Stimme aus –, aber als die Eltern kaum noch zurückschreiben, füllt sie die Stunden damit, selbst Geschichten zu erfinden. Märchen von der Mutter Gans. Die Schreibfeder ist ein Zauberstab, den sie bloß zu erheben braucht, und eine Tür woandershin öffnet sich.

Hier haben wir ein Buch, das sie schon kurz nach ihrer Verheiratung zu schreiben begann – auf der ersten Seite steht sehr ordentlich zu lesen:

Dies wurde verfasst von Marie-Catherine Le Jumel de Barneville-la-Bertran, Madame d'Aulnoy, im Alter von vierzehn Jahren und acht Monaten. Der Finder dieses Buchs soll wissen, dass es mir gehört. Adieu, Leser – wenn du dieses Buch öffnest und ich dich nicht kenne, wünsche ich dir

Krätze, Räude, Fieber, Pest, Masern und Knochenbruch an den Hals. Möge Gott dich vor meinem Fluch schützen.

Unglaublich, was für scharfe Zähne sie an sich entdeckt, wenn sie schreibt! Darunter folgt ein kurzes Märchen. Sie hat es »Das gute Mädchen« genannt:

Als es ihre Eltern flüstern hört: »Wir können nicht einfach zusehen, wie sie verhungert«, füllt das gute Mädchen sich die Taschen mit weißen Kieselsteinen. Später am selben Tag führen die Eltern ihre Tochter tief in den Wald, aber sie lässt die Kiesel aus der Tasche fallen. Als sie im finsteren Dickicht zurückgelassen worden ist, wartet das gute Mädchen höflich ein wenig ab, dann folgt sie den Kieseln zurück nach Hause. Sie zeigen ihr leuchtend den Rückweg zu dem Haus, in dem es nichts zu essen gibt, wo sie unerwünscht ist.

3.

Das Märchen von der Eselshaut
zweiter Teil

In der Zwischenzeit«, erzählt Charles Perrault seine Geschichte jetzt schneller, er will sie hinter sich bringen, weil er eine ablehnende Stimmung im Raum spürt, seit er die Flucht von Eselshaut erwähnt hat. Er versucht einzuschätzen, ob Madame d'Aulnoy empört oder den Tränen nahe ist, ohne sie direkt anzuschauen, was ihm schwerfällt. Zugleich ist ihm nicht entgangen, dass die Fürstin von Conti eine blonde Augenbraue erwartungsvoll hochgezogen hat, während sie kräftig an ihrer Pfeife zieht. »War die Prinzessin Tag und Nacht gelaufen, bis ihre Füße bluteten und sie fast verhungert wäre. Schließlich gelangte sie an einen Bauernhof in einem angrenzenden Königreich, wo man eine Schmutzmagd benötigte, die die Putzlumpen waschen und den Schweinestall ausmisten sollte.

Sonntags wurde Eselshaut eine Ruhestunde zugestanden, und sie ging in ihre Kammer und wusch sich. Dann nahm sie den Zauberstab in die Hand, öffnete die Truhe und probierte vor dem Spiegel eines ihrer wundersamen Kleider an. Auch wenn die Kleider sie an ihren Vater erinnerten, verspürte Eselshaut einen kleinen Augenblick des Glücks, oder vielleicht sollte man sagen des Stolzes, sich wieder jung und schön zu sehen, und warum auch nicht? Sie brauchte diesen Moment für sich. Nun trug es sich zu, dass ein Prinz bei der Rückkehr von der Jagd häufiger an diesem Bauernhof Halt machte. Als er eines Tages durch die verschiedenen Höfe wanderte, geriet er an die Tür von Eselshauts winziger Kammer und blickte aus reinem Zufall durchs Schlüsselloch.«

Das sorgt für Kichern, bei dem großen jungen Mann klingt es wie Wasser, das in einem Springbrunnen nach oben perlt. Madame Angélique Tiquet, eine Frau mit einer ganzen Kollektion hübscher Jünglinge, zu der dieser junge Mann vielleicht ebenfalls zählt, wirft ihm ein liebevolles Lächeln zu und trinkt ihre heiße Schokolade aus. Die Stimmung im Raum hat sich wieder entspannt.

»Es war ein Sonntag«, fährt Perrault fort und gestattet seiner Stimme ein Funkeln. »Und Eselshaut zog ihr Kleid aus lauter Juwelen an, das leuchtete wie die Sonne. Der Prinz wurde ganz schwach beim Anblick ihrer Schönheit. Dreimal hob er die Hand, um an ihrer Tür zu klopfen, aber irgendetwas hinderte ihn daran.«

»Ob er sich vielleicht geschämt hat?«, flüstert Henriette der Fürstin von Conti deutlich hörbar zu, deren Augen zurücklachen.

»Als der Prinz an diesem Abend zum Palast seines Vaters zurückkehrte, war er in sich gekehrt und wollte nichts essen. Am nächsten Tag versank er in eine tödliche Melancholie. Als er nach dem Grund gefragt wurde, erzählte er wirr von einem wunderschönen Mädchen, das im Schmutz lebe. Seine Eltern dachten sich, er müsse von Eselshaut sprechen, der schmutzigsten Kreatur, die man sich vorstellen konnte; sie höhnten, ein solches Wesen könne ja wohl kaum der Auslöser einer unheilbaren Liebe sein, sondern vielmehr eine sichere Abhilfe dagegen. Aber seine Mutter, die Königin, fragte ihn trotzdem, wie sie ihm helfen könne, und der Prinz gab irgendetwas Unzusammenhängendes von sich, Eselshaut solle ihm einen Kuchen backen.

›Gott bewahre‹, sagte ein Höfling, ›Eselshaut ist eine grobe, schmutzige Dienstmagd.‹

›Das soll uns egal sein‹, erwiderte die Königin mit versteinertem Gesicht. ›Tu, was er sagt.‹

Und so kam es, dass Eselshaut etwas Mehl nahm, das sie besonders fein gemahlen hatte, Zucker, Butter und frische Eier, und sich allein in ihrer Kammer einschloss, um den Kuchen zuzubereiten. Zu Ehren dieser Aufgabe wusch sie sich Gesicht und Hände und legte ihr mondfarbenes Kleid an. Manche vermuten, Eselshaut habe vielleicht ein wenig zu hastig gearbeitet, und dabei sei ihr der Ring in den Kuchenteig gerutscht. Angesichts des Ausgangs dieser Geschichte vermuten andere allerdings, sie habe den Ring absichtlich hineinfallen lassen – aber wer weiß das schon?

Wie die Absichten von Eselshaut auch beschaffen gewesen sein mochten, jedenfalls fand der Prinz den Kuchen so köstlich, dass er vor lauter Heißhunger beinahe den Ring verschluckt hätte. Aber als er das zierliche Schmuckstück sah, legte er es unter sein Kopfkissen. Seine Krankheit wurde mit jedem Tag schlimmer, bis die Ärzte schließlich erklärten, sie könnten ihn nicht heilen, er sei krank vor Liebe. Nun mag man gegen die Ehe einwenden, was man will, aber ein gutes Heilmittel gegen die Liebeskrankheit stellt sie auf jeden Fall dar ...«

Für diesen Witz erntet Perrault einen lauten Lacher. Er ist erleichtert, er hat die unbehagliche Stimmung auf jeden Fall vertrieben, und er weiß, wie beliebt solche einfachen, zynischen Witze in den Salons sind. Dabei meint er das gar nicht ernst. Er hat seine Frau von ganzem Herzen geliebt. An jedem Morgen, an dem er aufwachte und ihren warmen, unfrisierten Kopf neben sich auf dem Kissen sah, empfand er eine Welle des Glücks, dass sie lebte und die Seine war. Und jetzt wacht er jeden Tag mit der Erinnerung auf, dass sie nicht mehr da ist – ein kleiner, grauer Schock, ein Löffel Bitterkeit –, und er kann nicht mehr an ihren Kopf auf dem Kissen denken, immer ist ihr Gesicht verkrampft und glänzend vor Angst, und er ist Orpheus, der ihr schreiendes Gesicht sieht, wie es in endloser Dunkelheit versinkt – nein, nein. Er wird nicht daran denken.

Es versetzt ihm einen unerwarteten Stich, dass diese gut gelaunte Gesellschaft denken könne, er sei der Ehe gegenüber zynisch eingestellt oder habe seine Frau am Ende nicht mehr geliebt. Hat er wieder einen kleinen Verrat an ihr begangen? Jeder Tag, an dem er ohne sie lebendig ist, an dem er gedankenlos ein Stück Käse genießt oder ein Lied summt, jeder Witz, den er reißt, kommt ihm wie ein kleiner Verrat vor. *Ist* ein kleiner Verrat. Und vielleicht war die Trauer um seine Frau ja auch das, was ihm zum Verhängnis geworden ist – er hat sie verloren, die Überschwänglichkeit, den Optimismus, die ihn in Versailles so beliebt gemacht haben, wo jedermann glauben soll, dass alles perfekt und zum allerbesten bestellt ist.

Wo war er stehen geblieben? »Und so wurde beschlossen, dass der Prinz heiraten sollte«, fährt Perrault fort, merkt aber, dass er aus dem Tritt geraten ist und die treibende Kraft des Witzes im Augenblick der Niedergeschlagenheit verloren hat. Er spricht einfach weiter – das ist das Schöne an den alten Geschichten, die man in- und auswendig kennt, dass einem die Handlung fast ohne nachzudenken über die Lippen kommt: »›Aber ich werde nur diejenige heiraten, an deren Finger dieser Ring passt.‹ Sein ungewöhnlicher Wunsch überraschte König und Königin, doch wer würde zu widersprechen wagen, wenn der geliebte Sohn auf dem Sterbebett liegt?

Und damit begann die Suche nach der Frau, der dieser Ring passte. Im ganzen Land machte das Gerücht die Runde, ein besonders zarter Finger sei notwendig, um die Hand des Prinzen zu gewinnen. Schon bald verhökerten Scharlatane patentierte Methoden, mit denen man Frauenfinger schmaler machen könne – man solle ein klein wenig vom Finger wegschneiden, ihn schälen wie eine Rübe oder die Haut mit einer geheimen Flüssigkeit verbrühen.

Schließlich begannen die adligen Damen mit der Anprobe, die Prinzessinnen und Gräfinnen, aber ihre Finger – obwohl von Natur aus zart – waren zu dick für den Ring. Als Nächstes kamen die Herzoginnen, Baroninnen und sonstigen Freifräuleins. Dann die arbeitenden Mädchen. Aus reiner Verzweiflung wandten sie sich als Nächstes an die Zofen, Küchenmägde, Nähmädchen und schließlich die Geflügelmägde mit ihren geröteten, schmutzigen Händen. Den winzigen Ring auf ihre dicken Finger zu schieben, war wie der Versuch, ein Seil durch ein Nadelöhr zu bekommen. Es war vergeblich. Schließlich hatte alles, was weiblich war, den Ring anprobiert, mit Ausnahme von Eselshaut in ihrer entlegenen Ecke der Bauernhofküche. Aber wer würde auch nur im Traum darauf kommen, dass sie Königin werden könnte?

›Warum denn nicht?‹, quäkte der Prinz mit letzter Kraft. ›Bitte lasst Eselshaut herkommen.‹ Einige fingen an zu lachen, als sie das hörten, andere sprachen sich dagegen aus, dieses hässliche, stinkende Wesen in den Palast zu lassen. Doch als sie unter der Eselshaut eine zarte Hand herausstreckte, weiß wie feinstes Porzellan, und der Ring perfekt an ihren Finger passte, waren alle erstaunt. Der Prinz und die Prinzessin küssten sich wie wahrhaft Liebende.

Eselshaut sollte auf der Stelle zum König gebracht werden, sie bat jedoch um Erlaubnis, zunächst ihre Kleider wechseln zu dürfen. Diese Bitte sorgte natürlich für einiges Gelächter, aber als sie in ihrem wunderschönen Kleid in der Farbe des Sommerhimmels in den Palast zurückkehrte, die Augen in demselben leuchtenden Blau, und ihre Taille so schmal, dass man sie mit zwei Händen hätte umfassen können, wirkten selbst die Hofdamen im Vergleich zu ihr ohne Reiz. Dem König gefiel seine zukünftige Schwiegertochter gut, und die Königin war überglücklich. Der Prinz selbst war fast überwältigt vom Ausgang der Dinge.

Die Hochzeitsvorbereitungen begannen umgehend, und die Herrscher aller umliegenden Königreiche wurden eingeladen, sogar die aus dem Osten, die auf furchterregenden Elefanten einritten. Und dann war auch er da – der Vater der Braut. Er erkannte seine Tochter und bat sie um Vergebung. ›Wie groß Gottes Gnade ist‹, sagte er, ›dass ich dich wiedersehen darf.‹ Vor Freude weinend umarmte er sie zärtlich. Alle teilten sein Glück, und der zukünftige Ehemann war sehr erfreut, dass sein Schwiegervater solch ein mächtiger König war.«

In diesem Moment prustet Henriette de Murat laut los und zerstört den Bann der Geschichte. »Er war sehr erfreut! Das glaube ich sofort, dass er erfreut war! Bitte nehmt es mir nicht übel, Monsieur, aber Euer Prinz ist ein ausgemachter Dummkopf. Ein weichlicher Jammerlappen. Ich meine, diese ganze Sache mit dem Kuchen und dem Ring war vollkommen überflüssig! Er hätte doch nur an ihre Tür zu klopfen brauchen! Warum hat er das Ganze bloß so kompliziert gemacht? Und jetzt ist er begeistert, dass sein perverser Schwiegervater so gute Beziehungen hat? Ist die Moral Eurer Geschichte, dass Männer erbärmliche Arschlöcher sind?« Henriette spricht wie immer gefährlich schnell, als versuche sie, mit dem Tempo ihrer Gedanken mitzuhalten, ohne vorher zu wissen, an welches Gestade diese sie werfen werden.

»Nicht ganz«, schmunzelt Perrault gut gelaunt.

»Ich verbitte mir solche Ausdrücke, Madame de Murat!«, empört sich der Abbé. Er beherrscht alle toten Sprachen – Latein, Griechisch, Hebräisch und Syrisch –, und macht oft den Eindruck, dass jeder Satz aus dem warmen, atmenden Mund einer Dame sein Zartempfinden stört. Er ist außerdem ein Anhänger des Euphemismus – über Geschlechtsverkehr spricht er mit einem steifen, distanzierten Lächeln als »Äpfelpflücken« und Prostituierte bezeichnet er als »Bordsteinnymphen« – Henriettes Art, frei von der Leber weg zu reden, empfindet er als abstoßend. Er schafft es nicht, dem Blick ihrer eisigen Augen standzuhalten und senkt den seinen, nicht ohne ihn dabei wie zufällig über ihr Dekolleté wandern zu lassen.

»Und der König umarmte sie ›zärtlich‹? Das nenne ich mal ein Adjektiv«, ereifert sich Henriette weiter. Ihrer Stimme ist ein gewisser Ekel anzuhören, weil der scheinheilige Priester ihr in den Ausschnitt glotzt. »Ihr habt nicht berichtet, wie die Prinzessin die ganze Sache findet. War sie starr vor Entsetzen oder hätte sich am liebsten übergeben, was meint Ihr? Wo sind die Geschichten, in denen Könige für ihre Missetaten bestraft werden?«

»Aber wenigstens ist am Ende alles gut.« Perrault versucht zu lächeln, einen leichten Tonfall beizubehalten und gleichzeitig die Autorität über seine Geschichte zurückzugewinnen. Er spricht wie zu einer Tochter. »Ihr Vater hat gegen die natürliche Ordnung verstoßen, aber jetzt ist alles an seinen rechten, von Gott vorgesehenen Platz zurückgekehrt.« (Das sagt er mit einem Seitenblick auf den Abbé, weil er das Gefühl hat, den Mann besänftigen zu müssen, der allerdings abgelenkt wirkt.) »Ich würde sagen, die Moral dieser Geschichte ist, dass es besser ist, die größten Entbehrungen auf sich zu nehmen, als seine Pflichten nicht zu erfüllen.«

»Seine Pflicht wem gegenüber«, ist die klare Stimme von Madame d'Aulnoy am Kamin zu vernehmen, »wenn nicht gegenüber dem König?« Charles Perrault wendet sich seiner Gastgeberin zu. Ihr Kopf ist leicht nach hinten geneigt, und er kann das Pochen des Adrenalins in ihrer gereckten Kehle sehen. An den allgegenwärtigen Verfolgungswahn in Versailles ist Charles gewöhnt, aber auch hier ist es vermutlich riskant, so unverblümt über Könige zu sprechen.

»Die Pflicht, Gutes zu tun«, erwidert Perrault mit Bedacht. »Und Inbegriff des Guten ist Seine Majestät, Gott schütze ihn, andere Könige vielleicht weniger. Und dennoch müssen wir es akzeptieren, dass Gott sie aus einem bestimmten Grund auf ihren Platz gesetzt hat. So will es das göttliche Recht, wie wir aus den Predigten des Abbés wissen.«

»Aber wer entscheidet denn, was gut ist und was nicht?«

»Ein wichtiger Einwand. Wollen wir uns vielleicht darauf

einigen, dass man nicht nach der äußeren Erscheinung urteilen sollte? Würdet Ihr mir das wenigstens zubilligen?«

»Aber sind es nicht die zarten Finger von Eselshaut, die ihren noblen Charakter offenbaren, Monsieur Perrault?«, erwidert Madame d'Aulnoy. »Dienstboten haben bei Euch dicke Finger. Ganz so sauber und eindeutig ist Eure Moral auch wieder nicht.«

»Ich muss gestehen, Madame, mir war nicht bewusst, dass man in diesem Märchensalon solch scharfer Kritik ausgesetzt ist. Vielleicht habe ich mich unterwegs verirrt und versehentlich der Académie française das Ammenmärchen von der Eselshaut erzählt.«

Vereinzelte Lacher. Madame d'Aulnoy lacht nicht.

»Aber Ihr habt natürlich recht.« Er macht sich klein unter ihrem Blick und windet sich elegant aus der Situation. »Vielleicht muss ich noch ein wenig an der Moral feilen. Dann lasst mich das Märchen so beenden: Die Geschichte von Eselshaut mag schwer zu glauben sein, aber sie wird unvergessen bleiben, solange es Kinder, Mütter und Großmütter auf der Welt gibt.«

»Einer Frau fällt es nicht so schrecklich schwer, so etwas zu glauben«, bemerkt Henriette düster. »Ihr braucht nur die Augen aufzumachen, Sire, dann seht Ihr Eselshäute auf jeder Straße von Paris.«

»Aber uns geht es hier doch nicht um realistische Darstellungen«, versucht Perrault sich durchzusetzen. »Das ist doch sicherlich nicht der Grund, warum wir uns hier« – er macht eine ausladende Geste durch den Raum – »einfinden, auf diesem Gipfel der Zivilisation, diesem Parnass! Wir kommen her, um uns in die Fantasie zu flüchten, die Gold aus dem Stroh der schnöden Wahrheit spinnt! Das ist das Schöne an der Kunst. Wenn Ihr gestattet, Madame d'Aulnoy, Euer Märchen früher am heutigen Abend – der blaue Vogel, der jede Nacht seine Geliebte mit Juwelen im Schnabel in ihrer Gefängniszelle besucht, der wundersame Spiegel, in dem jeder so erscheint, wie er aussehen möchte, der von geflügelten Fröschen gezogene Wagen, das Ei mit der gespickten Vogelpastete darin! Das alles hat mich mit Staunen und Wehmut erfüllt – Nostalgie, ein lateinisches Wort, das, wie Ihr sicherlich wisst, ›Heimweh‹ bedeutet. Sehnsüchtiges Verlangen, ein Schmerz! Eine wahre *conte de fées* – wie Ihr sie selbst genannt habt, Madame – gibt uns das Strahlen der Kindheit zurück. Wir kehren zurück zu einem Ich, das wir verloren geglaubt hatten.«

Charles trägt an dieser Stelle vielleicht ein wenig dick auf. Im Grunde weiß er genau, dass seine Erzählung durchaus mit der Wirklichkeit zu tun hat – mächtige Aristokraten, die brutale Ungleichheit der Welt, abartige Männerbegierden. Aber er weiß auch, dass diese Salons nur deswegen dem strengen Blick der literarischen Zensur entgehen, weil sie sich angeblich mit reinen Kindereien beschäftigen. Wie hat es der Kritiker de Villiers doch gleich ausgedrückt? Die »faulen, trivialen Frauen« unterhielten sich mit frivolen Geschichten, »wie sie mit einer Fliege oder einer seidenen Haarschleife spielen«. Und eigentlich ist Perrault nur der Unterhaltung wegen hier, als Ablenkung davon, wie schrecklich leer es bei ihm zu Hause ist. Eigentlich hat er gehofft, hier könne er der Politik entfliehen.

»Vielleicht urteilen wir zu hart«, beendet Madame d'Aulnoy die Auseinandersetzung. Sie bringt es nicht übers Herz, Perrault nach solch eloquentem Lob ihres Salons vor den

Kopf zu stoßen. Außerdem ist ihr mittlerweile klar, wie sehr er von ihr gemocht werden möchte, und sie erwärmt sich ein wenig für ihn. »Es ist nur so, Monsieur Perrault: Euer Ruf eilt Euch voraus. Es war eine sehr schöne Geschichte, besonders für Euer erstes Mal – geistreich, anregend, kein Wort zu viel. Bravo.«

Auf dieses Stichwort ertönt verstreut höflicher, heller Applaus, seine Cousine Télésille klatscht am lautesten. Musik beginnt. Um die Anwesenden zum Aufstehen zu animieren, erscheinen auf kleinen Beistelltischen aus Buche und Ebenholz, mit Schnitzwerk und Gold verziert, Türme aus Macarons in bunten Pastelltönen und Tabletts mit Gläsern, gefüllt mit Himbeersorbet und Stachelbeersirup.

»Welch ein wunderbarer Zufall – Charles Perrault!«, ruft der Abbé aus und stöckelt auf seinen hohen Absätzen, Mann zu Mann, auf ihn zu. Der Geistliche trägt eine Perücke in der Farbe von Gebetskerzen, und seine Augen hängen schwer über dick aufgedunsenen Tränensäcken, als wolle sein Gesicht zum Ausdruck bringen, wie unermüdlich er nachts Verse schmiedet. »Ich habe Euch nicht mehr bei meinen Predigten am Hof gesehen, seit Eure liebe Gattin das Zeitliche gesegnet und zu unserem Herrn im Himmel gegangen ist, gelobt sei Gott. Dabei will ich schon länger gern einmal mit Euch sprechen – mir wäre nämlich sehr daran gelegen, müsst Ihr wissen, in die Académie française aufgenommen zu werden, deren heilige Hallen Ihr gerade angesprochen habt – es scheint mir der natürliche nächste Schritt für einen *homme de lettres* wie mich, der einen so großen Teil seines Lebens in den Dienst der Literatur gestellt hat. Vielleicht könnt Ihr mir ja mit gutem Rat zur Seite stehen, wie ich mich hineinwählen lassen könnte, sollte ein Sitz frei werden.« Der Geistliche sieht Salons vor allem als Gelegenheit zum Kontakteknüpfen; er hat sich nie gescheut, sein Genie ins rechte Licht zu rücken. In seinem letzten Buch, *Œuvres galantes*, ließ er zwischen den Gedichten die lobpreisenden Briefe seiner Bewunderer abdrucken.

»In die Académie wird man allerdings auf Lebenszeit berufen, und ich hoffe, keiner von uns wird demnächst seinem Schöpfer gegenübertreten«, erwidert Perrault bestimmt.

»Natürlich nicht, aber Gottes Wege sind unergründlich, nicht wahr? Man darf ja in aller Bescheidenheit hoffen. Ich suche außerdem gerade einen Herausgeber für mein neues großes Gedicht *La Pastorale sacrée*, und ich glaube, Ihr kennt Barbin, der seinen Verlag in der Nähe von Sainte-Chapelle hat ...« Natürlich, denkt Charles. Reimpaare quellen ohne Unterlass aus dem Abbé, wie Kot durch die neue Pariser Kanalisation, ständig auf der Suche nach einem Abfluss.

Nach ein paar Minuten höflichen Geplänkels, während denen ihm stets bewusst ist, wo Madame d'Aulnoy sich im Raum aufhält, schüttelt Charles den Geistlichen ab. Er bewegt sich auf die Getränke zu und schafft es, die Aufmerksamkeit der Gastgeberin zu erregen, die er, wie ihm klar wird, offenbar begehrt. »Madame d'Aulnoy, ich habe mich Euch noch gar nicht gebührend vorgestellt.«

»Aber Ihr braucht Euch weiß Gott nicht vorzustellen, ganz Frankreich kennt Charles Perrault.«

»Bitte nennt mich doch Charles.«

»Ihr könnt mich Marie nennen, wenn Ihr das wünscht, auch wenn ich mich manchmal des Gefühls nicht erwehren kann, dass halb Paris Charles oder Marie heißt. Damit wird kaum mehr als das Geschlecht bezeichnet.«

»Ich muss Euch beipflichten – meine Frau hieß ebenfalls Marie.« Er lächelt.

Diese Marie ist keine kaltherzige Person, sein früherer Eindruck hat ihn getäuscht; sie hat ein weiches, liebevolles Gesicht, das von perfekt geschwungenen Augenbrauen eingerahmt wird, volle Lippen, ein kleines Kinn. Aus ihren freundlichen braunen Augen spricht eine vergnügte Güte. Sie trägt einen himmelblauen Manteau, unterhalb ihrer Kehle glänzen Perlen; Perrault bemerkt ein unauffälliges Schlucken ihrerseits.

Er vermutet, dass sie mindestens Ende dreißig sein muss, doch sie wirkt immer noch jung, unter dem Puder sind nur wenige Stirnfalten zu erkennen. Gleichzeitig spürt Charles jedoch, dass Maries Leben eine große Inszenierung ist, in der sie nie – nicht einmal für einen flüchtigen Augenblick – ihr wimmerndes, bedürftiges Ich durchscheinen lassen darf, obwohl es doch in uns allen wohnt. Er fragt sich, ob ihre Darbietung so perfekt ist, dass sogar sie selbst dem Irrglauben ihrer Unverwundbarkeit erlegen ist.

»Meinen Glückwunsch zu Eurer Geschichte, Monsieur«, sagt sie in einem Ton, der andeutet, dass sie noch kein abschließendes Urteil über ihn gefällt hat.

»Danke. Es ist nur ein Märchen aus meiner Kindheit, an das ich gern zurückdenke. Das Lob gebührt meiner Amme. Sie war eine wunderbare Geschichtenerzählerin.« Perrault hofft, dass die Bescheidenheit wirken wird, viele Frauen finden so etwas entwaffnend.

»Wie ungewöhnlich, dass ein Mann einmal jemand anderem als sich selbst Anerkennung zollt. Und dann auch noch einer Frau!«, entgegnet Marie. Ob sie das sarkastisch meint?

Er ist unsicher. »Aber Ihr habt dem Märchen die gewisse, moderne Note verliehen.«

»Leider Gottes veraltet Inzest nie«, sagt er. Als es ihm über die Lippen kommt, empfindet er den Satz noch als geistreich, eine Minute später schon nicht mehr so sehr. Er befürchtet, dass die Konversation ins Stocken geraten wird.

»Es tut uns gut, einmal etwas aus der männlichen Sicht zu hören – wir wissen, dass Euer Geschlecht hier zahlenmäßig unterlegen ist.«

»Und mir tut es gut, etwas aus der weiblichen Perspektive zu hören, in meinem Heim sind nicht ausreichend Frauen vertreten.«

»Habt Ihr Söhne?«

»Zwei. Seit dem Tod meiner Gattin kümmere ich mich selbst um ihre Erziehung.«

»Welch ein Glück für die Kinder, einen so interessierten Vater zu haben. Und Ihr habt nicht wieder geheiratet?«

»Ich habe ausreichend Erben. Und noch habe ich keine Frau kennengelernt, die so klug oder schön wie meine verstorbene Gattin ist.« Seine Zungenfertigkeit geht mit ihm durch, er kann nicht widerstehen, aber in der Sekunde, in der er diese Erwiderung ausspricht, empfindet er sie schon als zu leicht dahingesagt. Wie kann er sich nur mit dem monströsen König seiner Geschichte vergleichen, seine Frau mit der narzisstischen Königin? »Aber ein Versprechen hat sie mir nicht abgenommen«, fügt er murmelnd mit einem halben Lachen hinzu. Dann wird beiden klar, dass er sich damit gerade als heiratsfähig zu erkennen gegeben hat, und es entsteht ein Moment qualvoller Peinlichkeit. Perrault braucht ein Glas Wein, nicht diese schrecklich süßen Sirupgetränke, die hier gereicht werden. Er weiß, dass er nach einem Glas Wein charmanter ist. Er möchte Marie fragen: *Und seid Ihr noch mit dem Baron verheiratet, Madame d'Aulnoy? Dem, den Ihr ins Gefängnis habt werfen lassen?* Aber das wäre alles andere als charmant, und deswegen fragt er nicht.

4.

Das Märchen vom Gift

Um Charles Perrault besser verstehen zu können, sollten wir vielleicht den verschlungenen Pfad ein wenig beleuchten, der ihn in diesen Salon geführt hat.

Er wird nicht in eine adlige, sondern in eine bürgerliche Familie geboren und verlässt schon mit fünfzehn die Schule. Insofern betrachtet er sich selbst als jemanden, der es aus eigener Kraft nach oben geschafft hat. Aber wie bei allen Karrieremenschen braucht man auch ihn nur ein wenig auf den Kopf zu stellen und zu schütteln, und die Münzen und Abzeichen der Privilegierten fallen ihm aus den Taschen: in seinem Fall ein kostspieliger Abschluss als Jurist und eine Stelle als Sekretär seines Bruders Pierre, hoher Beamter in der Finanzverwaltung des Königs.

In jungen Jahren tendiert Charles wegen seiner moralischen Überzeugungen zur Rebellion, er liebäugelt mit dem Jansenismus und der Opposition gegen die Krone, aber Furcht und Alter machen ihn schließlich zum Pragmatiker – und mit seinen literarischen Ambitionen geht es erst aufwärts, als er eher banale, sentimentale Gedichte auf die Ehe von Ludwig dem XIV. und die Geburt des Thronfolgers geschrieben hat. Wie es das Schicksal so will, sieht sein guter Freund Jean-Baptiste Colbert einen genialen Funken in ihm und macht Charles zu seinem Protegé. Colberts Gunst ist es zu verdanken, dass er – Charles Perrault! – 1671 in die französische Akademie gewählt wird und plötzlich mitverantwortlich ist für den Neubau des königlichen Palasts in Versailles.

Versailles! Es lässt sich nur schwer erklären, wie viel Macht diesem Wort innewohnt. Früher befand sich dort eine einfache Jagdhütte, aber Ludwig der XIV. lässt sie durch einen gigantischen, wimmelnden Palast ersetzen, der auf der ganzen Welt seinesgleichen sucht. 1682 hat der König sogar die Regierung dorthin verlegt, und Versailles ist die De-facto-Hauptstadt Frankreichs. Es ist eine Stadt der Reichen, ein Wirklichkeit gewordenes Märchen, ein Fiebertraum – und alles ist öffentlich zugänglich, jeder Tourist kann hereinspazieren und die Pracht bewundern! Kommt, wir wollen uns den herumgeisternden Besuchern anschließen.

Das Zentrum von allem ist natürlich Ludwig der XIV., der Sonnenkönig, dessen Gewänder funkeln wie die Gestirne, dessen zeremonielles Aufstehen und Schlafengehen den Tag im Staat gliedern, dessen Vorliebe für Orangenbäume bedeutet, dass sie in silbernen Blumentöpfen überall in Versailles zu finden sind. Der Duft der Orangenblüten vermischt sich mit dem Gestank menschlichen Urins (Toiletten gibt es keine, nur Nachttöpfe und dunkle Ecken) und dem Körpergeruch der Adligen, die nur einmal im Jahr baden. Überall stehen Schalen mit Blütenblättern, um die Luft zu versüßen, und Mobiliar und Besucher werden mit Parfüm besprüht – Versailles wird oft als »der parfümierte Hof« bezeichnet, auch wenn nichts den Mief in den überfüllten Fluren wirksam kaschieren kann.

Lasst uns in das Gewühl aus Sänften unter einer der prächtigen, goldverzierten Stuckdecken eintauchen. Der König fühlt sich am sichersten, wenn all seine Adligen um ihn versammelt sind, wo er sie stets beobachten kann – Versailles ist gewissermaßen ein früher Prototyp des Panoptikums. König Ludwig hat die Aristokratie ständig im Blick – und wenn nicht persönlich, dann wenigstens sein Abbild. Er verbringt eine Menge Zeit damit, Malern Modell zu stehen, seine Porträts befinden sich an jeder Wand, sein von Sonnenstrahlen umgebenes Gesicht an jeder Tür, die man zumacht, um mal allein zu sein, sein Kopf auf jedem Sockel. Er schreitet und galoppiert über jede Decke (die Abbildungen des Königs sind mittlerweile als Kupferstiche und Statuen im ganzen Land verbreitet, so groß ist sein Wille, überall zu sein).

Wir begegnen ungewöhnlich großen Frauen, die auf Stelzen laufen, damit ihre Seidenschuhe nicht vom Schlamm verdreckt werden; manchmal kommen sie einem vor wie Göttinnen im Olymp, die aus den Wolken hinunterblicken auf ein Perückenmeer aus grauen und silbernen Locken. Mittendrin trotten Kühe und Esel, die frische Milch für die zahlreichen Kinder des Königs geben, ihre feuchten Schnauzen in bestickte Samtvorhänge stecken und ihre Hinterteile unter Gemälden von Tizian und Raphael reiben.

Mitten in diesem Gewimmel ist auch der syrische Geschichtenerzähler Antun Yusuf Hanna Diyab zu finden, der den Hof mit der wundersamen Geschichte von Ali Baba in seiner Pumphose vertraut macht, in der Taillenscherpe ein Krummschwert, unter dem Arm eine Springmaus. Die Königin selbst mit ihren von zu viel Knoblauch und zu viel Schokolade ergrauten Zähnen hört Diyab auch mit halbem Ohr zu, umgeben von ihren kleinen Freundinnen und kläffenden Hunden. Gerüchte gehen um, eine ihrer Töchter mit dem König sei kohlrabenschwarz zur Welt gekommen und werde deshalb in einem Kloster bei Melun versteckt.

Man muss sich natürlich an das ständige Hämmern der Bauarbeiten gewöhnen, den vielen Staub, die Gerüste. Daran ist Charles Schuld. Versailles wächst jeden Tag weiter, als sei das Werkzeug verzaubert und ließe sich nicht mehr stoppen. Der Südflügel ist den leiblichen Abkömmlingen (der illegitimen Familie) des Königs vorbehalten, der Nordflügel den Hunderten von Adligen. Außerdem wohnen noch über eintausendfünfhundert Bedienstete hier – jede Stellung bei Hof wird für gewöhnlich weitervererbt, jeder Posten eifersüchtig bewacht: Die Liards fangen zum Beispiel Maulwürfe, die Francines sind für die Springbrunnen zuständig, die Bontemps sind schon seit mehreren Generationen Kammerdiener, die Mouthiers Köche.

Nachdem ihm hundert Männer dabei zugeschaut haben, wie er frisiert und angekleidet wurde, bewegt sich die Prozession des Königs jetzt unter den Kronleuchtern durch den Spiegelsaal: *La Galerie des Glaces* ist ein Wunderwerk, das die Errichtung einer königlichen Glasmanufaktur und das Abwerben der besten Spiegelmacher samt ihrer Betriebsgeheimnisse aus Venedig erforderlich gemacht hatte. Auf der einen Seite fällt das Licht durch die großen Fenster in die lange Halle ein und wird auf der anderen Seite von den goldgerahmten Spiegeln zurückgeworfen. Könnt ihr den Sonnenkönig selbst inmitten der vielen affektiert lächelnden Menschen ausmachen, die ihm Bitten zurufen, ihm Botschaften in die Hand drücken? Er liebt Schuhe und trägt an diesem Tag ein Paar, das seine eher kleine Gestalt um volle zehn Zentimeter größer erscheinen lässt – die Schnallen sind mit Diamanten verziert, das Leder ist weiß wie das Fleisch der Jakobsmuscheln, die Riemen und Absätze haben die Farbe von Lachskaviar. Die elfenbeinweißen Strumpfhosen schmiegen sich eng an seine vom vielen Tanzen muskulösen Schenkel. Darüber wölbt sich ein kleiner Hängebauch, der als modischer Ausdruck von Reichtum gilt – manche Höflinge ahmen das nach, indem sie sich um die Mitte herum ausstopfen. Die königlichen Gewänder sind mit goldenen Lilien bestickt und mit Hermelinfell gefüttert, und oben auf dem Kopf des Königs sitzt eine der Perücken aus seiner großen Kollektion: hochtoupierte, lange schwarze Locken, die ihn größer und männlicher erscheinen lassen sollen. Fast verloren wirkt inmitten all dessen das kleine Gesicht mit den feinen Zügen – der zarte Mund eine Rosenknospe, der Ausdruck scheu wegen der vielen Pockennarben. Ein Gesicht, das man auch für das einer liebenswerten Gouvernante halten könnte, wenn es nicht von so viel maskulinem Pomp eingerahmt würde.

Hinter dem Sonnenkönig ist zwischen den Höflingen sein gepuderter und stark geschminkter Bruder zu erkennen – er wird »Monsieur« genannt –, die Wimpern verklebt, eine blendende Erscheinung. Seine erste Frau ließ Monsieur von seinen Günstlingen vergiften. Auch der Sohn des Königs, der *Grand Dauphin*, ist da – groß, blond, kräftig gebaut und besessen von der Jagd. Der Thronfolger gilt allgemein als harmloser Muskelprotz, aber er hat es immerhin geschafft, sämtliche Wölfe in der Region Île-de-France abzuschießen – einmal sechs an einem Tag – und wird noch vor seinem Tod für ihre Ausrottung vor Ort sorgen. In seinen Memoiren macht der Herzog von Saint-Simon die berühmte Bemerkung, der Thronfolger sei »ohne Laster, Tugend, Wissen oder Verstand«.

Nach dem Besuch der königlichen Kapelle geht Ludwig am Nachmittag auf die Jagd oder macht einen Spaziergang durch seinen Lustgarten. Kommt, gehen wir nach draußen, dann zeige ich euch die Parkanlagen! Der König liebt Tulpen, so sehr, dass er jedes Jahr vier Millionen Tulpenzwiebeln aus holländischen Züchtereien importieren lässt – überall blühen Tuberosen, Levkojen, Goldlack, Narzissen, Jasmin und ganze Wolken von Obstbäumen. Es gibt Hunderte und Aberhunderte von Springbrunnen, deren tanzende Fontänen schäumend ejakulieren. Eine Orangerie mit unzähligen Universen reifender Sonnen.

Und welch ein Anblick, wenn man nach draußen tritt. Die Hauptachse, erdacht vom Gartenbaumeister Le Nôtre, jedes Detail vom König selbst abgesegnet. Anzuschauen ist sie aus göttlicher Perspektive: Von oben zeigt sich ein riesiges, kompliziertes Muster, von dem die Sterblichen, die sich mittendrin befinden, nichts bemerken. Die symmetrischen, rechteckigen Wasserbecken sind so angeordnet, dass sie die Sonnenstrahlen zurück zum Palast reflektieren. Dann gibt es den mächtigen Latonabrunnen, dessen goldene Frösche Wasser spucken. Die verschlungenen Pfade und Gärten, die Buchsbaumhecken, die parallel angeordneten Reihen von Statuen rechts und links der großen Rasenfläche, die sich endlos erstreckt wie ein grüner Teppich, auf beiden Seiten ein blickgeschütztes Wäldchen, und ganz weit weg am Ende der Apollobrunnen, in dessen Mitte der Sonnengott sein Pferdegespann antreibt, mit dem er den Himmel erleuchten wird. In der Ferne lässt sich im Dunst der *Grand Canal* erkennen, in dem sogar Seeschlachten nachgespielt werden; der König und seine Freunde lassen sich dort in Gondeln spazieren fahren, die ihm zusammen mit den kostümierten, Serenaden singenden Gondolieri aus Venedig geschenkt worden sind.

Kommt, betreten wir den Irrgarten mit den über fünf Meter hohen Buchsbaumhecken, der von Perrault selbst entworfen wurde. Von ihm stammte auch die Idee, das Labyrinth mit neununddreißig Springbrunnen auszustatten, die verschiedene Themen aus den Fabeln des Äsop darstellen. Aus den Tiermäulern spritzen Wasserstrahlen, was die bezaubernde Illusion hervorruft, die Tiere würden, dank der Wasserräder an der Seine, miteinander sprechen. Hier sind die Eule und die Singvögel zu finden, der Adler und der Fuchs, der Pfau und die Dohle, der Wolf und der Reiher, die Schildkröte und der Hase, das Mäuseparlament. Dazu müssen wir wissen, dass der Thronfolger als Kind diese Fabeln liebte, also wurden die Springbrunnen erbaut, um ihn zu erfreuen und zu erziehen – an jedem Brunnen ist eine Plakette mit einem Vierzeiler angebracht, so hat der Königssohn das Lesen gelernt. Seitdem ist es Mode, sich hier zu einem romantischen Stelldichein zu verabreden, junge Leute betreten den Irrgarten mit einer in rotes marokkanisches Leder gebundenen Ausgabe von Charles' Versailles-Reiseführer in der Hand, was ihn mit Stolz erfüllt.

Lasst uns doch die zwanzig Minuten zur Menagerie des Königs spazieren, wo wir schon hier draußen sind. In ihrer Mitte steht ein achteckiges Gebäude mit umlaufendem Balkon, von dem die Gehege wie Sonnenstrahlen ausgehen. Das Nashorn sieht aus wie eine lebendig gewordene Rüstung, das Stachelschwein reckt seine Spindeln in die Höhe, der verzauberte Prinz, der Löwe, leckt sich die Pfoten. Ludwig der XIV. mag Tiere, da sie nicht auf politischen Vorteil aus sind. Er sorgt dafür, dass er stets die von seinem Konditormeister gebackenen Hundekuchen in den Taschen hat. Seine Hunde bewohnen ein eigenes *cabinet des chiens*, die Hundebetten sind mit Walnuss furniert und mit rotem Samt ausgeschlagen.

Und jeden Abend gibt es weitere Vergnügungen, größere Wunder! Im *Grand Appartement* flackern hunderttausend tropfende Kerzen in den Kronleuchtern, während man an den Spieltischen sitzt – beliebt sind Kartenspiele wie Pharo, oder man spielt Hoca, ein vom Papst verbotenes Schummel-Roulette. In den Ecken schluchzen die Adligen, denen die gesamten Juwelen beim Glücksspiel abgenommen worden sind, als seien sie Wegelagerern in die Hände gefallen. Versailles besitzt ein Theater mit Kristalllüstern und damastbespannten Wänden, in dem opulente Aufführungen dargeboten werden: Theaterstücke mit französischen und italienischen Schauspielern, Opern, das vom König so geliebte Ballett. Während einer Darbietung des Stücks *Die vier Jahreszeiten* dürfen sogar seine Zootiere auf die Bühne: Der Sommer kommt auf einem Elefanten angeritten, der Herbst sitzt auf einem Kamel, der Winter klammert sich verzweifelt am Rücken eines Bären fest. Wenn der König nicht zu viele von seinem Sekretär vorbereitete Briefe unterzeichnen muss, sitzt er vielleicht im Publikum oder betritt sogar selbst die Bühne – vor Kurzem erst hat er den Gott Neptun in einem komödiantischen Ballett gespielt. An anderen Abenden finden Kostüm- oder Maskenbälle statt.

Zu besonderen Anlässen schießt ein Feuerwerk dem Himmel entgegen: eines Riesen weiße Rosen. Goldene Eier, die an einer Wand aus Finsternis zerbrechen.

Und schließlich versammelt sich die Menge im *Grand Appartement*, um dem Souper am Tisch des Monarchen beizuwohnen. Dieses stellt ein weiteres, großartiges Spektakel dar: vier Suppen – Flusskrebse aus einer Silberterrine mag der König am liebsten –, ein kleiner Topf mit Seezunge, Spiegeleier, ein ganzer Fasan mit Johannisbeergelee, ein mit Trüffeln gefülltes Rebhuhn oder eine Ente (je nach Jahreszeit), Salate, Hammelfleisch, Schinken, Pasteten, Obst, Kompott, Kuchen, Marmelade. Alles ist eiskalt – die Küche ist so weit entfernt, dass der König noch nie eine warme Mahlzeit zu sich genommen hat – und wird größtenteils mit den Händen verzehrt; das neumodische Gerät, die Gabel, hat Ludwig nie in der Hand gehabt. Bei festlichen Anlässen bilden mehrstöckig dekorierte Desserts opulente Pyramiden auf dem Tisch: exotische Früchte in schwindelerregender Balance, Götterspeisen und süße Pasten, mit Amber und Moschus parfümiertes Sorbet, die aus Zuckerwatte und Salzteig nachgebildeten sieben Weltwunder, Lebkuchenpaläste.

Der Appetit des Königs ist legendär. Viele Jahre später wird man bei seiner Autopsie feststellen, dass sein Darm doppelt so lang ist wie bei Normalsterblichen. Seine Esslust ist umso bemerkenswerter, da Jahre zuvor beim Zähneziehen versehentlich auch ein Teil des Oberkieferknochens mit entfernt wurde, weswegen dem Sonnenkönig beim langsamen Kauen Speisereste aus der Nase laufen, eine Tatsache, die ihm unter keinen Umständen peinlich ist. Das spätabendliche Bankett hat im höfischen Ritual eine solche Bedeutung angenommen, dass es nicht unangemessen schien, als der Koch Vatel einmal den Fisch zu spät zum Tisch schickte und sich daraufhin vor Scham ein Messer ins Herz stieß.

Armer Vatel, Perrault hat ihn immer gern gemocht: Konzentriert hatte er mit einer Glasurspritze hantiert oder probiert, gerührt und war mit der Energie eines Grashüpfers in der Küche umhergesprungen. Welch ein Perfektionist in Sachen Pasteten! Er wünschte, er hätte ihm gesagt: Es spielt keine Rolle, Vatel. Es wird sowieso alles von Zähnen und Eingeweiden vernichtet und landet im Nachttopf. Alles nur Schmiere für den königlichen Schlund. Selbst ein solches Festmahl beendet der König gern damit, dass er eine Handvoll kandierte Früchte für das Zubettgeh-Zeremoniell mitnimmt. Es ist sein besonderes Talent, sein tragischer Fehler und sein innerstes Wesen, immer noch mehr zu wollen.

Und wo wir vom Bett und immer mehr sprechen, darf natürlich auch das Ficken nicht unerwähnt bleiben. Hast du bemerkt, wie das Hoffräulein dir hinter ihrer Maske Blicke zugeworfen und die Äpfel in ihrem üppigen Ausschnitt zurechtgerückt hat? Hat jemand auf dem Gang seinen Schritt an dir gerieben? Sie machen es ständig, die Adligen, allesamt, klebrig vom vielen Ficken, tropfend vom vielen Ficken. Die Ehe ist ein rein politisches Arrangement und hat mit Liebe nichts zu tun; keine außerehelichen Beziehungen zu unterhalten, gilt als gelinde gesagt seltsam. Versailles ist das Penisparadies, ein Schlaraffenland für Muschis. Gewöhnliche Huren gibt es hier natürlich nicht – ein Befehl ist erlassen worden, ihnen Nase und Ohren abzuschneiden, wenn sie sich im Umkreis von zwei Wegstunden rund um Versailles blicken lassen –, aber Kurtisanen sind etwas anderes. Der König selbst hat mehrere Mätressen. Seit er seine Unschuld als Fünfzehnjähriger an die vierzigjährige »Einäugige Catherine« verlor, ist kein Mädchen mehr vor ihm sicher, ob Kammerzofe oder Hofdame. Er vergnügt sich überall in Versailles: in Betten, auf Chaiselongues, in Türrahmen – ein Favorit ist, wenig verwunderlich, der Spiegelsaal. Er hat sogar offizielle und inoffizielle Mätressen! Derzeit ist Madame de Montespan, oder Athénaïs, wie sie sich nennen lässt, worauf wir uns gern einlassen wollen angesichts der Vielzahl von Madames, die offizielle Mätresse des Königs. Sie ist eine Frau mit erheblicher Macht, eine – je nachdem, wen man fragt – so sagenumwobene wie furchteinflößende Diva.

Heute werden wir Athénaïs jedoch nicht zu Gesicht bekommen, sie empfängt enge Freundinnen im Marmorbad. Während der König aus gesundheitlichen Gründen erst dreimal in seinem Leben gebadet hat, räkelt Athénaïs sich liebend gern im nach Vanille duftenden Badewasser. Das ist der Grund, weshalb man sie schon von Weitem riecht – so süß, als würde sie Limonade pissen und Pudding scheißen.

Hat es je einen solchen Ort auf Erden gegeben? Ist er nicht schlicht der Gipfel menschlicher Zivilisation, unnatürlich bis ins verschlungenste Detail, das perfekte Kunstprodukt? Ist es nicht das Wolkenschloss, von dem die Menschen immer geträumt haben? Das glückliche Ende eines jeden Märchens?

Und hier ist auch Charles Perrault – wir haben ihn gefunden – in den Arbeitszimmern, mittendrin, wo er mit Hofbeamten und Ministern bautechnische Details bespricht: Er schmiert den Männern Honig ums Maul, verteilt Komplimente, schüttelt Hände, macht geistreiche Bemerkungen, beschwört die Gärtner, besiegelt Allianzen; stets bemüht, sich in Stellung zu bringen, um das zu nutzen, was sein Augenblick ist, wie er sehr gut weiß, seine Glanzzeit, sein Glück.

Aber Fortuna dreht ihr großes Schicksalsrad weiter.

Die Ahnung, dass das Rad den Zenit überschritten hat und auf dem Weg nach unten ist, beschleicht Charles zum ersten

Mal, als seine Frau im Kindsbett stirbt. Noch glaubt er aber, dass es eine private Katastrophe ist, die am Hof gar nicht bemerkt wird; vielleicht fällt es den Höflingen nicht auf, dass seine Augen nicht ganz so strahlend, seine Witze nicht so zungenfertig wie früher sind. Doch dann beschleunigt sich sein Niedergang, wird deutlicher sichtbar. Es gibt Gerüchte über Athénaïs, die mit Charles' Gönner, Jean-Baptiste Colbert, eng verbandelt ist.

Es fällt Charles schwer, seinen Freund Colbert infrage zu stellen, den Finanzminister, Frankreichs wichtigsten Staatsmann, den Begründer des Merkantilismus, der kluge Kopf hinter der Französischen Ostindienkompanie, die Kaffee, Pelze und Zucker importiert. Colbert, der venezianisches Glas und flämische Gobelins aus Versailles verbannte, wo stattdessen die eigenen, französischen Produkte gekauft werden müssen, der Bernini nach Paris holte, der Molière, Racine und Corneille eine Pension verschaffte. *Le Grand Colbert,* der die Augenbrauen hochzieht über einen neuen, teuren Plan und ihn dann trotzdem in die Tat umsetzt – und er übertrifft dabei sogar noch die Träume des Königs, ist so effizient und elegant wie möglich, ohne die Kosten aus den Augen zu verlieren. »Wenn dieses Schloss das schönste der Welt sein soll«, sagt er oft zu Charles, »dann muss es auch ein Aushängeschild sein.«

Colbert ist der Sohn eines Tuchhändlers und bittet die Privilegierten, die nichts zum Gemeinwesen beitragen, gern mit indirekten Steuern zur Kasse, weswegen die Adligen seinen wirtschaftlichen Sachverstand empört als deutliches Zeichen seiner niederen Herkunft verunglimpfen. Andere karikieren Colbert als mürrisch; möglicherweise hat er ja schottische

Vorfahren? Seinen trockenen Humor hält er meist im Zaum, aber er besitzt ihn. Colbert nimmt oft ein Stück Brot und wirft es über den Kanal – wenn es am anderen Ufer landet, wird Ludwig der XIV. gute Laune haben; wenn es ins Wasser fällt, wird es ein schwieriger Tag. »Nicht schon wieder«, sagt er dann mit einem schiefen Grinsen.

»Wie geht es Euch heute, Sire?«, fragt Charles oft, und Colbert antwortet mit ausdrucksloser Stimme, aber glitzernden Augen: »Kann mich nicht beschweren.«

»Und die goldene Gans?«

»Die legt fleißig.«

Er und Colbert machen oft Witze über die goldene Gans. »Die Kunst der Besteuerung, mein lieber Charles, besteht darin, die Gans so zu rupfen, dass man möglichst viele Federn und möglichst wenig Gezeter bekommt.«

Aber wie hat es sein weiser Freund mit dem trockenen Humor geschafft, sich in ein wie auch immer geartetes Verhältnis mit Athénaïs zu verstricken? Wo sollen wir beginnen? Madame de Montespans Schönheit gilt als der Stolz Frankreichs: große, kühle Augen, frostblonde Haare, die ihr in herrlichen Locken bis auf die Schultern fallen, ein üppiger, kurvenreicher Porzellankörper mit blau wie Eisschollen schimmernden Adern an den Handgelenken. Manche nennen sie die wahre Königin Frankreichs, andere, zu denen Charles sich stillschweigend selbst zählt, halten sie für etwas weit weniger Gutartiges – eine böse Macht. Eine Hexe.

Colbert bewundert ihren Esprit, ihre geistreichen Bemerkungen, ganz zu schweigen von ihrer Lust am Spotten: Sie kann all die lästigen Höflinge, mit denen Colbert zu tun hat, auf den Ton genau nachahmen, worüber er laut und erleichtert auflacht. Er bewundert auch Athénaïs' draufgängerischen Geist – Gerüchten zufolge hat sie Ludwig verführt, indem sie das Handtuch fallen ließ, als er sie heimlich im Bad beobachtete; als sei sie Batseba und er König David. Anfangs brachte Ludwig sie in einem Nebenzimmer seiner anderen Mätresse, Louise de La Vallière, unter, damit er an einem Abend eine oder gleich beide haben konnte. Aber Athénaïs intrigierte so gekonnt gegen ihre Rivalin, dass Louise schon bald ins Kloster abgeschoben wurde. Athénaïs war schließlich so erfolgreich, dass ihre unehelichen Kinder mit Ludwig anerkannt wurden und den Nachnamen des Königsgeschlechts de Bourbon erhielten – über diese Leistung war Colbert sprachlos vor Staunen.

Aber so unverfroren mit dem Ehebruch umzugehen, hat natürlich seinen Preis, manche würden sagen: für das Seelenheil. Die Priester weigern sich, ihr Absolution zu erteilen oder sie die Kommunion empfangen zu lassen. Erzürnt soll Pater Lécuyer gesagt haben: »Ist das die Madame, die ganz Frankreich schockiert? Gebt Euer gotteslästerliches Leben auf und werft Euch den Dienern unseres Herrn Jesus Christus zu Füßen.« Einem solchen Geschöpf das Gefühl zu vermitteln, ihm werde nicht vergeben, ist allerdings gefährlich.

Erste Verdächtigungen gegen Athénaïs kamen zu der Zeit auf, als der König eine Liebschaft mit der Herzogin von Fontanges begann – einer engelsgleichen Schönheit, die ihr Haar lose mit einer Seidenschleife band und angeblich ein »dummes Tierchen« war. Die Sechzehnjährige gab dem König das Gefühl, wieder jung zu sein; er schenkte ihr eine perlmuttfarbene, von acht Ponys gezogene kleine Kutsche, wie ein liebender Papa.

Im selben Monat »entliefen« Athénaïs zwei zahme Bären und verwüsteten das Gemach der Herzogin von Fontanges. *Oops.* Das muss man sich mal vorstellen, die tapsigen Bären, die mit ihren Klauen den apfelgrünen Damast von den Wänden reißen und ihre Zähne in die Gobelins schlagen, sich auf dem vergoldeten Himmelbett balgen, auf die Hinterbeine gestellt die kleinen Marmortische mit den Blumenvasen hochheben und zerdeppern, die gläsernen Tropfen der Kronleuchter im Fell! Als beide Frauen daraufhin Gegenstand des Gelächters bei Hof wurden, steigerte das Athénaïs' Zorn nur noch weiter.

Als Nächstes machten weniger komische Geschichten die Runde. Es war die Rede von Gift: Alles begann mit dem berüchtigten Fall der Marquise de Brinvilliers. Sie wurde mit der sogenannten »Wasserkur« gefoltert – acht Liter Wasser würden ihr auf einmal eingeflößt, dann wurde sie geköpft und anschließend auf dem Scheiterhaufen verbrannt, weil sie angeblich ihren Vater und ihre Brüder mit dem, was beschönigend »Erbschaftspulver« genannt wurde, ermordet hatte. Danach wurde es in Versailles Mode, einen Mops unter dem Arm mit an den Esstisch zu bringen und ihm kleine Bröckchen ins Maul zu stecken, um herauszufinden, ob das Essen gefahrlos verzehrt werden konnte. Reynie, der Chef der Pariser Polizei, bekam den Auftrag, alle Wahrsagerinnen zu verhaften, die solche Mittelchen verkauften. Aber war nicht Athénaïs selbst regelmäßige Besucherin bei einer dieser Hexen, die La Voisin genannt wurde – eine furchterregende Säuferin, die sich in einen mit Adlern bestickten Samtumhang kleidete und Liebestränke und Abtreibungen anbot?

Wie dem auch sein mochte – kurz darauf starb die blutjunge Herzogin von Fontanges. Athénaïs habe ihr das Essen vergiftet, sagen einige. Andere, Athénaïs habe ihre Handschuhe vergiftet. Ihre Milch. Gerüchte kursieren, Athénaïs habe sogar einen Mordanschlag auf den König verübt, mit einer vergifteten Petition. Aber das geht ja sicher zu weit, lebendig ist er für sie garantiert wertvoller als tot.

Jeden Tag breiten sich neue Verdächtigungen im Schloss aus wie schwarze Schimmelsporen: Die Höflinge nennen es die »Giftaffäre«. Aus der Gerüchteküche ist zu hören, letzte Woche sei Athénaïs die andere Mätresse des Königs begegnet, Madame de Maintenon, und Maintenon habe gesagt: »Geht Ihr nach unten, Madame? Ich bin auf dem Weg nach oben.«

Athénaïs erwartet sich Unterstützung durch Colbert. Zählt sie auf sein Schweigen? Vielleicht weiß er mehr über ihre Besuche, ihre Ausgaben, als er zu erkennen gibt. Er führt über alles so sorgfältig Buch.

Und kurz danach erkrankt Colbert.

Er hat natürlich zu hart gearbeitet, das weiß jeder – steht seit Jahren früh auf und arbeitet bis spät abends. Eine Weile haben ihn Magengeschwüre gepeinigt, deswegen nimmt er nur in Hühnerbrühe getunktes Brot zu sich. Aber Perrault kann nicht anders: Er befürchtet das Schlimmste, als er zusehen muss, wie das Leben aus seinem Freund weicht.

»Habt Ihr Eure Speisen auf Gift untersuchen lassen, Sire?«, fragt Perrault ihn in seinem Schlafzimmer. Er bringt Colbert Papiere ans Bett, die er unterzeichnen soll, es geht um das erste französische Wörterbuch, sein Freund will selbst jetzt noch daran weiterarbeiten.

»Ich bitte Euch, Charles, seid nicht albern.«

Charles beißt die Zähne zusammen und stößt flüsternd

aus: »Es ist nur so, Colbert – Athénaïs ... diese Gerüchte setzen sie sehr unter Druck. Ich befürchte, wenn sie in die Ecke
getrieben wird, ist sie zu fast allem in der Lage, um ihre Po-
sition am Hof zu schützen.«

»Ich sagte, seid nicht albern«, erwidert Colbert, nach wie
vor stur. »Hört nicht auf das Gerede dieser gehässigen Ge-
cken. Sie ist die Mutter der legitimierten Kinder des Königs.
Ich habe ihr dabei geholfen, das zu erkämpfen. Warum sollte
sie ihrem Verbündeten etwas zuleide tun?«

»Weil Ihr zu viel wisst?«, versucht Charles es. »Weil Ihr ge-
naue Aufzeichnungen besitzt?«

»Und ich bin auch diskret, Charles. Wann habe ich mich
je illoyal verhalten? Ihr gehört das Herz unseres unfehlbaren,
göttlichen Königs. Haltet Ihr ihn etwa für einen Narren?
Glaubt Ihr, wir sind nicht in der Lage, einen Charakter zu be-
urteilen?«

Als Perrault Colbert das nächste Mal sieht, ist er ein toter
Mann.

Der Tod geht in Versailles blutig über die Bühne. Sobald
Perrault die schrecklichen Neuigkeiten erfährt, eilt er zu Colberts Gemächern, nur um festzustellen, dass der Arzt Fagon
seinen Freund bereits für tot erklärt und das Zimmer in einen
Schlachthof verwandelt hat. Die Adligen stehen daneben,
während der Leichnam in Stücke gehackt und Colberts Kopf
aufgesägt wird. Das feuchte Gehirn wird untersucht, es sieht
aus wie ein Klumpen dicker Maden, etwas, das im Finstern
gewachsen ist. Leber und Lunge werden beiseitegelegt, das
noch warme Herz liegt auf einem von einer Herzogin gehalte-
nen Silbertablett, seine Eingeweide landen wie eine stinkende
Suppe in einer Silberterrine. Colbert hatte manchmal im Spaß

geäußert: »Was für eine sinnlose Farce. Kein Arzt hat je seine eigene Stümperei als Todesursache angegeben.« Aber jetzt ist das Ganze kein Witz mehr.

Charles glaubt, sich erbrechen zu müssen. Fagon in dem schwarzen Umhang ist eine auffallend unangenehme Erscheinung: schweinchenrosa, verschwitzt, korpulent, sein Mund steht immer offen, wenn er sich konzentriert, die Zungenspitze schaut heraus. Der Arzt streckt ihm einen großen Stein entgegen – glatt wie ein Kieselstein liegt er auf seinem Handteller. »Der saß in seinen Harnwegen«, verkündet Fagon. »Da haben wir die Todesursache. Ich muss mich loben. Das hat sicher schrecklich wehgetan. *Autsch.*«

»Er ist doch bestimmt vergiftet worden?«, fragt Perrault.

»Dieses Wort möchte der König in Versailles momentan nicht hören, das wisst Ihr. Und seine weibliche Gefolgschaft auch nicht. Ich würde es für mich behalten! Was habt Ihr gesagt – eine Fischvergiftung? Nein, nein, es war kein Fisch, der ihn umgebracht hat, Perrault. Kein böser Kabeljau!« *Zwinker zwinker.* Er holt die Schreibfeder heraus. »An diesem Blasenstein ist er gestorben, das schreibe ich auf. In den Harnwegen.«

Die in Versailles herrschenden Sitten verlangen es, dass so lautstark wie möglich getrauert wird. Sobald die Umstehenden hinaus auf den Gang drängen, fängt eine der Herzoginnen an zu schreien und zu stöhnen, als liege sie in den Geburtswehen. Kurz darauf fallen die anderen mit ein, all die Speichellecker und Lobhudler, sie stellen die Trauer dar, als spielten sie in einem Theaterstück mit: Sie reiben sich die Augen, heulen und schluchzen. Grandiose Trauer um den *Grand Colbert*. All die gehässigen Dummköpfe, die ihm so zuwider waren, zücken die Taschentücher, betupfen sich die Augen, fallen auf die Knie, weinen und zelebrieren ihre falsche Totenklage. *Heul heul.*

Charles merkt, wie ein grässlicher Laut aus seiner Kehle dringt. Dieser Palast. Kann es denn wahr sein, dass er die ganze Zeit, mit all seiner Energie, all seinem Talent, seinem ganzen Ich mitgebaut hat an diesem achten Kreis der Hölle? Etwas, das Bischof Bossuet einmal zu ihm gesagt hat, als Charles noch neu in Versailles war, kommt ihm in den Sinn: Dass die Stadt der Reichen keinen Feind brauche, weil sie die Saat ihrer eigenen Zerstörung schon in sich trage. Oh, Colbert, sein Freund, sein wahrer Freund! Echte Tränen fallen ihm salzig auf die Lippen.

Da hört er hinter sich ein perlendes Lachen, das Klacken hoher Absätze. »So was«, sagt eine Frauenstimme. »Wer hätte gedacht, dass so um den Steuereintreiber getrauert werden würde?«

Er riecht erdrückend schweren Vanillegestank.

5

Die Märchen von
Anguillette und Rotkäppchen

Die Modeerscheinung der literarischen Salons beginnt in Paris mit der Marquise de Rambouillet, die den Hof von Ludwig dem XIII. angeblich als zu »rustikal« empfindet (und ein wenig kränklich ist, sich aber trotzdem gern unterhalten lässt). Diese Marquise fängt damit an, ihren engsten Bekanntenkreis zu sich nach Hause einzuladen, in ihr Allerheiligstes, das berühmte blaue Zimmer, *la chambre bleue*, das mit blauem Samt ausgekleidet und dessen Decke mit einem wolkenlosen blauen Himmel bemalt ist. In diesem Raum ruht sie auf einem opulenten Diwan, nascht Zuckerwerk, liest Bücher und empfängt Besucher und Besucherinnen.

Solche gesellschaftlichen Anlässe, bei denen die Grenze zwischen öffentlich und privat verschwimmt, sind eine ausgezeichnete Gelegenheit, um die hohe Kunst der eleganten Konversation zu pflegen. Anfangs tragen solche Zusammenkünfte unterschiedliche Namen, je nachdem, wo sie stattfinden – Kabinett, Ruelle, Alkoven –, aber bald schon setzt sich der aus dem Italienischen stammende Begriff »Salon«, also großer Saal oder Empfangszimmer, durch. Intellektuell interessierte Frauen aus den adligen Ständen, für die es abgesehen vom Kloster keine Bildungseinrichtungen gibt, verstehen schnell, dass diese Salons fast wie eine Art Universität funktionieren können: Orte des Denkens und Lernens. »Konferenzen« zu philosophischen oder literarischen Themen werden veranstaltet, Gedichte und Auszüge aus Romanen laut vorgelesen, geistreiche Konversationen geführt.

Zur Herrschaftszeit von Ludwig dem XIV. führen die Intellektuellen in Paris unzählige Salons. Das ist zum Teil eine Frage der Mode, dient zunehmend aber auch der eigenen Sicherheit – Ludwig dem XIV. ist bewusst, wie politisch das Geschichtenerzählen ist, und hat die Literaten unter strenge Beobachtung gestellt. Eine der wichtigsten Aufgaben des neuen Pariser Polizeichefs Gabriel de la Reynie ist es, jegliche Opposition, jede Kritik am König im Keim zu ersticken. Wer ein monarchiekritisches Pamphlet oder Flugblatt verbreitet, wird ausgepeitscht, verbannt oder aufs Schafott geschickt, das hängt von Reynies Laune ab. Der Polizeichef geht gern und oft ins Theater; er scheint einen sarkastischen Sinn für Humor zu besitzen, da man ihn stets am lautesten klatschen hört bei den Stücken, die er am nächsten Tag verbieten lässt. Erweckt eine Komödie den Anschein, womöglich satirisch auf eine der Mätressen des Königs anzuspielen, kann man damit rechnen, dass die Schauspieler allesamt in die Verbannung jenseits der Stadtmauern geschickt werden, und das Stück wird entweder verboten oder sein Autor aus reinem Spaß eingesperrt. Die französischen Schriftsteller und Schriftstellerinnen genießen zwar noch gewisse Freiheiten – Sex, Gewalt und derbe Sprache werden nur selten zensiert. Während der Regierungszeit von Ludwig dem XIV. gibt es im Grunde nur eine große Sünde: Untreue gegenüber dem König. Trotzdem macht der Gedanke, dass Reynie sich über jede gedruckte Metapher, jeden Wortwitz beugt, das Schreiben ein seit Neuestem schwieriges Metier.

Deshalb haben viele Autoren und Autorinnen eine diskretere Art gefunden, ihre Ideen und Texte in Umlauf zu bringen: bei süßen oder alkoholischen Getränken in privaten Gemächern. Kritisiert werden sie dafür trotzdem, insbesondere die Frauen, die an solchen Salons teilnehmen, werden oft als *les précieuses* bezeichnet, die Preziösen, was entweder als Lob ihrer verfeinerten Manieren oder als Beleidigung gemeint sein kann. Die letztere Deutung verankert Molière mit seinem satirischen Einakter *Die lächerlichen Preziösen* im öffentlichen Bewusstsein.

Die Geschichte vom Salon der Marie d'Aulnoy beginnt bei einem von Madame Lamberts ebenso berühmten literarischen Dienstagsdîners. Überall wird noch über Maries Rückkehr nach Paris getuschelt – die einen erwarten ihre Verhaftung, die anderen, dass ihr barbarischer Mann, Baron d'Aulnoy, aus dem Schuldturm entlassen wird und seine ehelichen Rechte einfordert –, doch Marie erscheint mit hoch erhobenem Kopf beim Mittagessen der Literaten, aufrecht, das Perlencollier eng am weißen Hals. Die ebenfalls anwesende Henriette de Murat vergleicht sie mit dem an den Mast gefesselten Odysseus, so tapfer erträgt diese geheimnisvolle Frau den Sirenengesang über ihre Person.

Glücklicherweise werden die beiden Frauen nebeneinander platziert, und sie beginnen, sich zu unterhalten: höfliches Geplauder über die Romane, die sie in jüngster Zeit gelesen haben. Und dann, nach der Suppe und dem Fischgericht, wird den am Tisch Versammelten das philosophische Thema des Tages präsentiert. Die Schriftstellerin Antoine de la Motte stellt die provokante Frage, ob der antike griechische Dichter Homer im Grunde ein Langeweiler war. Alle halten erstmal die Luft an, und es wird laut gelacht, bevor die Debatte losgeht.

»Aber ich frage mich, ob wir nicht den Übersetzern die Schuld geben müssen«, wirft Henriette ein, als sie an der Reihe ist. »Sicherlich sind sie es, die die Schönheit und Erhabenheit Homers zu Grabe getragen haben. Alles, was sie produzieren, klingt gleich – als hätten sie zu viel Staub der Gelehrsamkeit gefressen und würden ihn in Alexandrinern wieder aufstoßen.«

Ihr frisch angetrauter Mann, Comte de Murat, sträubt sich dagegen. »Ich muss die Herren im Namen meiner Gattin um Entschuldigung bitten«, besänftigt er die Gefühle der anwesenden Männer. »Vor ihrer Zunge ist heutzutage niemand sicher, nicht einmal die Gelehrten. Wie es scheint, verwandelt der Ehering ein geistreiches Fräulein in ein zänkisches Weib.«

Einen Augenblick lang fühlt sich Henriette derart vor den Kopf gestoßen, dass sie ausnahmsweise einmal verstummt. Ihr sprühender Witz ist in der Pariser Gesellschaft berühmt; die Worte von ihrem nun angetrauten Ehemann treffen sie wie ein Fausthieb. Warum sagt ihr Gatte das? Es scheint, dass er sie erniedrigen, ihr klarmachen will, wer hier das Sagen hat. Er behandelt sie wie irgendein hergelaufenes, lästiges Weib. Hat sie ihren Ehepakt ganz falsch eingeschätzt? Eine schreckliche Panik erfasst Henriette. Doch da springt schon Marie zu ihrer Verteidigung ein. »Die Frage ist doch vielmehr, warum die Herren der Schöpfung direkt nach ihrer Verehelichung jeden Sinn für Humor verlieren«, gibt sie zurück, woraufhin sich alle Augen auf sie richten. »Keine kleine Aufgabe für die Gemahlinnen, wenn sie feststellen müssen, dass ihre Liebhaber sich mit einem Mal in Langeweiler verwandelt haben, als hätte ein beschwipster Verseschmied sie falsch übersetzt.«

Die Blicke der beiden Frauen treffen sich, und sie lächeln sich verschwörerisch an.

Als sie kurze Zeit später in einem der schicken neuen Cafés zusammentreffen – wo pechschwarzer, arabischer Kaffee, vom vielen Zucker dick wie Sirup, aus winzigen Tässchen geschlürft wird, an der Wand darüber ein Kupferstich des Königs –, äußert Marie kleinlaut die Idee, vielleicht selbst einen Salon zu eröffnen. Sie verbringe so viel Zeit mit ihren noch jungen Töchtern, dass sie sich oft nach anregender Erwachsenengesellschaft sehne, aber den Gedanken nicht loswerde, dass die Salons erfreulicher wären, wenn nicht immer dieselben langweiligen Sprücheklopfer dabei wären. Was könnte schöner sein, als mit guten Freundinnen bei Kuchen und Champagner über Literatur zu sprechen? In ihrer neuen Wohnung an der Rue Saint-Benoît hat sie genau den passenden Raum dafür. Begierig nimmt Henriette die Idee auf. Sie müssten die Geladenen sorgfältig auswählen – nur die Frauen, die sie am meisten bewundern ... Angélique Tiquet, Maries alte Freundin aus den ersten Ehejahren, würde dem Ganzen etwas Glamouröses verleihen. Und Henriette hat die Bekanntschaft der Fürstin von Conti gemacht, der Prinzessin, einer großen Kunstliebhaberin, die sich bereiterklären könnte, als Schirmherrin aufzutreten. Sie wollen Philis, die ältere gelehrte Frauenrechtlerin, einladen und Henriettes Kindheitsfreundin Amarante (leider sterben beide Damen während der nächsten zwei Jahre, eine an Altersschwäche, die andere an Masern).

Marie hat die Idee, den Salon nur für Frauen zu öffnen. Als Henriette witzelt, es höre sich wie eine Altweibergesellschaft an, erwidert Marie, vielleicht sollten sie sich zu dieser Tatsache bekennen und Altweibergeschichten erzählen. Oder Mutter-Gans-Geschichten, wie sie oft genannt werden, mit Ungeheuern, Zaubersprüchen und sprechenden Fabelwesen. Marie liebt solche Geschichten seit ihrer Kindheit. Sie könnten ein Spiel daraus machen: reihum alte Geschichten erzählen und ihnen eine neue, moderne Wendung geben.

»Wird die Mutter Gans nicht immer als schnabelnasige Bauersfrau dargestellt?«, wendet Henriette unsicher ein. »Vielleicht würde das nicht zu einer feinen Gesellschaft aus Erwachsenen passen.«

»Ganz im Gegenteil. Wenn ich solchen Erzählungen lausche, fühle ich mich wieder wie ein Mädchen, und das ganze Erwachsenenleben erscheint mir wie ein schrecklicher Traum«, antwortet Marie mit leicht zitternder Stimme, weil es der Wahrheit entspricht – vielleicht ist es Aberglaube, aber sie hat ihre Wünsche seit sehr langer Zeit nicht mehr laut geäußert.

»Also gut«, erwidert Henriette und überlässt sich völlig dieser neuen Freundin und ihrem Plan. »Die fantastischen Geschichten handeln sehr oft vom Heiraten und wären insofern ideal für eine Abrechnung mit den Ehemännern geeignet. Ich muss zugeben, seit ich verheiratet bin, brenne ich nur so darauf, dem *Ende gut, alles gut* noch ein paar Nachsätze anzuhängen.« Und damit ist es beschlossene Sache: Sie werden eine Menge Spaß haben.

Schon bald fragt Angélique, ob sie Charlotte-Rose mitbringen dürfe, Patentochter einer guten Freundin, die finde, das Mädchen brauche bessere weibliche Vorbilder: Sie sei verrückt nach Jungen, aber auch lesehungrig. (»Leider schließen diese Dinge einander ganz und gar nicht aus«, bemerkt Henriette. »Wer würde schon einen Mann küssen wollen, hätte er nicht vorher davon gelesen?«)

Als nächstes bekommt Télésille – eine der zu dieser Zeit nicht seltenen wie besessenen Briefeschreiberinnen, die schon vor dem Frühstück zwei Dutzend private Briefe zu Papier bringen – Wind von dem neuen Salon und fängt an, Marie mit überschwänglichen Sendschreiben zu bombardieren, lässt alle zwei Tage Visitenkarten bei Marie abliefern und schmeichelt sich so lange ein, bis sie ebenfalls in den Kreis aufgenommen wird.

Ungefähr ein Jahr lang bleibt der Zirkel intim und exklusiv weiblich. Aber dann, nachdem Marie selbst den Begriff *contes de fées* – Märchen – geprägt hat, verbreitet sich der Ruhm dieser »modernen Märchenerzählerinnen« zu schnell – obwohl es Marie in gewisser Weise natürlich auch schmeichelt. Saint-Évremond möchte seine Aufwartung machen, wenn er zu Besuch in die Stadt kommt. Der Abbé, frisch gebackener Autor, bedrängt Marie bei Philis' Beerdigung, ein Empfehlungsschreiben in der Hand. Er lädt sich selbst zu ihrer Zusammenkunft ein, um dort Auszüge aus seinen Veröffentlichungen vorzulesen. Es wird immer schwerer, sich schnell genug höfliche Gründe auszudenken, warum man dieser Baronin oder jenem Monsieur die Teilnahme verweigern sollte.

Manchmal erscheinen jetzt schon zwei Dutzend Personen. Trotz der ständig wachsenden Gästeliste genießt Madame d'Aulnoy die Abende nach wie vor sehr. Sie fühlt sich immer noch wohl aufgehoben im sicheren Kreis der Freundinnen.

Jetzt schließt sie die Tür zum Rest des Hauses hinter sich – ihre drei Töchter, die Haushälterin, die Küchenmagd, Mimi, die Windhunde, das Dröhnen der Standuhr, das ganze fröhliche, geschäftige Durcheinander der Geschichte, die sie sich selbst ins Leben und auf den Leib geschrieben hat – und atmet einmal tief durch. Die frisch aufgesteckten Kerzen werden angezündet, es wird musiziert und hinter vorgehaltener Hand über Madame Henriette de Murat getratscht, was diese vermutlich beabsichtigt hat, als sie am Sonntag im roten Reitcape zur Messe erschien. Zu solchen Anlässen trägt man nicht zufällig ein rotes Häubchen.

Marie macht die Runde, stellt sicher, dass jede der Preziösen ein Getränk in der Hand hält, und schnappt dabei einige Gesprächsfetzen auf: »... sagte, der Priester habe sie mit zwei Predigten nacheinander über die Rolle der Frau geärgert. Was steht noch gleich im ersten Paulusbrief an Timotheus? ›Eine Frau soll sich still und in aller Unterordnung belehren lassen ...‹« – »... ihr Schwiegervater sah schrecklich aufgebracht aus« – »... in der Kunst, einen Auftritt hinzulegen, ist sie ...«

Schließlich trifft diejenige, an der sich alle Zungen gewetzt haben, selbst ein, gelassen, ohne die fortgeschrittene Zeit oder die Stille, die sich plötzlich auf die Runde senkt, zur Kenntnis zu nehmen. Vielleicht sollten wir uns Henriette ein wenig genauer ansehen, während sie ihren roten Umhang ablegt: ihr sehr weißes, gepudertes Gesicht, die Haut noch ein klein wenig von der Kälte draußen gerötet, das dreieckige Kinn, die schwarzen Augenbrauen und Wimpern, die sehr dunkles Haar unter der Perücke vermuten lassen, ihre mandelförmigen Augen mit dem ironischen Blick, die bereits nach der ersten Möglichkeit zur Provokation Ausschau halten. Man merkt, dass sie andere mit ihrem beißenden Humor herausfordern will, wie ein Kind, das einen Streich spielt. Neben ihrer geschürzten Lippe klebt ein kleines schwarzes Schönheitspflaster in der Form einer Mondsichel.

Henriette ist in der Bretagne zur Welt gekommen. Zahlreiche Gerüchte ranken sich um ihre Vergangenheit und ihre Affären. In Versailles verursachte sie einen Skandal, als sie bei ihrer Einführung am Hof eine bretonische Bauerntracht trug. Henriette de Murat heizt die Gerüchteküche sogar selbst an, und sie zitiert oft La Rochefoucaulds Maxime: »Es gibt Frauen, die überhaupt kein Liebesverhältnis haben. Aber es gibt nur sehr wenige, die sich mit einer einzigen Liebschaft begnügen.« Seit Monaten befeuert sie die Neugier ihrer Zeitgenossen, sie will ein Buch veröffentlichen, das *Mémoires de Madame la Comtesse de M**** heißen soll, eine zweibändige Antwort auf Saint-Évremonds *Mémoires de la vie du Comte D***, avant sa retraite*, in denen Frauen als unberechenbar und der Tugend unfähig dargestellt werden. »Als wären nicht die Männer der Ursprung allen Übels!«, ruft Henriette empört aus. »Aber man möge bitte bedenken«, fügt sie immer in verschwörerischem Ton hinzu, »dass ich nicht die Wahrheit schreiben konnte! Das müsst Ihr mir glauben. Über meine Ehe, wie sie wirklich ist, möchte niemand etwas lesen, am allerwenigsten ich selbst.«

Jetzt, da Henriette eingetroffen ist, kann es mit dem Salon losgehen, sie soll den Auftakt mit einer neuen Geschichte machen – Madame d'Aulnoy stellt immer einen Plan auf, damit alles glatt über die Bühne geht. Doch zuerst muss die Gastgeberin dafür sorgen, dass ihrer Freundin ein Glas Stachelbeersorbet gereicht wird, damit sie sich nach der Anreise erfrischen kann.

»Wunderbar«, sagt Charles Perrault, als bekanntgegeben wird, es sei Zeit anzufangen. Er genießt literarische Darbietungen aufrichtig und freut sich auf amüsante Unterhaltung. Es ist erst sein zweiter Besuch im Salon, und er hat bisher noch keiner Erzählung von Henriette beigewohnt. »Ich habe sehr viel Gutes über Eure gelungenen Geschichten gehört, Madame«, fügt er hinzu. In ihrem Märchen »Perfekte Liebe« ging es den Berichten nach um eine fantasievolle Variation auf Versailles unter Wasser – exquisite Muschelgrotten nach dem Vorbild der königlichen Grotte der Thétys mit ihrer ausgeklügelten Hydraulik, ein von hundert Delfinen bewachter Palast, Ballette der mit glitzernden Fischschuppen besetzten Nymphen …

»Nicht von anderen Männern, hoffe ich?«, gibt Henriette mit gewohnter Schlagfertigkeit zurück. »Ich beabsichtige, ausschließlich dem männlichen Teil unserer Spezies Unbehagen zu bereiten. Der hat genug eigene Geschichten.«

»Hört, hört«, sagt die Fürstin von Conti, ein großes Glas Rotwein zur Hand, und mustert Henriette, als wäre sie ein anmutiger Falke, der gleich auf ihrer Faust landen wird. Henriette wirft der Prinzessin ein schnelles Lächeln zu, sie scheint ihre bevorzugte Zuhörerin zu sein, dann erhebt sie sich.

»Dies ist das Märchen von ›Anguillette‹«, beginnt Henriette de Murat ihren wohlgeübten Vortrag. »Das Schicksal mag diejenigen, denen es gewogen ist, noch so hoch erheben – vor dem Leid gibt es kein Entkommen in dieser Welt, darin sind wir uns vermutlich einig. Sogar Feen haben ihre Last zu tragen. Wusstet ihr, dass diese Geschöpfe dazu verdammt sind, mit jedem Mond einige Tage lang ihre Gestalt zu wechseln? Es ist wahr, sie verwandeln sich in ihr tierisches Ich, ob diese Kreatur nun dem Himmel, der Erde oder dem Meer entstammt. Und so kam es, dass die Fee Anguillette zu ihrer Zeit im Monat in einen dicken, kräftigen Aal verwandelt wurde, dessen schleimige Haut wie ein Regenbogen glänzte ...«

Charles begreift jetzt, was Henriette gemeint hat mit ihrer Bemerkung, für welches Publikum sie ihre Geschichten erzählt – alle Frauen im Raum verstehen offensichtlich genau, wovon sie redet, sie wirken hellwach, während er unwillkürlich zusammenzuckt, als habe ihn jemand mit dem Ellbogen angestoßen. Dennoch muss er Henriettes Originalität und Wortwahl lobend anerkennen. Es ist ewig lang, ihr Märchen – ein wahrer Redestrom scheint aus der nie um Worte verlegenen Erzählerin herauszubrechen –, aber vieles daran ist sehr erfreulich. Das Märchen beinhaltet sogar eine großzügige Anspielung auf Madame d'Aulnoy selbst (»eine moderne Fee, weiser und kenntnisreicher als die Feen früherer Zeiten«) und nimmt, ganz untypisch, ein tragisches Ende: Die Fee wird davor bewahrt, als Fischgericht auf dem Teller des Königs zu landen, und dafür schenkt sie der Prinzessin Intelligenz, Schönheit und Reichtum, diese verlangt aber obendrein noch Leidenschaft. Als sich die Prinzen, die sie beide liebt, duellieren und dabei sterben, stürzt sie sich auf ein Schwert, das sich tief in ihre Brust bohrt.

»Die arme Anguillette konnte die drei törichten Menschen nicht ins Leben zurückbringen«, schließt Henriette de Murat. »Doch sie berührte die sterblichen Überreste mit ihrem Zauberstab und verwandelte sie in wunderschöne Bäume, die wir als Ulmen bezeichnen.«

Applaus brandet auf. Henriette macht einen kleinen Knicks, dann lässt sie sich auf der Sessellehne der Fürstin von Conti nieder, und die Fürstin tätschelt ihr lobend den Rücken.

»Das Ganze ist so schrecklich traurig«, platzt es aus Télésille heraus, die sich die Augen abtupft. Offensichtlich nimmt sie das Märchen ernster als dessen Erfinderin.

»Sehr richtig, ich kann nicht glauben, dass Ihr sie alle sterben lasst, Henriette!«, verkündet Charlotte-Rose, bringt dabei aber ihre Satinhandschuhe an die hübschen Lippen, als wolle sie sich selbst das Wort verbieten. »Ihr seid ja eine ganz Schlimme!«, fügt sie mit einem verschämten Lächeln hinzu. Ob das reicht? Sie hat das Gefühl, sie sollte etwas sagen, weil sie nie Kommentare abgibt und die anderen sich fragen müssen, was sie überhaupt in einer solch auserlesenen Runde zu suchen hat. Aber welch Geschwafel ihr immer über die Lippen kommt! Wie wenig sie zur Diskussion beizutragen hat. Die anderen müssen sie für einen Dummkopf halten. All diese Schriftstellerinnen, die schon Bücher veröffentlicht haben – ihre großen Vorbilder! –, blicken jetzt in ihre Richtung, und sie ist nur eine Kammerzofe (aber wenigstens liegen ihre Locken heute Abend gut).

»Ich pflichte Euch bei, Charlotte-Rose«, sagt Angélique, als ihr ausnahmsweise einmal einfällt, dass sie ja versprochen hat, das Mädchen zu ermutigen. »Hinreißende Ringellocken übrigens.«

»Aber niemand hat den Aal gegessen!«, verteidigt sich Henriette. »Seid doch dankbar für meine kleinen Zugeständnisse.«

»Vielleicht nicht unbedingt für Kinder geeignet«, sagt Charles mit einem neckischen Lächeln.

»Das hoffe ich doch«, erwidert Henriette. »Soweit ich weiß, sind keine Kinder anwesend, Monsieur. Es sei denn« – sie nickt in Richtung des großen Jünglings, Charles Briou, der sich neben die wesentlich ältere Angélique gesetzt hat – »Monsieur Briou braucht ein wenig mütterliche Fürsorge.«

»Henriette, ich bitte Euch!«, quietscht Angélique, die bereit ist mitzuspielen, auch wenn sie Henriette bisweilen zu spitzzüngig findet – dass das Alter einer Frau kein angemessenes Thema für Witze ist, braucht man ja wohl niemandem zu sagen. »Wie Ihr genau wisst, habe ich nicht die kleinste mütterliche Ader in mir!«

»Aber Ihr habt doch Söhne, nicht, Monsieur Perrault?«, sagt Henriette und sieht Charles so strahlend an, als suche sie unbedingt nach Streit. »Ich vermute, die Jungen spielen mit Zinnsoldaten und lassen sie immer wieder bei ihren blutigen Schlachten sterben. Und ich darf keine meiner Figuren sterben lassen?«

»Die Jungen lernen dabei, dass Männer für Gott und Vaterland in den Krieg ziehen müssen. Und Eure Moral ist?«, fragt er. »Dass man sich nicht verlieben soll?«

»Dass man sich zumindest nicht in Männer verlieben soll«, entgegnet sie.

Perrault lacht. »Da ist etwas dran, ich gebe es zu. Mein nächstes Märchen hat eine ähnliche Pointe.«

Habe ich eigentlich erwähnt, dass Henriette von ihrem Mann, dem Comte de Murat, geschlagen wird? Sie trägt den Puder nicht nur der Mode wegen so dick auf, sondern kaschiert damit auch ihre blauen Flecken. Die Rippen unter ihrem Kleid sind schmerzhaft in blassgrünen Regenbogenfarben verfärbt wie das bunte Schillern am Bauch eines Aals.

Der Comte hasst sie für ihre scharfe Zunge mit jedem Tag mehr, aber sie kann die provozierenden Bemerkungen einfach nicht bleiben lassen.

Henriette hat allerdings ihre eigene Form der Rache ersonnen – obwohl Rache nicht ganz das richtige Wort ist, weil ihr Mann nichts davon ahnt. Zumindest ist es ihre Methode, für ausgleichende Gerechtigkeit zu sorgen. Heute Abend hat ihr die Fürstin von Conti zum Beispiel angeboten, sie in ihrer Kutsche nach Hause zu fahren – die Prinzessin, die genau wie sie selbst Frauen liebt. Als sich Henriette zum ersten Mal mit ihr auf eine solche Reise begab, saß sie vor Panik stocksteif da und schluckte die ratternde Dunkelheit hinunter, während die nach Rauch riechenden Finger der Prinzessin sie da berührten, wo sie trocken und verkrampft war vor Angst – weil sie nicht wusste, wie sie sich verletzlich machen, wie sie zulassen sollte, dass etwas mit ihr passierte, wie man loslässt und nicht die ganze Zeit quasselt wie ein Wasserfall. Die Prinzessin war sehr geduldig, glitt mit Fingern und der Zunge in sie, ließ sich von ihrem Atem leiten, entlockte ihr Nasses, Salz und Perlen, bis ihr weiß schäumende Wellen den Atem nahmen – sie stöhnte – keuchte –

Zweimal haben sie seitdem ein solch geheimes Stelldichein genossen.

Unerfreulicherweise scheint sich die Lust, an die Henriette gerade denkt, im Kreis ihrer schönen, erfolgreichen Freundinnen in diesem hell erleuchteten Saal in Selbsthass verwandelt zu haben, und ihr wird schlecht vom kühlen Schleim zwischen ihren Beinen. Eine dunklere Welle bricht über ihr zusammen, Übelkeit packt sie wie ein Sog. Denn wenn Gott Zeuge ihrer Perversionen geworden ist – und Er muss sie ja gesehen haben, durch ihre Augen und die Augen der Prinzessin, muss jedes Zittern, jeden kleinsten Seufzer im Buch des Jüngsten Gerichts verzeichnet haben –, dann ist sie verloren.

Aus heutiger, moderner Sicht lässt sich natürlich leicht behaupten, dass es fast niemanden auf der Welt gibt, der noch nie das eigene Geschlecht begehrt hat, zumindest in den privatesten Augenblicken – die menschliche Sexualität ist nun einmal schön und wild und vielfältig –, und Henriette soll einfach die Person lieben, die sie eben liebt. Aber die institutionalisierte Religion war und ist ein System der Gehirnwäsche, das mit unerträglicher Willkür ein Spiel mit strengen Regeln und gezinkten Karten vorschreibt, bei dem die Gewinner von vornherein feststehen. Sich in der damaligen Epoche zur Atheistin zu erklären, hätte ein fast unvorstellbares Maß an intellektuellem Mut erfordert; es hätte bedeutet, einen Schritt gänzlich aus der Realität aller, die man kennt, heraus zu tun – hinaus in eine neue, noch kaum kartografierte Welt.

Ich bin Abschaum, denkt Henriette in wilder Verzweiflung, mit der sie sich in diesem Augenblick die Pulsadern aufgeschnitten hätte, wäre ein Messer in Reichweite gewesen. *Der Teufel ist in mir.* Sie weiß vielleicht auch, dass sich solch harsche Worte leichter von ihrer eigenen inneren Stimme als vom Comte ertragen lassen, der bei einer Affäre mit einem Mann eventuell Gnade walten ließe – in Anbetracht seiner eigenen Liebschaften –, aber wenn er *das* herausfände, würde er sie ganz sicher umbringen; er hält große Stücke auf sein Ehrgefühl.

Sie muss irgendeinen Vorwand finden, um den Rückweg vom Salon in ihrer eigenen Kutsche anzutreten, aber die Fürstin von Conti wird sich natürlich verletzt und von jeder

Ausrede vor den Kopf gestoßen fühlen – ihre große, warme Hand liegt in diesem Augenblick noch an ihrem Kreuz. Warum ist Henriette nur so ein schlechter Mensch? Hat ihr Mann vielleicht recht, wenn er sie verdorben nennt? Dabei ist er das auch. Ihr Haus ist eine Hölle im Kleinformat, in der sie Grausamkeiten ersinnen, um einander zu quälen.

»Ich bin fasziniert von Eurer Idee, die Hauptfiguren in Ulmen zu verwandeln«, sagt Perrault, beflügelt von der Aussicht auf ein echtes Erwachsenengespräch nach einer etwas drögen Woche. »Wie seid Ihr darauf gekommen? Ich musste an Daphne denken, die von Apoll verfolgt und in einen Lorbeerbaum verwandelt wird. Und gibt es nicht auch Myrrha, die ihren Vater verführt? Als er es herausfindet, jagt er sie mit dem Schwert durch ganz Arabien – das Harz des Myrrhebaums sind der Sage nach Myrrhas bittere Tränen. Die Ulme jedoch – vielleicht trügt mich meine Erinnerung, aber greift Achilles nicht nach einem Ulmenzweig, um sich vor dem Ertrinken zu retten?«

»Aber es versteht sich doch von selbst, Madame, dass eine Selbstmörderin nicht zur Ulme werden kann«, verkündet der Abbé so traurig, als habe er schlechte Nachrichten zu überbringen, wobei sein betrübter Blick wieder an Henriettes Ausschnitt hängen bleibt. »In Wahrheit ist es doch so, dass Eure Hauptfigur in alle Ewigkeit unter den Augen des Satans brennen würde.«

Henriette wirkt geistesabwesend.

»Henriette?«, sagt Madame d'Aulnoy jetzt zu ihr. Die reizende, hochintelligente Marie, von ihr verehrt wie eine große Schwester. »Ihr habt gerade gewirkt, als wärt Ihr ganz weit weg. Geht es Euch gut? Henriette?«

»Ja«, antwortet sie schwächlich und versucht, aus dem trüben Strudel des Ekels aufzutauchen.

»Mir persönlich hat Euer tragisches Ende gut gefallen«, sagt Marie d'Aulnoy. »Hat Aristoteles nicht argumentiert, dass Geschichten dieser Art eine kathartische Wirkung haben sollen? Ich glaube fast, Ihr seid die beste Erzählerin unter uns – die Geschichten von uns anderen sind im Vergleich zu Euren aufgewärmte Brühe von gestern.«

»Nein«, entgegnet Madame de Murat vor lauter innerer Zerrissenheit zu heftig. »Nein, Marie, das dürft Ihr nicht sagen.«

»Hier.« Marie hält Henriette ein kleines Mandelküchlein mit einer Haube aus Sahne und Rosenblütenblättern hin. »Ihr müsst eins kosten – Geheimrezept meiner Köchin. Angeblich versteht jede, die diese Leckerei probiert, dass sie geliebt wird.« Und sie schaut Henriette auffordernd an, bis diese von dem weichen, duftenden Wunderwerk abgebissen hat und die Magie zu wirken beginnt.

»Bin ich als Nächster dran?«, hört Marie Perrault in diesem Augenblick fragen. Es ärgert sie, wie seine laute Männerstimme durch ihr intimes Korallenzimmer dröhnt. Dabei vermutet sie, dass er es gut meint und wahrscheinlich seinem Auftritt entgegenfiebert – wahrscheinliche hat er diese Woche zu viel Zeit mit übereifriger Vorbereitung verbracht, zum Teil aus alter Gewohnheit, zum Teil aus Angst vor Langeweile, als mache er sich für einen königlichen Maskenball fertig und nicht für fünf Minuten im Empfangszimmer einer Frau, die er kaum kennt. Er hat sogar Madame Tiquet überredet, den schauspielerischen Part zu übernehmen. Dennoch – es bringt sie innerlich zum Kochen, dass nach so vielen Monaten ein

Mann hier auftaucht und die Aufmerksamkeit an sich reißt, ohne sich auch nur einen Gedanken darum zu machen. Außerdem scheint er sich das Märchen vom Rotkäppchen ausgesucht zu haben – das leitet sie daraus ab, dass Angélique auf Henriette zugeht und fragt, ob sie deren rotes Kapuzencape ausleihen dürfe. Diese Geschichte kommt ihr, ausgerechnet in dieser Woche, etwas zu belastet vor, außerdem ist sie nun wirklich nichts Neues.

Aber Perrault legt nach einem letzten Räuspern und einem Klingeln am Glas bereits los: »Es war einmal in einem kleinen Dorf ein Mädchen, ein niedliches kleines Ding, das alle Welt lieb hatte. Am liebsten hatte es die Großmutter, die machte ihm ein Mäntelchen mit einer roten Kapuze daran, das stand ihm so gut, und danach hieß es das Rotkäppchen.« Madame Angélique Tiquet führt das Käppchen nun vor und versucht, dazu ein unschuldig mädchenhaftes Gesicht zu machen, wirkt jedoch anzüglicher als beabsichtigt.

Alle Blicke wandern hinüber zu Henriette, die die Lippen schürzt und sich ein duldsames Lächeln abringt.

»Eines Tages«, fährt Perrault fort, »hatte die Mutter Kuchen gebacken und sagte zu Rotkäppchen: ›Die Großmama ist krank, mein Kind, geh hin und erkundige dich, wie es ihr geht, und bringe ihr hier von dem schönen Kuchen und etwas Butter dazu ...‹.«

Diese Stelle illustriert Angélique, indem sie auf der Stelle marschiert, die Arme baumeln lässt und dazu pfeift. Der groß gewachsene Junge, Briou, genießt seine Rolle als einziger, gut aussehender junger Mann in einem Raum voller Frauen und johlt zustimmend.

Und so weiter. Ich bin mir sicher, wir kennen die Geschichte alle: Ihr kennt sie von eurer Mutter, eurer Großmutter, vielleicht eurem Kindermädchen. Jede Wendung – das Bett der Großmutter, die großen Ohren, die Augen, die Zähne. Es ist eins der Märchen, das 1697 in Perraults ungemein erfolgreichem Buch *Contes de ma mère l'Oye* (»Geschichten von meiner Mutter, der Gans«) erscheinen wird. Auf dem Einband oder dem Frontispiz der vielen, vielen Ausgaben ist oft die alte Mutter Gans selbst zu sehen, Inbegriff der Geschichtenerzählerin – eine alte Bauersfrau mit scharfen Zügen, die mit der Katze oder dem Spinnrad am Feuer sitzt, zu ihren Füßen gebannt lauschende Kinder. Aber da euch allen Perraults Version des Märchens erzählt oder vorgelesen worden ist, warum es hier noch einmal wiederholen? Außer ihr glaubt, dass Rotkäppchen von einem Holzfäller gerettet wird.

Madame Tiquet stellt das Gefressenwerden zum allseitigen Vergnügen sehr dramatisch dar – erst schreit sie im Todeskampf, dann bricht sie vom Blutverlust entkräftet zusammen.

Am Ende folgt die mit viel Witz gereimte Moral, auf die Perrault offensichtlich viel Mühe verwandt hat und die er nun mit seiner besten Dichterstimme vorliest:

Kinder, und Mädchen nicht zuletzt –
reizend und vor der Welt beschützt –
ihr sollt die fremden Männer meiden,
sie wollen euch gewiss verspeisen.
Denn Wölfe gibt's mit Pelzen zwar
Und Reißzahn, der markiert Gefahr,
doch Wölfe auch, die lieb aussehn,
wenn sie hinaus auf Brautschau gehn

mit Schmus und spielerischem Charme.
'S ist schwer, vorherzusehn den Gram,
bis sie mit Haut und Haar dich schlucken.
Vielleicht hast einen bei dir hocken?
Zur Warnung sollst die Lehre ziehn:
Der Schmeichlerwolf ist dein Ruin.

Seinem Rotkäppchen, Angélique Tiquet, geht jeder Sinn für Moral ab, und sie knickst schon vor dem Publikum, bevor Perrault den letzten Vers beendet hat. Sie saugt die viele Aufmerksamkeit gierig in sich auf, und die Lobesworte gehen ihr ins Blut wie ein schnell gekipptes alkoholisches Getränk. Ob Briou wohl hingehört hat, fragt sich Madame d'Aulnoy, als er sich erhebt, die Schauspielerin umarmt und dabei ein wenig zu lang verharrt – ob er sich selbst in dieser Beschreibung erkennt?

»Ganz hinreißend, Charles«, sagt Angélique schließlich, als die Komplimente verstummt sind, vom vielen Beifall glühend, und lässt den roten Mantel von ihren rundlichen Armen gleiten. »Ich wünschte nur, es wäre nicht ganz so schnell vorbei gewesen!«

»Ich hingegen habe Eure Kürze wieder sehr bewundert, Monsieur«, sagt Madame d'Aulnoy. »Eine Geschichte so zu verknappen, dass wir mehr davon begehren, ist eine Kunst.«

»Ist es nicht so«, bemerkt Henriette de Murat, die sich wieder soweit erholt hat, dass sie diese Gelegenheit zum Seitenhieb nicht verstreichen lassen kann, »dass wir Frauen immer mehr begehren, als die Männer uns geben können, während von uns erwartet wird, dass wir die Männerwelt voll und ganz befriedigen?«

»Ich habe das Märchen genau so wiedergegeben, wie meine Großmutter mütterlicherseits es mir erzählt hat«, erwidert Perrault. »Solch eine warmherzige, lebendige Frau. Wenn ich sie als Kind besuchte, forderte sie mich immer auf: ›Drücke die Klinke, und sie wird springen‹, und dann tat sie so, als würde sie mich auffressen, und ich quietschte vor Begeisterung.«

»Aber beschummelt Ihr uns nicht ein klein bisschen, werter Monsieur Perrault?«, entgegnet Marie. »Ihr seid einer der Unsterblichen der französischen Akademie, Verfasser der *Critique de l'Opéra*, in der Ihr argumentiert, dass unsere moderne Zeit der Antike künstlerisch überlegen sei – und doch bringt Ihr uns eine verstaubte Geschichte mit, die von unseren Großmüttern und Ammen überliefert ist? In diesem Salon streben wir danach, uns dem *Pentameron* des großen Basile und Straparolas *Ergötzlichen Nächten* anzunähern und für Frankreich das zu erreichen, was diese beiden für das italienische Volkstum getan haben. Ich würde viel lieber etwas aus Eurem eigenen Werk hören.«

Dieses Urteil erscheint Charles reichlich hart, und er windet sich innerlich, als er hört, wie ihm seine falsche Bescheidenheit unter die Nase gerieben wird – er ist doch nicht der Einzige hier, der ein Volksmärchen mit seiner tiefen, alten Weisheit übernommen hat. Und er hat sich wahrlich bemüht, es zeitgenössisch und frisch klingen zu lassen. Die Moral von der Geschichte, seine eigene stilistische Innovation, die wusste sie doch hoffentlich wenigstens zu schätzen?

Aber Madame d'Aulnoy lächelt ihn großzügig an. Und er erinnert sich wieder daran, dass solche Bemerkungen nicht verletzend gemeint sind, sondern zum verbalen Schlagabtausch eines Salons dazugehören. Er braucht sich, anders als sie, immerhin keine Gedanken darum zu machen, für eine primitive Landfrau gehalten zu werden.

»Touché!«, erwidert er gut gelaunt. »Ich nehme Eure Herausforderung an!«

Nachdem Perrault noch weiter mit lobenden Worten bedacht worden ist, löst sich die Gruppe allmählich auf – einige Salonnières bleiben noch auf ein Glas Wein, andere lassen nach ihren Kutschern rufen, umarmen einander, bedanken sich, vergleichen die Länge der Heimfahrten miteinander, eilen hinaus auf die frostige Rue Saint-Benoît, an der die modernen, erst vor Kurzem installierten Straßenlampen im Nebel wie von einem Heiligenschein umgeben wirken. Es war wieder ein gelungener Abend.

Aber warten wir noch einen Augenblick – verstecken wir uns hier im Schatten der Treppe, dann können wir vielleicht die letzten beiden Gäste im Durchgang auf dem Weg nach draußen bei einem kleinen Balztanz beobachten. Als sie ihr rotes Cape wieder angezogen hat, teilt Henriette der Fürstin von Conti mit, sie würde nicht in deren Kutsche mitfahren – Perrault und Télésille hätten angeboten, sie nach Hause zu bringen, ihre Kutsche warte draußen – aber die Prinzessin drückt Henriette einfach mit einem Kuss an die Wand, ihre Zunge gleitet weich und köstlich in ihren Mund wie ein junger Aal. Henriette schiebt sie von sich weg, gequält, mit einem schrillen Jaulen: »Nein, das dürfen wir nicht«, das, man muss es der Fürstin zugestehen, eher flehentlich als nach einer Abfuhr klingt.

Doch dort im Schatten beobachtet sie noch jemand: Vor lauter Geldgier kann es die Person kaum abwarten, das Gesehene weiterzuerzählen. Es gibt jemanden, der eine hübsche Summe dafür bezahlen wird, diese Geschichte zu hören.

Und jetzt verratet es mir, liebe Leserinnen und Leser: Wer ist hier der Wolf?

6.

Das Märchen
vom schönen Prinzen

Einen Monat später findet der nächste Salon statt. Am Nachmittag, bevor er beginnt, liegt Angélique mit Charles Briou im Bett.

Draußen herrscht bitterkalter Winter.

Das habe ich bisher vergessen zu erwähnen, oder vielleicht habe ich den Wetterbericht auch absichtlich zurückgehalten – denn wie soll man mit diesen Damen und Marquisen mitfühlen, diesen wenigen Privilegierten, wenn man erst einmal draußen in der Kälte bei den Armen gestanden hat, wo wir uns sicherlich wiederfinden würden, ihr und ich? Die Lebensbedingungen haben sich verschlechtert. König Ludwig hat kostspielige Kriege geführt, die Steuern haben eine astronomische Höhe erreicht, und wegen des vielen Regens gibt es seit einigen Jahren Missernten. Und dann ist da die Kälte. Sogar die Adligen bekommen sie in ihren zugigen Schlössern und Villen zu spüren; manche versuchen es mit einer Schutzschicht aus Schmalz auf der Haut. In den Kellern gefriert der Wein in den Flaschen.

Und vor den Palästen erfrieren die Kaninchen in ihren Bauten. Äpfel bleiben in Mädchenkehlen stecken. Der Schnee fällt in so dicken Flocken, dass kaum Luft zum Atmen bleibt; Seen werden zu Särgen aus Glas. Ganz Frankreich ist ein verwunschenes Schloss, in dem Kronleuchter und Kristalltreppen glitzern, in den Gärten stehen Marmorstatuen von Schafen und Kühen.

Die Armen verspeisen ihre Katzen oder das Blut, das aus den Schlachthöfen fließt. Die Armen essen Steinsuppe. Hungernde Kinder werden im Wald ausgesetzt und am Morgen tot aufgefunden; Rotkehlchen bedecken die toten Kinder mit Blättern. Und wenn die Kinder zu Hause verhungern, verzehren die Stiefmütter ihre Lungen und Lebern, gekocht, mit Salz.

Ich will damit nur klarmachen, dass es kalt ist. Ich versuche, das Elend zu verdeutlichen.

Müssen wir also Angélique in ihrer seidenen Bettwäsche hassen, deren weiche rosa Gliedmaßen gerade hinter den schweren Vorhängen des Himmelbetts mit denen von Briou verschlungen sind? In ihrem Kamin lodert ein Feuer, auf einem Silbertablett stehen eine Kanne Tee und ein Teller mit noch ofenwarmen Madeleines, ihre verwöhnte, mit Täubchen und Sahne gefütterte weiße Katze Madame Miaou liegt zusammengerollt auf einem Kissen und schläft, es fehlt an keinem Komfort. Warum ist mir eine solche Frau trotzdem sympathisch?

Es ist zu dieser Zeit üblich, dass die Höhergestellten auf dem Weg zu ihren Rendezvous inkognito in Paris unterwegs sind. Die Frauen tragen oft eine schwarze Gesichtsmaske aus Samt, die *loup* (»Wolf«) genannt wird, so bezeichnet, weil sie die Kinder erschreckt, und mittels eines Knopfes an der Innenseite mit den Zähnen festgehalten wird; die Männer verbergen den unteren Teil ihres Gesichts hinter einem extravaganten Umhang. Auch Briou hat sich heute maskiert zum Haus von Angélique gestohlen.

Jetzt ist sein glatt rasiertes Kinn nackt und fotzennass. Angéliques Atem geht noch ein wenig schnell, ihre schweren Brüste mit den sehr großen, rosa Brustwarzen breiten sich über ihr niedliches Bäuchlein. Die beiden haben gerade noch einmal die Version von Rotkäppchen nachgespielt, in der sie ausruft: »Aber Großmutter, was hast du für einen großen Schwanz!«, und er sie frisst.

»Ich muss gehen«, sagt Briou, bewegt sich aber nicht unter der dicken Decke hervor. Es ist schwer, hinaus in das wirbelnde Schneegestöber zu gehen, selbst mit einem warmen Mantel.

»Geht nicht«, sagt Angélique und lässt eine Madeleine mit zwei Bissen in ihrem Mund verschwinden. Die Zähne tun ihr weh, deswegen versucht sie, möglichst wenig zu kauen, aber so ein Schäferstündchen macht sie hungrig. Ehrlich gesagt überkommt sie nach dem Liebesakt immer eine gewisse Unsicherheit, nämlich die Frage, ob ihr Liebhaber womöglich ihre wahre Gestalt sieht, sobald der Bann der Lust gebrochen ist: die eines kleinen rosa Schweinchens. Seit ihre Mutter sie als kleines Mädchen mit Bonbons besänftigt hat, sucht sie immer Trost im Zucker.

»Ich muss los«, sagt er.

»Aber sobald Ihr aus dem Haus tretet, läuft Euch der Pöbel hinterher, und der ist krank vor Hunger. Mein Parfüm auf dem Ankleidetisch war heute Morgen gefroren! Könnt Ihr Euch so etwas vorstellen? Sehen wir uns wenigstens später im Salon von Marie d'Aulnoy?«

»Vielleicht. Ich muss erst meinem Vater einen Besuch abstatten. Gestern ist mir ein Porträt geschickt worden«, erzählt er und wirft dabei einen Blick in den Spiegel, in dem sie beide zu sehen sind, sie sind ein attraktives Paar: ihre aufgeworfenen, vom Küssen verschmierten Lippen, die zerzauste Frisur, seine muskulösen Arme. Offenbar trug Angélique früher den Spitznamen »das Meisterwerk«, das ist allerdings schon ein paar Jahre her. Von Nahem betrachtet sind ihre Falten recht deutlich zu erkennen.

»Von wem?«, fragt Angélique. »Ach, dabei will ich das eigentlich gar nicht hören, wenn es eine Heiratskandidatin ist. Allein der Gedanke macht mich schrecklich eifersüchtig.«

»Aber so ist es leider. Tochter eines spanischen Finanziers. Wie es scheint, hat ihr Vater meinen mit der Aussicht auf eine enorme Mitgift beeindruckt. Der Maler bekommt keine Hände hin – zumindest hoffe ich das, weil eine davon groß und plattgedrückt wie ein Pfannkuchen aussieht.«

»Aber wie ist sie denn nun, abgesehen von den Händen? Meint Ihr, Ihr könntet sie vielleicht lieb gewinnen?«

»Wenn der Spanier sie von ihrer besten Seite gemalt hat, würde ich sie als kreuzhässlich bezeichnen. Farblos, eine einzige Augenbraue, ein Damenbart – wahrscheinlich hat sie auch noch Hexenhaare! Mein Vater erzählt mir ständig, die Ehefrau habe nur mit dem Geschäft und nichts mit Genuss zu tun, dabei hat meine Mutter gar nicht so schlecht ausgesehen. Und ich werde den Gedanken nicht los, dass sich die anderen Männer über mich lustig machen werden, wenn ich mit so einem Sauertopf ins Bett gehen muss. Und selbst wenn sie einen Erben nach dem anderen produziert, würde ich mich schämen für den Beweis, dass ich meinen Schwanz da reingesteckt habe.«

»Was seid Ihr doch für ein ungehobelter Junge.« Angélique schüttelt den Kopf. Darauf lässt Briou laut einen fahren.

»Das ist nicht Euer Ernst.«

»Ihr habt es so gewollt. Ich hätte ihn unterdrückt«, kichert Briou. Sein Kichern klingt hoch und aufgekratzt.

Betrübt gibt Angélique zum Besten: »Ihr habt so ein strammes, kleines Derrière.« Sie bemerkt, dass eins ihrer Schönheitspflaster abgegangen und aufs Kissen gefallen ist; sie leckt es an und klebt es sich wieder auf die Wange.

»Dabei bin ich gar nicht unzivilisiert, nur damit Ihr es wisst, Madame. Ich würde gern aus Liebe heiraten.«

»Aber dann müsstet Ihr doch treu sein. Wäre das nicht grauenhaft langweilig? Der Gedanke gefällt mir gar nicht.«

»Übermäßig viel Zeit habt Ihr allerdings auch nicht auf die eheliche Treue verschwendet, muss ich sagen. Wie geht es Eurem zweiten Gatten?«

»Claude? Wenn ich das mal wüsste. Seit ich ihn geheiratet habe, ist er fast ununterbrochen auf Reisen. Es ist so schrecklich kalt hier in diesem Bett, da habe ich ja wohl das Recht, nach einem schönen Bettwärmer Ausschau zu halten! Aber Ihr dürft natürlich keiner Sterbensseele etwas davon sagen, weil er mich vermutlich ermorden lassen würde – er ist sehr stolz, nur dass Ihr's wisst. Jedenfalls«, fügt sie hinzu und reitet weiter auf dem Thema herum, obwohl sie weiß, dass sie das nicht tun sollte – vielleicht in der Hoffnung, dass er etwas Romantisches zu ihr sagen wird, an dem sie sich später wärmen kann – »was versteht Ihr denn überhaupt von der Liebe? Ich meine, ich hätte Euch sagen hören, es handele sich um eine reine Erfindung der Dichter.« Die Worte haben sich ihr als ziemlich grausam eingeprägt.

»Vielleicht tauge ich ja zum Dichter«, sinniert Briou, verliebt in das rosige Bild seines zukünftigen Ichs.

»Ihr taugt eher zur Muse«, verkündet Angélique und piekt ihn in sein süßes Stupsnäschen, weil sie ihm, ein wenig unbeholfen, ihre Zuneigung zeigen will. Aber er windet sich. Manchmal behandelt sie ihn wie ein Haustier.

»Vielleicht möchte ich zur Abwechslung auch einmal der Werber sein, nicht immer nur der Umworbene«, sagt er. »Wenn ich Euch Glauben schenken darf, dann bin ich ein gut aussehender Mann. Warum sollte ich nicht in der Lage sein, eine echte Schönheit für mich zu gewinnen? Eine Trophäe für meinen Arm. Ich bin zum Beispiel überzeugt, dass ich die Aufmerksamkeit von Charlotte-Rose wecken könnte. Nach der haben sich die anderen Kerle bei der Jagdpartie alle die Lippen geleckt.«

»Charlotte-Rose?«, fragt Angélique, mit einem Mal außer sich vor Eifersucht. Nicht die perfekte Rosiposi, die sie selbst im Salon eingeführt und unter ihre Fittiche genommen hat! Andererseits: Ein Mädchen in seinem Alter, natürlich will er so was. Angélique schafft es nicht, ihre Gefühle zu verbergen, und zieht einen Schmollmund wie ein Kind, das sein Bonbon nicht bekommt. »Aber das würde Euer Vater nie zulassen, sie hat keine guten Verbindungen. Außerdem ist sie das Patenkind meiner Freundin, da würde ich mich sehr schuldig fühlen, es hinter ihrem Rücken mit Euch zu treiben ...« Sie greift nach seinem Schwanz, der schon wieder dick und stramm hin- und herwedelt und sie beruhigen will wie ein fester Händedruck. »Ich hoffe doch, dass Ihr mich immer noch nachmittags besuchen kommen werdet, wenn Ihr erst verheiratet seid?« Das kommt mit einer ziemlich bettelnden Stimme heraus.

»Euch kann man nur schwer widerstehen.«

»Das ist nett.« Angélique fühlt sich immer noch ziemlich deprimiert. »Ihr seid lieb.«

»Wirklich?«, sagt er und schiebt alle seine Finger in ihren dichten, goldenen Busch, so wie sie es gern hat, und bringt sie zum Ächzen. Sie sieht ihre Gelegenheit, ihn noch ein wenig länger bei sich zu behalten, reibt sich an seiner Hand, fängt an, sich wieder in der Lust zu verlieren, kommt dem *petite mort* immer näher. »Ihr müsst schon darum betteln«, sagt er.

»Wie bitte?«

»Bettelt drum.«

Das ist neu. Angélique ist von Natur aus ein relativ gehorsamer Mensch – erst Tun, dann Denken –, also probiert sie es aus. »Ja, bitte, o Gott, ich will Euren Schwanz, bitte, bitte«, sagt sie, und als sie sieht, wie die Erregung Brious Gesicht zu einer Grimasse verhärtet, als sie das sagt, geht sie in die Vollen und macht lauter weiter: »Habt doch Mitleid mit mir, ich flehe Euch an, ich brauche Euren Schwanz in mir.«

»Verrücktes altes Weibsstück«, sagt er. »Ihr habt es gern dreckig, stimmt's? Ich erzähl ihm, wie nass Ihr seid. Ich sag Eurem Mann, dass ich auf Euren Titten abgespritzt und sie dann damit eingerieben habe, Euch von hinten genommen habe, bis mein Schwanz an Eure Scheiße gestoßen ist. So eine dreckige Schlampe. Ihr wollt, dass ich Euch vernichte, stimmt's?«

»Ja«, wimmert sie.

»Sagt's laut! Fleht mich an!«

»O Gott, ja, vernichtet mich! Zeigt es mir! Zeigt es mir!«

In diesem Augenblick dringt er in sie ein, aber sie schafft es nicht, sich gehen zu lassen und zu kommen. Vielleicht, weil Madame Miaou aufgewacht ist und ihr nun direkt in die Augen sieht und sich vollständig unbeeindruckt die Pfoten leckt.

Zur gleichen Zeit, zwanzig Kilometer westlich von Paris in Versailles, denkt Charlotte-Rose in gänzlich anderer Situation an Briou. Sie ist Kammerzofe und dient der Frau des Thronfolgers, Maria Anna Christine Victoria von Bayern, bekannt als *La Grande Dauphine*, der gerade ein Kleid für den bevorstehenden Ball angepasst wird. Die Damenschneiderin kniet vor der Dauphine, hat Stecknadeln im Mund und nimmt kleine Anpassungen vor. »Rosa Samt mit Goldborte oder himmelblau mit silberner Borte?«, fragt die Kronprinzessin, die am Hof als eher klägliches Geschöpf angesehen wird – sie gilt als furchtbar hässlich und leidet unter einem ständigen Husten, weswegen ihr Gatte deutlich sichtbar mit den Zähnen knirscht. »O wie schrecklich ermüdend das alles ist! Vom Kleider anprobieren bekomme ich fürchterliche Kopfschmerzen. Ständig muss man sich überlegen, welchen Eindruck man auf die oberflächlichsten Menschen machen wird, für die nichts als die äußere Erscheinung zählt.«

»Das Rosa schmeichelt Eurem Teint, Madame«, sagt Charlotte-Rose mit begehrlichem Blick, die weiß, wie viel besser sie in dem Kleid aussehen würde. Wie viele schöne Kleider an die Dauphine verschwendet werden! »Lasst das Mieder mit Perlen schnüren«, fügt sie weise hinzu – sie hat ein gutes Auge. Wie gern würde sie selbst zum Ball gehen, aber ihre Mutter hat gesagt, sie könnten sich diesen Monat kein neues Kleid leisten, und dasselbe Kleid zweimal nacheinander zu tragen, ist absolut ausgeschlossen. Ludwig der XIV. ist sehr darauf bedacht, dass der Adel die französische Luxuswarenherstellung mit Aufträgen versorgt, auch wenn sie sich selbst damit in den Ruin treiben.

Charlotte-Rose liebt die Mode: Muffs, mit flammend roten

Federn verzierter Kopfputz, Taft, Brokat, Gagatknöpfe, Capes, Fächer, Schleier, lange Handschuhe, mit Opalen besetzte, offene Armreifen, raschelnde Satinunterröcke, gebauschte Ärmel, bestickte Manschetten. Mit Genuss betrachtet sie die Abbildungen im Modejournal *Le Mercure galant* und liest, welche Farben in dieser Saison *en vogue* sind. Aber nie kann sie sich die allerneuesten Accessoires kaufen. Sie verwendet eine Menge Energie darauf, ihr langes, glänzendes, gefügiges Haar nach dem neusten Schick zu frisieren – Stirnlöckchen, hochgesteckte, mit Haarnadeln und Seidenbändern verzierte Knoten, eine lange Korkenzieher- oder Stöpsellocke – diese Frisuren erfordern eine Menge Zeit, die sie reichlich besitzt, im Gegensatz zum Geld. Wenn sie dafür kritisiert wird, sich zu stark aufzuputzen, ist das ungerecht. Da ihre Mutter nur eine kleine Mitgift zahlen kann, hat sie ihrer Tochter immer wieder eingetrichtert, dass Schönheit und Jugend ihr einziges Kapital seien. Aus diesem Grund ist Charlotte-Rose sehr auf ihre äußerliche Erscheinung bedacht. Ihre Nase gefällt ihr von der Seite nicht, und sie findet, dass ihre kleinen Augen mit den dünnen Augenbrauen größer wirken, wenn man von oben auf sie schaut. Ein kleines Muttermal am Kinn kann sie auf den Tod nicht ausstehen und bringt oft die Hand ans Gesicht oder hält die Finger an die Lippen, um das Mal zu verstecken. Manchmal trägt sie Rouge auf oder beißt auf eine süße Zitrone, um die Lippen dadurch röter zu machen. Bei jedem Gang durch den Lustgarten zieht sie den Bauch ein und dreht ihren Sonnenschirm, um so die Aufmerksamkeit auf ihre schlanken Finger zu lenken. Dass Charlotte-Rose so viel Mühe auf ihre Erscheinung verwendet, ist kein Narzissmus, sondern einfach eine aus Angst geborene Angewohnheit, und die elaborierten Rituale ihrer Toilette haben im Grunde nur ein Ziel: Jemand soll sich in sie verlieben.

Charlotte-Rose ist nämlich romantisch veranlagt. Ihre Mutter verbringt die Nachmittage gern im Bett, wo sie Liebesromane liest und *Petits Fours* verspeist; Charlotte-Rose sah diese Bücher von früher Kindheit an herumliegen und verschlang sie – besonders angetan haben es ihr die »geheimen Lebensgeschichten« berühmter Menschen mit ihren amourösen Abenteuern. Sie liebt die ersten, zögerlichen Begegnungen, die Lippen, die den Handschuh berühren, die Sehnsucht, die Hindernisse, den Kuss. Oh, der Kuss! Welch köstliche Erleichterung! Sie denkt nie darüber nach, was danach kommt, nur an diesen Augenblick, der das ganze Leben eines Mädchens zitternd umfasst wie die in einem Tautropfen gespiegelte Welt.

Diesen Kuss hat sie an der eigenen Hand geübt. Auf dem Spiegel. Und gestern hat sie sich dabei Briou vorgestellt mit seinem hübschen, zarten Gesicht. Wie sie sich mit ihm in den Tiefen eines Irrgartens verläuft, es wird dunkel, die Nachtigall singt, da gehen sie an der Statue der Liebesgöttin vorbei, die ein Knäuel Garn in der Hand hält. »Was für eine schöne Skulptur«, sagt er. »Sie berührt mich, weil ich mich des Gefühls nicht erwehren kann, dass ich meinen Weg durch das Leben finden könnte, wenn nur – « Er unterbricht sich.

»Was habt Ihr?«

»Nein, es ist zu schmerzlich, es darf nicht sein!« Briou wischt sich eine Träne aus den langen Wimpern, die dort funkelt wie ein Brillant.

»Aber vielleicht kann Euer Herzenswunsch ja doch Wirklichkeit werden, Sire«, erwidert sie schüchtern.

»Ausgeschlossen. Ich darf nicht hoffen, dass eine Dame von Eurer ausnehmenden Schönheit sich je herablassen könnte ...«

Ein Hustenanfall unterbricht den Tagtraum. Die Dauphine zeigt auf den Tisch. »Reicht Ihr mir mein Taschentuch, Charlotte-Rose? Ist meine Post schon eingetroffen? Ich erwarte einen Brief aus Deutschland. Wenn Ihr mir alle Briefe vorlesen würdet.« Sie zittert. »Es ist so schrecklich kalt in diesem Schloss, wie es hier zieht, wie es zieht! Und dann besteht Ludwig darauf, dass wir Frauen im Winter französische Seide tragen! Ist ihm denn gar nicht klar, dass wir blau gefroren sind, oder will er uns damit bestrafen? Macht mir eine heiße Milch. Kann man das Feuer nicht noch ein bisschen schüren? Dieses Wetter ist wirklich verheerend für meine Gesundheit!«

Wir müssen verstehen, dass Charlotte-Rose lediglich eine Schwärmerei mit Briou verbindet, noch. Am Hof gibt es zahlreiche gut aussehende Jünglinge, von denen sie schon auf ähnliche Art geträumt hat. Aber wie sollen die sich in sie verlieben, wenn sie nicht am Ball teilnehmen und nicht zum Tanzen aufgefordert werden kann? Oft fühlt sie sich wie ein versteckt im hohen Gras blühendes Veilchen, das zertreten wird, bevor es jemand bemerkt.

Aber wenigstens gibt Madame d'Aulnoys Salon ihr Gelegenheit, mit Briou zusammen zu sein, mit ihm zu plaudern. Wenn sie es schaffen würde, ihren Mut zusammenzunehmen und im Salon das Märchen vorzutragen, an dem sie arbeitet, könnte sie ihn mit ihrer Darbietung beeindrucken. Und da Briou ja manchmal mitspielt und sich verkleidet, war für Charlotte-Rose offensichtlich, wie perfekt er sich in der Rolle des Märchenprinzen macht. Er eignet sich einfach am besten als Objekt, auf das sie ihre Begierden richten kann. Wie Madeleine de Scudéry in ihrem Roman *Clélie* schreibt: »Der Fluss der Zuneigung fließt dem Meer der Gefahr« nur allzu schnell entgegen.

In dem Märchen, das Charlotte-Rose gerade schreibt, sitzt eine Prinzessin in einem silbernen Turm gefangen, mitten im Wald, hat aber herrliches, langes Haar, und der liebeskranke Prinz klettert daran empor. Ist das nicht eine sehr romantische Vorstellung? Vielleicht könnten sie das pantomimisch darstellen. »Charlotte-Rose, Charlotte-Rose«, wird Briou sagen, »lass dein Haar herab.« Und sie wird ihr Haar herablassen, es wird fließen wie ein Wasserfall! Vielleicht muss sie noch ein bisschen am Namen der Hauptfigur arbeiten.

Aber was soll's: »Wollt Ihr mich heiraten, meine Angebetete?«, wird er sagen. »Werdet Ihr mir die Freude bereiten und meine Frau werden?« Oder einfach: »Heirate mich.«

Heirate mich heirate mich heirate mich.

7.

Das Märchen
vom gläsernen Pantöffelchen

Mit dem Abend kommen die Laternenanzünder. An der Rue Saint-Benoît treffen die Kutschen ein, denen die adligen Damen und Herren, dick eingepackt in Tücher, Muffs, Kaninchen- und Biberpelze, entsteigen und die verschneite Treppe zu Maries Haus erklimmen.

Marie beobachtet die Ankunft ihrer Gäste hinter dem von Eisblumen bedeckten Fenster; die Sicht durch das Glas ist getrübt durch die Kristallmuster und Schwanenfedern aus Eis. Marie zittert. Sie befindet sich in einer seltsam übersteigerten Gemütsverfassung. Am Morgen hat sie sich nach draußen in die Kälte gewagt und die Messe in Sainte-Chapelle besucht, wo die leuchtenden Buntglasfenster die Gemeinde mit roten und blauen Tüpfeln überzogen, als hätten sie Frostbeulen. Aus den Mäulern der Wasserspeier hingen lange Eiszapfen wie Reißzähne. Die bittere Kälte brachte Maries ganzen Körper zum Klingen wie eine Glocke. Nach dem Gottesdienst verbarg Marie ihr Gesicht hinter der schwarzen Maske und verteilte Essen an die Armen, deren kleine Hütten vom Frost in Marmorgräber verwandelt worden waren: kleine Kinder mit nichts als gekochtem Schnee im Bauch. Ein Spatz fiel ihr tot vor die Füße, als sei er ein Stein. Wie es ihr im Herzen wehtat, Bettler ohne Handschuhe zu sehen, mit Händen, an denen schon Finger durch Erfrierungen fehlten! Am Ende schenkte

Marie einer Frau ihre eigenen Handschuhe und musste auf dem Rückweg in der Kutsche auf den Händen sitzen, während sie dem Schnauben der Pferde lauschte. Aus dem ruckelnden Kutschenfenster blickte sie auf die Friedhöfe, wo die Erde zu tief gefroren war, als dass Gräber hätten ausgehoben werden können – Leichen türmten sich auf wie die Restposten der Engel.

Ganz Paris scheint unter einem Leichentuch aus Schnee zu liegen. Draußen auf den Straßen herrscht eine fürchterliche Atmosphäre: eine gärende Taubheit, eine dumpfe Starre, die jederzeit in Gewalt umschlagen kann. Es gibt Gerüchte, dass Getreidekarren angegriffen worden sind. Gerüchte von Wölfen, die vor Hunger aus den Wäldern geschlichen kommen und hinter Häusern lauern. Dem König hat natürlich niemand etwas davon gesagt. Seine neue Mätresse Madame de Maintenon lässt wissen, er höre nicht gern von den Armen, das entmutige ihn. Manchmal schleicht sich ein ketzerischer Gedanke in Madame d'Aulnoys Kopf: Wenn sie ein Kamel ist, das nicht durch das Nadelöhr geht, was ist dann der Sonnenkönig, der reichste, verwöhnteste Mensch der Welt?

Und trotzdem, denkt sie. *Ich bin hier, jetzt, in diesem Augenblick. Welch ein absurder Reichtum!* Sie hat das Gefühl, dass es nicht Gottes Willen entspräche, so einen Segen zu vergeuden. Sie muss sich von diesem Haus, diesen wunderschönen Dingen, dieser fröhlichen Zusammenkunft zugewandter Freundinnen so glücklich wie nur irgend möglich machen lassen. Wurde Maria Magdalena nicht vergeben, dass sie die Füße Christi mit duftendem Öl salbte? »Champagner!«, verkündet Marie. »Trinken wir Champagner!«

Nachdem alle am offenen Kamin wieder aufgetaut sind,

beginnen sie auf Wunsch des Abbés mit einem Reimspiel: Die Salonnières rufen ihm willkürliche Reimpaare zu, und er muss aus dem Stegreif ein Gedicht dazu erfinden, welches diese Reime sinnvoll miteinander verbindet. Die Lieblingszerstreuung des Abbés. Er leidet ein wenig darunter, dass seine christliche Pietät es ihm unmöglich macht, als Märchenverfasser seine wahre Brillanz zu demonstrieren, aber er ist der unbestrittene Meister dieses Gesellschaftsspiels, das nichts als ein Talent für sinnlose Knittelverse erfordert. Die Reimpaare (Kürze/Würze, Epigramme/Flamme), werden ihm zugerufen, und er hat in Sekundenschnelle mit großem Brimborium ein Gedicht zu Papier gebracht, dem er folgenden Titel gibt: »Poetisches Festmahl für eine wahre Freundin, die nach hohem Fieber Unterhaltung begehrt«. Dann deklamiert er mit hervorquellenden Augen und sonorer Stimme:

Entree wird serviert in Kürze.
Als Ragout gibt's Epigramme.

Feiner Witz verleiht ihm Würze,
Dieweil es gart auf kleiner Flamme ...

(Den Rest erspare ich euch.) Alle klatschen höflich, und Télésille ruft aus: »Himmlisch! Welch Gelehrsamkeit!«, gefolgt von: »Wir können von Glück sagen, dass Ihr uns mit Eurer Anwesenheit segnet!« Der Abbé nimmt dieses Kompliment mit der für ihn typischen Bescheidenheit entgegen, senkt den Blick demütig auf ihr Dekolleté, stolziert ein wenig in seinem violetten Jäckchen mit dem Goldbesatz herum und muss zugeben, dass Gott ihn in der Tat mit einem seltenen Talent beschenkt hat.

Nach Konversation und kleinem Imbiss ist Charles Perrault an der Reihe und soll für geistige Nahrung sorgen. Er hat viel Arbeit in ein zeitgenössischeres Märchen gesteckt, nach Madame d'Aulnoys Bemerkungen beim letzten Mal, und hofft, nun endlich ihre Anerkennung zu gewinnen. Es heißt »Aschenputtel oder Das gläserne Pantöffelchen«, wie er fröhlich verkündet.

»Gläsern?«, fragt Madame d'Aulnoy interessiert. »Ihr meint sicherlich *vair*, nicht *verre*.« (Die Pantoffeln in populären Geschichten sind für gewöhnlich aus *vair*, also Fell – *verre*, Glas, klingt fast genauso.)

»Ich habe den Fellpantoffel immer als eine relativ krude Metapher empfunden«, erwidert Charles. »Glas hingegen, das ist ein modernes Material: rein, zerbrechlich, glänzend.«

»Aber in so etwas zu tanzen, ist gar nicht so einfach«, bemerkt Madame de Murat.

»Nur eine wahre Prinzessin beherrscht derart leichtfüßige Tanzschritte.« Die Anwesenden geben zustimmende Geräusche zum Besten. Charles lächelt zufrieden und reibt sich voller Vorfreude die Hände. »Euch würde es doch sicherlich nichts ausmachen, Briou, für mich den Märchenprinzen zu mimen? Und wer möchte mein Aschenputtel sein?«

Erwartungsvoll grinsend steht Briou auf und macht sich auf den Weg zur Kostümkiste. Es ist ihm nicht entgangen, dass er an diesem Abend Gegenstand verstohlener Blicke ist. Eine spürbare Spannung liegt in der Luft, was für ihn etwas Neues ist. Während des Reimspiels hat Charlotte-Rose ihn auf jeden Fall schmachtend wie ein Mondkalb angestarrt, das Kinn in die Hand gestützt, während Angélique das angespannt beobachtet hat, das Fell gesträubt wie bei einer Katze, die jeden Augenblick losfauchen wird. Es ist einfach köstlich.

»ICH – «, rufen Angélique und Charlotte-Rose gleichzeitig aus. Ein peinlicher Moment entsteht, als die beiden Stimmen in der Luft hängen.

»Tja, vielleicht Charlotte-Rose?«, sagt Perrault im Versuch zu vermitteln. »Ihr wart ja immerhin schon mein Rotkäpp- chen, Angélique.«

Und damit beginnt Perraults berühmtes Märchen vom »Aschenputtel«, eine Geschichte, die man nie wieder ver- gisst, wenn man sie einmal gehört hat. Sogar Marie muss sich, noch während er spricht, ein wenig widerwillig einge- stehen, dass die Geschichte fantastisch ist – vielleicht das schönste Märchen, das bisher in ihrem Salon erzählt worden ist, ihre eigenen eingeschlossen. Wie jede wahre Künstlerin, die plötzlich einen ebenbürtigen Kollegen erkennt, lauscht sie ihm mit gebannter Spannung, dem hellwachen Gefühl, dass der Wettstreit ausgerufen ist. Was für Bilder! Das Mädchen, das die schmutzige Asche aus dem Kamin kehren muss. Die wunderbare Szene, in der die gute Fee einen Kürbis in eine goldene Kutsche verwandelt, sechs lebende Mäuse aus der Mausefalle in kostbare Apfelschimmel, eine stattliche Ratte in einen Kutscher und drei Eidechsen in betresste Bediens- tete. Der Glaspantoffel, der auf einem kleinen Kissen liegt. Charles hat ein geniales Talent für Bilder. Darum geht es bei Märchen doch – Symbole, die glänzen und im Kopf mit ihren vielen verschiedenen Bedeutungen flimmern. Die gesamte Erzählung entfaltet sich so glatt und genussvoll, dass Marie merkt, wie sie einige Sekunden lang die Augen schließt und sich von Charles' Stimme in jenes weit entfernte Königreich entführen lässt. In diesem Augenblick hat sie das Gefühl, als könne sie seiner Stimme vertrauen.

Wenn Charlotte-Rose einmal alt und ihr langes Haar grau ist, wird auch sie auf diese wenigen Minuten als einen der Höhepunkte ihres Lebens zurückblicken. Sie hat das Gefühl, für die Rolle des Aschenputtels geboren zu sein. Natürlich ist sie kein einfaches Dienstmädchen, aber sie sieht sich trotzdem als die Gänsemagd in dem Märchen, deren Qualitäten von niemandem bemerkt werden. Ist sie nicht eine Kammerzofe und muss die Kronprinzessin ständig bedienen? Wird ihr nicht ebenfalls die Möglichkeit verwehrt, auf den Ball zu gehen? Ihr ist köstlich bewusst, welch bewegendes Bild sie abgeben muss in ihrem Kostüm aus Lumpen, trotzdem attraktiv, barfuß, während sie den Boden schrubbt. Sie liebt die Szene, in der sich die Lumpen – mit dem Tippen eines Zauberstabs (sie verschwindet hinter einem Wandschirm) – in ein opulentes Ballkleid verwandeln und das Publikum bewundernd Ah und Oh ruft, als sie sich im Kreis dreht.

Und dann tanzt sie mit Briou. Ach! Der Ausdruck auf seinem Gesicht, als sei er tief bewegt, als bebe er! Die ritterliche Berührung seiner Hand an ihrer Taille. Wie er sich auf die Knie fallen lässt, als die Turmuhr Mitternacht schlägt und gebrochenen Herzens ihren Pantoffel an die Brust drückt. Wie es sie durchfährt, als seine Hand die Unterseite ihres Fußes streichelt, als er den Schuh auf ihren Fuß gleiten lässt – er passt. Ein Schauder des Wohlgefühls breitet sich in ihr aus.

Heirate mich heirate mich heirate mich.

Vielleicht war es bei euch ja ähnlich? Die meisten von uns beginnen ihre romantische Laufbahn damit, dass wir uns Hals über Kopf in die Liebe verlieben.

»Bravo! Bravo!«, ruft der gesamte Salon, und der Applaus flattert über ihren Köpfen wie Konfetti.

Briou wird sich anders an diesen Abend erinnern – er wird später vor allem an das warme Gefühl wachsender Macht denken. Und an Perraults Moral von der Geschichte, die ihm Wort für Wort im Kopf bleibt, wie ein Motto seines Lebens: »Das wahre Geschenk der Feen ist die Anmut. Ohne erreicht man nichts, mit ihr alles.«

8.

Das Märchen vom Widder

Welch Privileg, dass wir bei diesem Salon dabei sein dürfen! An diesem Abend werden wir nicht nur Zeugen von Perraults »Aschenputtel«, sondern nehmen auch an der Premiere eines weiteren Märchens teil, das womöglich noch origineller ist und von Madame d'Aulnoy selbst stammt. Maries seltsame Seifenblase des Glücks hat vermutlich mit ihrem neuen Märchen zu tun. Es ist ihr diese Woche, wie oft bei den besten Geschichten, nur so aus der Feder geflossen – wie Marie dieses Gefühl liebt, ein Medium zu sein, ein Gefäß, in das die Erzählung sich ergießt. »Geflossen« verwende ich hier allerdings eher im übertragenen Sinn; in Wahrheit war die Tinte gefroren und musste beim Schreiben immer wieder über der Kerze angewärmt werden. Jetzt fragt Marie sich, ob ihr Märchen so gut wie das von Charles ist. Aber sie will, dass er es hört und für gut befindet, will seinen Angriff parieren und ihm zeigen, dass sie eine ebenbürtige Gegnerin ist.

»Ihr habt etwas Neues geschrieben?«, fragt Télésille und drückt die Hände ans Herz. »O, was für ein Geschenk!« Sie liebt Madame d'Aulnoys Geschichten aufrichtig und glaubt, ganz Frankreich müsse neidisch darauf sein, dass sie dem Vortrag eines neuen Märchens lauschen darf. Sie ist geradezu aufgekratzt, als sie an die zahlreichen Briefe denkt, in denen sie, ganz beiläufig natürlich, ihre Anwesenheit bei diesem literarischen Ereignis erwähnen wird.

»Ja, ich habe etwas Neues«, sagt Madame d'Aulnoy. »Es heißt ›Der Widder‹.« Eifrig bringt Télésille alle zum Schweigen, und es wird still im Raum.

Maries Märchen – ich werde versuchen, es so originalgetreu wie möglich wiederzugeben, werde aber ein wenig straffen und zusammenfassen – ist in vielerlei Hinsicht ein Vorläufer von »Die Schöne und das Tier«. Die uns bekannte Version mit dem Rosengarten und den in Statuen verwandelten Bediensteten wurde aber erst fünfzig Jahre später von Gabrielle-Suzanne Barbot de Villeneuve verfasst.

»Der Widder« erzählt von drei Prinzessinnen. Die Jüngste, Wunderhold, ist der Liebling ihres Vaters, bis sie ihm eines Tages von einem Traum erzählt, in dem er ihr am Tag der Hochzeit ihrer Schwester einen Krug mit Wasser anbietet und sie auffordert, sich die Hände zu waschen. Der König hat ein schrecklich aufbrausendes Temperament, hält den Traum für eine Beleidigung und ein schlechtes Omen und befiehlt, seine Tochter in den Wald bringen und töten zu lassen. Als Beweis verlangt er ihre Zunge.

Natürlich bringt es der Hauptmann nicht übers Herz, die Prinzessin zu töten – welcher Hauptmann ist in diesen Geschichten schon dazu in der Lage? Prinzessin Wunderhold wird begleitet von einer kleinen Sklavin, einer Meerkatze und einem sprechenden Mops, die sich in einer grotesken und eher kitschigen Szene darum balgen, für die Prinzessin sterben zu dürfen. Nachdem Wunderhold die drei begraben hat, stolpert sie allein durch das Strauchwerk, das ihr die Haut zerkratzt, bis sie das Blöken eines Schafs hört. Zu ihrer großen Überraschung stößt sie auf eine Lichtung, und auf dieser Lichtung ruht unter einem Zelt aus goldenem Stoff ein großer Widder mit vergoldeten Hörnern und einer Blumengirlande um den Hals auf einem Diwan aus Orangenblüten. Aber dennoch: Es ist ein Widder, mit großen, gedrehten Hörnern, Nasenlöchern wie Tintenflecken, Fliegen auf den Wimpern und schmutzig weißer Wolle. Um ihn herum grasen hundert bunt geschmückte Schafe, aber sie fressen kein Gras, sondern nehmen Kaffee, Eiscreme, Sorbet und Backwerk zu sich und spielen Karten und Würfel.

Bald schon nimmt der Widder Wunderhold in eine Höhle mit, und dort befindet sich der Eingang zu dessen unterirdischem Königreich. In diesem Reich gibt es Wiesen mit tausenderlei verschiedenen Blumen, einen Fluss mit Orangenwasser, Fontänen mit spanischem Wein und Likör. Es gibt ganze Alleen, an denen köstlich gespiekte Fasane von den Bäumen hängen, besser zubereitet als in den feinsten Pariser Restaurants, ebenso Wachteln, kleine Kaninchen und junge Hühnchen. An manchen Stellen ist die Luft verdunkelt von einem Regen aus Krebssuppe, Gänseleberpastete und Kalbsbriesragout. Der Palast des Widders besteht aus Orangenbäumen, Jasmin, Geißblatt und kleinen Moschusrosen, deren verschlungene Zweige Kabinette, Hallen und Kammern bilden, überall flattert goldene Gaze, alles ist mit großen Spiegeln und feinen Gemälden behängt.

Der Widder erzählt Wunderhold, wie es sich zutrug, dass er Schafsgestalt annahm. Eine hässliche alte Fee namens Ragotte verliebte sich in ihn, als er noch ein Prinz war, und lockte ihn auf der Jagd in eine Falle. »Ihr müsst mich lieben!«, rief sie, sobald er festsaß, verzog die Lippen zu einem Schnütchen, damit sie hübscher aussah, und machte ihm schöne Augen. »Ich will Eure geliebte Ragotte sein! Ich schenke Euch zwanzig Königreiche, hundert Türme aus Gold, alles, was Ihr Euch wünscht. Bedenkt nur, wie sehr ich mich erniedrige. Ich gestehe Euch meine Schwäche! Euch, der Ihr weniger als eine Ameise seid im Vergleich zu einer Fee wie mir. Ihr müsst mir Euer Herz schenken. Ich verlange Euer Herz!«

Als der Prinz erklärte, dass ihm das schlichtweg unmöglich sei, da Herzen so nicht funktionierten, zeigte sie ihm ihre Herde aus Sterblichen, die bei ihr in Ungnade gefallen waren, lächelte höhnisch und sagte: »Du hältst dich für einen Löwen, dabei bist du nichts als ein Schaf.« Sie verfluchte ihn, fünf Jahre lang als Widder leben zu müssen.

»Seit damals«, erzählt der Widder, »habe ich Euch manchmal gesehen, Prinzessin, wie Ihr mit Euren Schwestern durch den Wald spaziert. Aber wie hätte ich mich Euch als Widder nähern sollen? Wie froh bin ich, dass ich nun endlich Gelegenheit habe, Euch meine Neigung zu gestehen. Ich war so einsam. Herrscht zusammen mit mir über dieses Reich.«

Der Widder scheint Wunderhold so leidenschaftlich zugetan, dass sie sich bereit erklärt, zumindest eine Weile bei ihm zu bleiben. Jeden Tag kommt er auf sie zugesprungen, legt sich ihr zu Füßen und leckt ihr die Hände. Er beherrscht die Kunst der feinen Konversation. Sie gewinnt ihn immer lieber, und irgendwann liebt sie ihn auch. »Ein hübsches Lämmchen, sanft und zutraulich, ist nicht unerquicklich«, merkt Madame d'Aulnoy an. »Insbesondere, wenn man weiß, dass es ein Prinz ist, der sich bald zurückverwandeln wird. Die Tage der Prinzessin vergingen recht zufrieden, und sie erwartete, dass alles gut enden würde.«

Doch das Märchen vom Widder nimmt kein gutes Ende.

Eines Tages kommt es Wunderhold zu Ohren, dass ihre Schwestern heiraten wollen, und sie beschließt, dass sie an den Hochzeiten teilnehmen muss. Als sie den Widder darum bittet, kann er seinen Schmerz kaum bezwingen – eine geheime Vorahnung des Unglücks überkommt ihn. Aber das Böse lässt sich nicht abwenden, und er bringt es nicht übers Herz, ihr den Wunsch abzuschlagen. »Reist, wenn es Euer Begehr ist«, sagt er, »doch es ist das größte Opfer, das ich Euch bringen kann.«

Sie verspricht, bald zurückzukehren. Um ihr das zu ermöglichen, gibt der Widder ihr eine aus Perlmutt gefertigte Equipage, gezogen von Flügelpferden. Wunderhold trifft am Hof ihres Vaters ein, als die Hochzeitsfeier in vollem Gange ist, und trägt ein so besonderes Kleid, dass alle von ihrer Schönheit geblendet sind. Der König zeigt sich so beeindruckt von dieser Unbekannten, dass er sie persönlich in einen Saal führt und ihr einen Krug mit Wasser reicht, damit sie ihre schönen Hände waschen kann.

»Mein Traum ist wahr geworden!«, ruft sie aus. »Seht doch! Ich bin Eure Tochter!«

Der König, der seinen jähzornigen Befehl aus jener Zeit schon lange bereut, weint vor Freude, als er sieht, dass seine Tochter noch lebt. Ihre beiden Schwestern werfen ihr die Arme um den Hals und küssen sie tausendmal. Wunderhold weint und lacht zur gleichen Zeit. Sie erzählt ihnen ihre Geschichte.

Aber während sie so bei dem König und ihren Schwestern sitzt und alles andere vergisst, sieht der Widder die Stunde, da die Rückkehr der Prinzessin verabredet war, verstreichen. »Sie wird nie zu mir zurückkehren«, blökt er. »Mein armseliges Schafsgesicht widert sie an!« Als es Abend wird, trabt er zur Stadt. Am Palast anlangt, verlangt er Wunderhold zu sehen, doch die Wächter wissen schon über ihre Abenteuer Bescheid und wollen die Prinzessin nicht ins Reich des Widders zurückkehren lassen. Sie verweigern ihm den Zutritt. Er stößt ein schreckliches Schnauben und bittere Wehklagen aus. Schließlich wirft er sich zu Boden, und das Herz zerbricht ihm in der Brust.

Der König und Wunderhold ahnen nichts von dieser trübseligen Begebenheit. Der König steigt mit seiner verloren geglaubten Tochter in einen Triumphwagen und will sie im Licht tausender Fackeln, die in den Fenstern brennen, der ganzen jubelnden Stadt vorzeigen. Aber welch grässlicher Anblick erwartet Wunderhold vor dem Tor des Palasts – ihr geliebter Widder liegt tot auf dem Pflaster! Mit einem lauten Stöhnen stürzt Wunderhold auf ihn zu, weil sie weiß, dass nur ihre Selbstvergessenheit ihn in den Tod getrieben hat. Sie will selbst sterben.

Télésille kann nicht anders, auch ihr entfleucht ein lauter Seufzer.

»Und es erwies sich«, beendet Madame d'Aulnoy ihre Geschichte in der Stille – alle anderen halten den Atem an, und auch ihre Stimme zittert ein wenig vor Rührung, »dass auch diejenigen höchsten Ranges genau wie alle anderen den Schlägen des Schicksals ausgesetzt sind. Wie oft befällt uns das größte Unglück genau in dem Augenblick, in dem wir glauben, dass unser Herzenswunsch in Erfüllung gegangen ist.«

Der Applaus ist stürmisch. Schreie ertönen: »Ein Wunder!«, »Unglaublich!«, »Ihr habt Euch selbst übertroffen!« Angesichts dieser Flut von Komplimenten neigt Marie demütig den Kopf. Sie trinkt einen Schluck Champagner, um sich wieder zu fassen, und spürt das Prickeln in ihrem Blut.

»Eure gelungenste Geschichte bisher«, lobt Charles.

»Nicht doch. Gar nicht einfach, nach Euch an die Reihe zu kommen!«

»Sagte nicht François de La Rochefoucauld in seinen Maximen«, entgegnet er, geistreich, wie er hofft, »die Ablehnung von Lob heißt, zweimal gelobt sein wollen?«

»Ah«, erwidert sie. »Ich glaube, er hat auch angemerkt: ›Wir lieben immer die Menschen, die uns bewundern. Aber nicht immer die, die wir bewundern.‹« Charles lacht laut über diesen vollendeten Augenblick, bewundert Marie, wie sie ihn bewundert.

»Ich vermute, der Widder war nicht sonderlich christlich, oder?«, unterbricht Télésille, die immer noch damit ringt, das Ende zu verstehen. »Mit diesen teufelsgleichen Hörnern auf dem Kopf und der hedonistischen Unterwelt.«

»In der Tat«, bekräftigt der Abbé. »Sein Tod war eine Gnade.«

»Dabei war ich mir so sicher, dass er sich in einen schönen Prinzen zurückverwandelt, und dann würden sie sich küssen«, wirft Charlotte-Rose ein und schafft es nicht, die Augen beim letzten Wort von Briou zu nehmen. Ihre Blicke treffen sich. »Der arme, alte Widder. Ich glaube, das Märchen zeigt, dass nicht alle Männer Wölfe sind, manche sind auch Romantiker!«

»Ja, manche Männer sind Schafe«, entgegnet Henriette de Murat trocken. »Am wohlschmeckendsten mit Rosmarin und Knoblauch gebraten, serviert zu Kartoffelgratin.«

»Meine liebste Henriette«, wirft die Fürstin von Conti spitz ein. »Müsst Ihr denn immer so schrecklich grausam sein?«

»Ja, das muss ich«, antwortet Henriette, denn ihre ganze Seite schmerzt und ist dunkel verfärbt, weil ihr Mann sie die Treppe hinuntergestoßen hat. Und falls das als Flirtversuch von der Prinzessin gemeint war, kommt sie damit bei ihr auf jeden Fall nicht an. »Ich empfinde es als meine moralische Pflicht.«

Als danach musiziert und die Konversation gepflegt wird, weil die Gäste noch nicht wieder hinauswollen in die eisige Kälte, geht Perrault auf Marie zu, er möchte gern noch weiter über ihr Märchen sprechen. Wunderschön sah sie während ihres Vortrags aus – als würde sie von innen leuchten. Wie anziehend sie ist, denkt er. Aber natürlich nichts für ihn.

Ihre Geschichte hat ihn tief gerührt – am Ende hatte er Tränen in den Augen. Manchmal fühlt er sich auch wie ein alter, mitgenommener Schafsbock, dem das Herz in der Brust zerbricht. All das Gold und die Orangenblüten in Versailles bedeuten nichts, wenn man sich nicht an einen warmen Körper schmiegen kann. Nie wieder. Sein Kopf an ihrem Kopf. Mein Gott, ihr Mund: der Mund seiner Frau.

»Fantastisch«, sagt er zu Madame d'Aulnoy. »Was für ein Ende! Die Moral der Geschichte. Was ich damit sagen will ... Meine Frau, Gott sei ihrer Seele gnädig, starb im Kindbett. Wie hattet Ihr es ausgedrückt? Oft befällt uns das Unglück in genau dem Augenblick, in dem wir glauben, dass unser größter Herzenswunsch Wirklichkeit wird. Wie wahr, Madame. Wie wahr. Wie ich mir wünschte, ich hätte mich mit dem zufriedengegeben, was ich schon hatte, und nicht ihr Leben aufs Spiel gesetzt.«

»Das tut mir sehr leid«, erwidert Marie.

»Hätte ich sie nur in Ruhe gelassen.« Seine Stimme klingt hart, als stamme sie von einem anderen. »Wie ich mir das wünschte! Was für Tiere wir Männer doch sind. Brutale, rammelnde Tiere.« Ein Schweigen entsteht. Er hat zu viel von sich preisgegeben; in diesem Augenblick fühlt er sich wie vernichtet. Als er einen weiteren Schluck Champagner trinkt, wird Madame d'Aulnoy von einer Welle des Mitleids erfasst. »Auch wenn ich nicht ganz glauben konnte«, hängt er an und versucht, in seiner wohlgeölten Kritikerstimme weiterzusprechen, obwohl sie für seine Ohren jetzt grauenhaft falsch klingt, »dass Wunderhold ihr Versprechen vergessen würde. Ich glaube, die Frauen sind in der Liebe treuer als die Männer.«

»Da muss ich Euch leider widersprechen«, sagt Madame d'Aulnoy. Dann senkt sie die Stimme zu einem intimen Flüstern, weil sie plötzlich der Drang zu einem Geständnis überkommt – sie will seine Vertraulichkeit erwidern: »Kennt Ihr meine Geschichte, Monsieur? Vielleicht habt Ihr gehört, dass einst ein Mann aus Liebe zu mir gestorben ist. Das Schreckliche daran ist: Ich merke, dass ich kaum noch an ihn denke, je mehr Jahre ins Land gehen.«

Und so stehen sie einen Augenblick da, ein wenig unter Schock, miteinander verbunden, als hätten sie sich ihre blutigen Hände gezeigt.

9.

Das Märchen von der Insel
der friedvollen Freuden

Das Empfangszimmer putzt sich nicht von selbst. Kein Zauberbesen fegt die Asche zusammen. Die Kerzenstummel bringen keine flammenden Hände an die Lippen, um sich auszupusten, und die Champagnerkelche tanzen auch nicht die Treppe hinunter in den Spülstein. Marie hat drei Töchter, ein Dienstmädchen, eine Köchin und Mimi, die Amme. Jetzt, wo die Geselligkeit vorbei ist, machen sich alle an die Arbeit.

Wenn ihr Marie d'Aulnoys Märchen »Der Prinz Kobold« kennt, wisst ihr vermutlich, dass darin eine Fee vorkommt, die auf einer außergewöhnlichen, nur dem weiblichen Geschlecht vorbehaltenen Insel lebt. Dieser von Amazonen bewachte Ort heißt »Die Insel der friedvollen Freuden«. Dieser Tage ist ihr Zuhause für Marie eine solche Insel.

Es sind noch Eclairs übrig, die mit einer Maronencreme gefüllt und mit Fondant verziert sind; Marie erlaubt ihren Töchtern Judith, Thérèse und Françoise, dass sie sich diese ohne Teller direkt von der Platte in den Mund stecken dürfen. Ihre Jüngste, die neunjährige Françoise, leckt abstoßenderweise immer als Erstes den Guss von den Eclairs. Françoise ist klein und dunkelhaarig und hat ein unglaublich lebhaftes Gesichtchen, wie ein kleiner Wichtel. Ruhend ist es lieblich, aber meist hat sie auch noch einen Affen auf der Schulter sitzen –

ihr zahmes Seidenäffchen, Belle-Belle, das ihr der Erzbischof von Burgos geschenkt hat.

»Die schmecken ja wie aus einem Traum!«, verkündet Françoise, die bereits ein wenig zu dichterischer Übertreibung neigt. »Stellt euch nur mal vor, wir wachen auf und essen Dreck!«

»Meine liebe Anne«, sagt Marie zu ihrer geschäftigen, silberhaarigen Köchin, die sich nie hinzusetzen scheint und in deren von Dampfschwaden durchzogener Küche immer wenigstens zwei Töpfe vor sich hin brodeln, »du hast dich mal wieder selbst übertroffen. Vielleicht bist du wirklich ein menschgewordener Engel.«

»Hat Euch die Maronenfüllung geschmeckt?«, fragt Anne voller Neugierde. »Ich war mir unsicher, ob Pomeranzen nicht besser gewesen wären. Aber auf dem Markt gab es nicht viel Auswahl, dabei war ich schon vor Sonnenaufgang da.«

Heutzutage ist der Körper ihrer Amme Mimi weich wie eine Ansammlung von Kissen. Die Haare auf ihrem Kopf, und ein oder zwei an ihrem Kinn, sind graumeliert. Sie ist immer noch verspielt und fasst andere gern an: ein Kitzeln hier, eine Fußmassage oder auch mal ein kleiner Klaps da. Sie trinkt den restlichen Champagner aus, der noch in der Flasche ist: »Das darf man nicht umkommen lassen«, sagt sie. »Prost, meine Lieben!« Sie hebt die Flasche und trinkt daraus. »Mir hat Eure Geschichte am besten gefallen, *ma puce*«, sagt sie zu Marie.

»Hast du etwa gelauscht, Mimi?«

»Möglich, dass ich auf dem Flur war und mein Ohr zufällig in der Nähe des Schlüssellochs hatte. Ich liebe Geschichten, das gebe ich gern zu. Ihr habt doch sicher auch schon Männer angeschaut und Euch vorgestellt, sie würden sich in ein Biest verwandeln. Einen Zwerg, ein Wildschwein, eine Schlange. Aber diesmal ein Schaf – darauf wäre ich nie gekommen! Ich habe keine Ahnung, wo Ihr diese Ideen hernehmt.«

»Und Monsieur Perraults Geschichte vom ›Aschenputtel‹ hast du auch gehört? Ich fand sie ganz wunderbar.«

»Na ja, woher *er* seine Ideen hat, wissen wir ja – von uns arbeitenden Frauen, uns klaut er sie. Und nicht, als ob wir Anerkennung dafür kriegen würden. Ja, natürlich hatte es seine hübschen Wendungen, aber Ihr wisst, dass ich altmodisch bin – meiner Ansicht nach sollte eine Fee in der Esche am Grab ihrer Mutter wohnen, das ist viel poetischer. Außerdem gehören die bösen Stiefschwestern bestraft. Und er lässt sie einfach davonkommen. Und es gab noch nicht mal Tauben. Bei Aschenputtels Hochzeit müssen Tauben fliegen, findet Ihr nicht auch, meine Lieben?«

»Haargenau!«, kräht Françoise aufgedreht. »Die Vögel sollen ihnen die Augen auspicken!«

»Seine Amme muss es ihm falsch erzählt haben«, sagt Mimi und formt die Finger zu einem Schnabel, mit dem sie nach der Taille des Mädchens pickt, das sich begeistert quietschend windet. Marie ist froh, dass sie Mimi einstellen konnte, als sie nach Paris zurückkehrte. Sie wusste, dass ihre Amme auch diesen Kindern die Umarmungen schenken würde, die sie brauchen, die ihr, Marie, aber so schwerfallen. Selbst heute noch verkrampft sich ihr Körper bei jeder Berührung und erinnert sich an das, was ihr Kopf verweigert. Oft hat sie das Gefühl, ein Dolch aus Eis habe sich in ihr Herz gebohrt.

»Ich glaube, Monsieur Perrault wollte der Geschichte ein bisschen Raffinement verleihen«, gibt Marie zu bedenken.

»Ihr meint, er ist ein aufgeblasener Wicht«, gibt Mimi zurück, weil sie alles Raffinement als ihren Feind ansieht.

Belle-Belle, das Äffchen, hat es irgendwie geschafft, sich ein Eclair zu stibitzen und verspeist es nun auf dem Kronleuchter. »Es ist übrigens Post gekommen«, sagt das Hausmädchen Berthe und überreicht Marie mehrere Briefe – sie ist neu, das letzte Mädchen hat geheiratet, erst zwanzig und offensichtlich musikalisch – beim Putzen trällert sie oft vor sich hin. Die Hunde wuseln um Berthes Füße herum und hätten sie fast zum Stolpern gebracht. Einer der Briefe trägt das königliche Siegel, die goldene *Fleur-de-Lis*, und Madame d'Aulnoy will ihn gerade beiseitelegen, um ihn später allein zu lesen, als sie einen kleinen Japser ausstößt: »Oh!« Zu ihrer Überraschung ist der Brief nicht an sie, sondern an ihre drei Töchter adressiert. Vor diesem Augenblick hat ihr insgeheim immer gegraut.

»Lasst mich, ich will ihn aufmachen!«, schreit Françoise, die mit ihrem wachen Blick sofort den eigenen Namen entdeckt hat und nun kindlich am Brief herumreißt. Ihre älteren Schwestern blicken ihr neugierig über die Schulter.

In dem Umschlag befindet sich auf dickem, offiziellem Briefpapier eine Einladung zum Ball.

Françoise stößt einen Schrei der Begeisterung aus, dann zieht sie ihre rothaarige älteste Schwester Judith an sich und verfällt in einen spontanen Walzer. »Würdet Ihr mir die Freude dieses Tanzes bereiten, Mademoiselle?«, sagt sie mit einer albern tiefen Stimme, die Lippen zu einem Kussmund verzogen.

»Was meint Ihr, Mutter, sollen wir hingehen?«, fragt Thérèse, ihre mittlere Tochter. Ihre Haut ist so hell, dass es oft

125

wirkt, als habe sie dunkle Ringe unter den Augen, sie hat eine strenge Nase und etwas Beherrschtes in der Stimme. »Wenn der König es so will?« Was soll Marie dem entgegenhalten?

Nein, Mädchen, in Versailles kann ich euch nicht beschützen. Versprecht mir, dass ihr unsere Insel nie verlasst.

»Eurer Majestät kann man nicht leicht einen Wunsch abschlagen«, gibt sie schwach zurück.

Weniger als einen Kilometer entfernt versuchen Charles Perrault und Télésille inmitten des Pariser Schneesturms immer noch, nach Hause zu gelangen. Sie müssen in der eiskalten Kutsche warten, während ein Lakai mit einer Schippe versucht, sie aus einer Schneewehe zu befreien. Télésille wird immer ungeduldiger, da sich das Dutzend Briefe vor dem Schlafengehen nicht von selbst schreiben wird. »Ich hatte gehofft, Ihr würdet heute Abend Eure Geschichte mitbringen«, sagt Charles zu ihr. Er hat ihr diese Woche ein wenig bei der ersten Fassung der »Geschickten Prinzessin« geholfen.

»Als ob … ich kann doch unmöglich nach Madame d'Aulnoy vortragen!«, erwidert Télésille errötend. »Großer Gott. Wie könnte ich mich erdreisten, auf eine Autorin von internationalem Ruhm folgen zu wollen? Allein die Vorstellung! Nach Klio, der Muse der Geschichtsschreibung.« (Klio ist Maries Salonname, und dieser Klio sind bereits mehrere Gedichtbände gewidmet worden, auch wenn Marie selbst den Namen nicht zu benutzen scheint.) »Lieber soll mich der Erdboden verschlucken«, fügt Télésille hinzu.

»Ihr seid zu bescheiden.«

»Es ist keine Bescheidenheit, seine eigenen Gaben an wahrer Größe messen zu können, werter Cousin.« Vor lauter Kälte läuft ihr ständig die Nase, und sie putzt sie sich mit einem

Taschentuch aus Genueser Spitze. »*Pardonnez-moi*. Und damit meine ich natürlich auch Eure Größe, Cousin. Ihr wart einfach hinreißend: der Kürbis, die Mäuse! Sehr niedlich. Wie Ihr wisst, glaube ich, dass dieser Salon lediglich von den Samstagsempfängen meiner großen Freundin Sappho überboten wird«, fügt Télésille hinzu.

Da Télésille sich bei jedem Salon in Paris blicken lässt, spricht aus dieser Einschätzung die wahre Connaisseurin. Sappho ist der Salonname der berühmtesten Vertreterin des barocken galanten Romans, Mademoiselle de Scudéry, Verfasserin des zehnbändigen Großwerks »Artamenes oder der Große Cyrus«, das mit seinen fast zwei Millionen Wörtern die zweifelhafte Ehre besitzt, der längste Roman aller Zeiten zu sein. Das Fräulein von Scudéry ist außerdem, wie Télésille Gott und die Welt regelmäßig wissen lässt, ihre engste Freundin.

»Ja, ich gebe es zu, das Märchen vom Widder war entzückend«, sagt Charles. Er versucht, das Gespräch von Télésilles Busenfreundin Mademoiselle de Scudéry wegzulenken, weil er ihren Roman immer noch nicht gelesen hat.

Noch ist ein wenig vom Champagner und vom korallenroten Schein des Salons in seinem Blut. Charles bewegt die Finger unablässig in den Lederhandschuhen.

»Was ich Euch fragen wollte, Cousine – die Frage ist ein wenig delikat, verzeiht, aber ich weiß, dass Frauen untereinander über Dinge sprechen, die sie in Gegenwart von uns Männern nicht erwähnen würden. Ich muss zugeben, ich bin fasziniert von unserer Gastgeberin. Die Zeit nach ihrer Inhaftierung – wisst Ihr etwas darüber, was Madame d'Aulnoy in den vielen Jahren danach widerfahren ist?«

»Ich glaube, sie hat einige Jahre in Holland, England und

Spanien verbracht«, antwortet Télésille. »Ist ihre Mutter nicht nach England gegangen? Und ist sie nicht auch mit Saint-Évremond gut befreundet? Er hat zu der Zeit dort im Exil gelebt. Ich glaube, sie hat Stierkämpfe in Madrid gesehen – sie hat einmal erwähnt, die Spanier würden sich kleine Ferkel als Haustiere halten, so wie wir Hunde, und ihnen Seidenbänder als Leine um den Hals binden. Und dass dort alles so stark mit Knoblauch, Saffran und Pfeffer gewürzt sei, dass sie es kaum essen konnte. Mir schaudert bei dem Gedanken. Sie ist wahrlich eine Frau von Welt.«

»Ihre Kinder – wie alt mögen die sein? Ich habe mir meine Gedanken darüber gemacht ...«

»Angeblich hat sie große, tragische Romanzen gehabt«, pflichtet Télésille ihm bei.

»Aber ich frage mich, wie es nur möglich war, dass sie nach Paris zurückkehren durfte, wenn doch hier ein Haftbefehl gegen sie vorlag?«

Télésilles Augenbrauen klettern immer weiter in ihrem Gesicht nach oben, als würde ein Topf gefüllt. Schließlich springt der Deckel ab. »Na ja ... Die ehrwürdige Dame Philis, die früher am Salon teilgenommen hat, Gott sei ihrer Seele gnädig, hat mir einmal erzählt, alle Anklagepunkte gegen Marie seien fallen gelassen worden. Wegen ›Verdiensten um die Krone‹«, flüstert sie deutlich hörbar. »Sie war überzeugt, Madame d'Aulnoy müsse früher Spionin gewesen sein!«

»Spionin?«

»Ihre Mutter soll angeblich auch spioniert haben. Eine ziemlich aufregende Vorstellung, das muss ich zugeben.«

Aber Perrault freut sich nicht, als er das hört. Warum, ist ihm unklar. Sollte Marie sich als Spionin betätigt haben, dann sicherlich für Frankreich, und das Land braucht dringend mutige Männer und Frauen. Das würde auch erklären, warum sie sich jetzt wieder in Paris aufhalten darf, ohne verhaftet zu werden. Vielleicht ist sie einen Tauschhandel eingegangen: Informationen gegen Freiheit. Ihm wird bewusst, dass er ihr vorhin leider sehr Privates offenbart, ihr seine Schwächen gezeigt hat. Hat sie ihn in eine Falle gelockt? Er verfügte früher über eine Menge Macht. Er bewahrt eine Menge Geheimnisse. Es hat ihm etwas bedeutet, so offen mit Madame d'Aulnoy zu sprechen, in diesem Augenblick gemeinsamen Verstehens, so kam es ihm zumindest vor – aber von jetzt an wird er vorsichtiger sein müssen, weniger offenherzig.

Mit einem plötzlichen Ruck setzt sich ihre Kutsche wieder in Bewegung. »Gott sei Dank«, sagt Télésille. »Ich müsste längst im Bett liegen. Diese Reise geht schon an meine Grenzen, muss ich gestehen. Jetzt stellt Euch nur mal vor, Ihr müsstet nach Madrid reisen! Nein, ich bin keine Frau von Welt, lieber Cousin. Nach diesen Aufregungen kann ich mir nichts Schöneres vorstellen, als nach Hause zu kommen, mich in mein gemütliches, warmes Bett zu legen und Briefe zu schreiben. Frische, nach Lavendel duftende Leinenwäsche, darunter ein heißer Backstein, in Flanell gepackt: So lässt sich's wahrlich leben!«

10.

Das Märchen von der Birne

Wegen ihrer mickrigen Größe und ihres enttäuschenden Geschmacks werden die wilden Birnen in Frankreich *Poires d'angoisse* genannt – »Birnen der Angst«. Im Küchengarten von Versailles hingegen werden Birnen für den Genuss gezüchtet, und von den fünfhundert Birnbäumen trägt die beste Sorte meist im Januar – die Lieblingsbirne des Königs, *Bon Chrétien d'Hiver*, die »Winterchristenbirne«. Die heute Williams Christ genannten Früchte sind außergewöhnlich groß – die Form ist gedrungen birnenförmig, der Kelch tief nach innen gewölbt, die Schale hellgelb und feinkörnig, mit einer roten Backe auf der sonnenzugewandten Seite. Diese Birne ist bekannt für ihr festes, schwach duftendes, fast durchsichtiges Fruchtfleisch, aus dem zuckersüßer Saft tropft, der beim Hineinbeißen den ganzen Mund füllt. Der Gärtner von Versailles, Jean-Baptiste de La Quintinie, erklärt, diese Birne sei reif, wenn sie am Stiel unter der Berührung nachgebe und einen leichten Geruch nasser Rosen verströme.

In diesem Winter sind die Birnen jedoch nicht reif geworden, sondern zu hartem Gold gefroren. Schwärme von Krähen hocken auf den Zweigen der Birnbäume und picken an der Eisschicht. Die Birnen haben sich in Märchenfrüchte verwandelt: lockend, doch unmöglich zu erreichen. Was würdet ihr geben, um eine solche Frucht zu kosten?

11.

Das Märchen
vom grünen Fröschlein

Doch irgendwann kommt immer der Frühling zurück. Ist das nicht wie im Märchen? Der wunderbare Zauber der Welt.

Der März bringt das große Aufatmen, die Schneeschmelze, eine riesige Last, die abfällt und alles wieder sanft und freundlich werden lässt. Alle Messer und spitzen Zähne des Winters werden weich und stumpf, kleine Eisschollen schwimmen fröhlich auf ihrem eigenen Schmelzwasser davon. Alles tropft und tröpfelt, bildet kleine Bäche und Rinnsale, zarte, durchsichtige Finger, die sich ihren Weg zur See tasten, jedes kleinste Ding ist geschäftig.

Und mit der Sonne ist auch das Liebesleben wieder da. Tulpen, ursprünglich wilde Blumen in Zentralasien – benannt nach dem persischen Wort *Tulipan* für Turban –, schießen aus der warmen Erde von Versailles, bunt gemischte und karmesinrot geflammte Blüten. Die frühen Wurmfänger beginnen ihren Chor, die Amseln und Singdrosseln umwerben einander im Morgengrauen. Weidenkätzchen sitzen wie winzige, weiche Elfensocken auf den Zweigen. An der Palmweide erscheinen kleine, wie für Feen gemachte Perücken. Weißdorn und Schlehe legen Puder und Schminke auf, um von den Bienen bemerkt zu werden.

Das Herz eines gefrorenen Froschs kann stehen bleiben,

aber wenn er wieder auftaut, fängt auch das Herz wieder an zu schlagen. Dieses Paar Schreifrösche im Teich klebt wie zwei Löffel aneinander, das Männchen umklammert die Vorderbeine des Weibchens, die Augen glasig, ganz dem Instinkt hingegeben versprüht er sein Sperma über ihren Eiern, wenn sie sich zusammen ins Wasser gleiten lassen: ein gelleeartiger Klumpen kleiner Kristallkugeln.

Ein weiterer Frosch hüpft auf den staubigen Pfad, und die Fürstin von Conti hebt ihn hoch. Er ist schleimbedeckt und glitschig. »Igitt«, sagte sie. »Was bist du nur für ein garstiger kleiner Prinz. Von mir kriegst du keinen Kuss.« Sie wirft ihn zurück in den Teich. »Da drin kannst du so viel Wichse verspritzen, wie du willst.«

Die Fürstin von Conti kann nur noch an Sex denken. An diesem Morgen ist sie zur Jagd ausgeritten – in ihrer Männerreitjacke und den Kniehosen aus schwarzer Seide machte sie eine sehr gute Figur. Aber sie musste feststellen, dass sich der Pferdeleib zwischen ihren Beinen fast gefährlich anfühlte, als könne sie vor lauter Lust ohnmächtig werden, so glitschig und empfindlich ist sie da unten. Schwänze sind natürlich überall zu haben, aber nach denen steht ihr nicht der Sinn. Ihr ekelhafter Ehegatte hat sich, angefangen mit der Hochzeitsnacht, als Katastrophe im Bett erwiesen, und sie haben keine Nachkommen.

In letzter Zeit wird ihr richtiggehend schlecht beim Anblick von Männern; auf Mannsbilder hat sie schlicht und einfach keine Lust. Daran gibt sie ihren Eltern, Athénaïs und Ludwig, die Schuld. Auch wenn die nur wenig Zeit darauf verwendet haben, sie kennenzulernen. Die Prinzessin hat ihre Kindheit auf Armeslänge Abstand von Versailles verbracht. Madame de Maintenon, damals noch Gouvernante, zog die Prinzessin zusammen mit ihren Geschwistern in dem geheimen Haus an der Rue de Vaugirard auf. Mittlerweile ist die Fürstin von Conti offiziell als Königskind anerkannt, aber das Gefühl der Scham ist nie ganz verschwunden, und sie hat immer noch den Eindruck, als würde ihre Anwesenheit am Hof bestenfalls geduldet – Athénaïs nimmt sie nur hin und wieder mal beiseite und ermahnt sie, mehr aus sich zu machen und mit dem Rauchen aufzuhören. Dennoch gibt es kein Entrinnen vor dem ständigen, grotesken Drama zwischen Ludwig und Athénaïs – es wird auf dem ganzen Kontinent in Balladen besungen. Die Prinzessin lehnt ihre biologische Mutter aus tiefstem Herzen ab und will nur anders sein als sie: nicht abhängig, stark geschminkt, feminin und süß bis zum Erbrechen. *Abstoßend.* All die verzweifelten Intrigen, mit denen Athénaïs Ludwig in ihr Boudoir zu locken versucht. Die endlosen Kniffs und Tricks, die mittlerweile notwendig sind, um für die Erektion des Königs zu sorgen!

Dass ihr Vater unter starken Schmerzen am After litt, hatte die Lage natürlich nicht einfacher gemacht. Nach vielen, zum Teil martialischen Versuchen, die Schmerzen des Königs zu lindern – Leibarzt Fanon experimentierte mit einem rot glühenden Schürhaken und in Burgunder eingelegten Rosenblüten –, wurde schließlich eine Analfistel diagnostiziert. Der Chirurg Félix de Tassy entwickelte ein neuartiges Skalpell (er brachte beim Üben damit mehrere Patienten geringeren Standes um) und führte schließlich eine erfolgreiche Operation am Hinterteil des Sonnenkönigs durch, was seinerzeit in ganz Frankreich gefeiert wurde. Der Zeitung *Le Mercure galant* zufolge wurde das *l'année de la fistule* ausgerufen. Die Hälfte der männlichen Höflinge fing an, sich ebenfalls den Allerwertesten mit Verbänden auszustopfen, weil es als neueste Mode am Hof galt. Paviane, denkt die Fürstin von Conti. Männer sind solch abstoßende Kreaturen.

Sie muss an ein Märchen denken, das sie im Salon gehört hat, über einen Prinzen mit einer riesigen Nase und den Hofstaat, der daraufhin jeden Morgen sämtliche Kinder an der Nase zieht, damit sie länger wird.

Sie will Madame de Murat, sonst keine. Henriette. Henriette ist ihr in den letzten Wochen aus dem Weg gegangen, was ihre Gier ins Unermessliche gesteigert hat. Sie ist wie ausgehungert nach Henriette. Sie will in diesen Nacken beißen. Diese Fotze an ihren Fingern schmecken! Herr *Gott* noch mal!

Alkohol dämpft die Geilheit meist etwas. Sie wird reingehen, Karten spielen und Wein trinken. Ein großes Glas Rotwein. Gestern hat sie zu viel gehabt und – wie die Palastchronisten später sicher vermerken werden – die getrunkenen Weine freigiebig in alle Richtungen verteilt. Sie muss etwas in Hinsicht auf Henriette unternehmen, aber was? Diese Woche findet wieder ein Salon bei Marie statt. Wenn sie Henriette nur vorher eine Nachricht zukommen lassen könnte. Genau, sie wird ihr einen Brief schreiben. Wie ein Libertin in einem Roman: einen Brief der Verführung.

Die Fürstin von Conti begibt sich auf den Weg zu ihrem Appartement, vorbei an den Gartenlauben und Sphinxen und unzähligen Gärtnern und tritt ein in den kühlen Schatten des Palasts. Vorbei an der Kapelle, vorbei an der Ziege, die vor einem Gemälde der Juno gemolken wird. Schließlich schenkt sie sich ein Glas Wein ein, steckt die Pfeife an und setzt sich an ihren Sekretär. Taucht die Feder in die Tinte.

Geliebte Henriette,

oft wird gesagt, der Tag beginne mit Gott, aber ich begann diesen genau wie jeden Tag: Ich dachte an meine Geliebte, denn ich denke ohne Unterlass an sie. Auch auf der Jagd dachte ich an Euch. Das Töten hat seinen Reiz für mich verloren. Nichts begehre ich mehr; nur Euch – mein weißes Reh – will ich erlegen und spüren, wie der Schauder des kleinen Todes meine Finger packt. Wenn ich mir selbst Lust bereite, sehe ich Eure Augen vor mir, wie sie sich im Kopf nach hinten verdrehen – Euer Stöhnen klingt wie der nahende Tod.

Ich schreibe Euch, meiner äußerst grausamen Schwester: An diesem Abend werdet Ihr mir nah genug sein, dass ich jene weiche, weiße Kehle, diesen Rücken, diese Finger berühren könnte. Ich bebe, wenn ich an diese Finger denke – die Faust, die sie in mir machten –, aber ich werde Euch nicht berühren können, was mir Höllenqualen bereitet. Unmöglich kann ich die Ungewissheit meines Schicksals noch länger ertragen. Ob ich aus jener Seligkeit, die Eure Arme bedeuten, für immer verstoßen worden bin? Habt Ihr Angst? Fürchtet Ihr um Eure Seele? Habt Ihr denn nicht gelesen, was der griechische Philosoph Plato über die Liebe geschrieben hat? Er ist davon überzeugt, dass die Liebe aus einer einzigen Seele besteht, die zwei Körper bewohnt. Zeus hat uns entzweigeschnitten und auseinandergerissen – und ich spüre genau, dass Eure Seele und meine einst verwoben waren. Viele Lebensalter bin ich über diese Erde gewandelt, um Euch zu finden, Henriette: Jetzt kann ich Euch nicht wieder verlieren! Es ist mein Schicksal, das weiß ich mit Sicherheit, meine Arme mit Euren zu verschlingen, Euch endlos zu küssen, überall, immer.

Mein Liebling, nichts kann ich mehr denken, nur eins: Ich bin rasend verliebt in Euch. Wenn Ihr das wisst und mich verleugnet, dann seid Ihr so grausam, dass ich Euch nicht lieben sollte, aber ich kann mich nicht wehren gegen die Macht dieses Gefühls. Bitte begleitet mich wieder in meiner Kutsche oder versprecht, dass wir zusammen sein werden – sendet mir ein Zeichen – Ihr seid das verzehrende Fieber und mein Heilmittel zugleich.

In ewiger Liebe,
Eure Prinzessin

Es ist ein ausgezeichneter Brief, findet sie, in dem sie wahrhaft ihren inneren Don Juan zum Sprechen gebracht hat. Äußerst erotisch. Und romantisch. Und vielleicht entspricht es ja sogar der Wahrheit, denkt sie, während die Tinte trocknet – das Schreiben des Briefs ist eine Offenbarung –, vielleicht bin ich ja wirklich in sie verliebt! Das Siegelwachs produziert einen großen, geschmolzenen Tropfen und versiegelt den Brief, rot wie eine zerbissene Lippe. Als das getan ist, legt sich die Fürstin von Conti ins Bett und masturbiert, dann ruft sie nach ihrer Kammerzofe und fragt, ob sie ihr diskret einen Dildo verschaffen könne.

12.

Das Märchen von der geschickten Prinzessin oder:
Abenteuer der Finette

Angélique erscheint, Madame Miaou unter dem Arm, vor der Zeit zum Salon.

Madame d'Aulnoy schmückt gerade das Zimmer mit Schnittblumen: Arme voller Frühlingsboten, Iris, Päonien und Narzissen in Porzellanvasen. Maries Töchter helfen. Letzten Monat haben sie am Ball teilgenommen, und alles ist gut gegangen, es sind keine Schwierigkeiten aufgetreten. Wie hübsch die drei in ihren Ballkleidern aussahen – Gold, Silber und himmelblau für Françoise –, und getanzt haben sie nur mit kleinen Jungen, im Grunde Kindern, und Limonade getrunken. »Der König hat zu Thérèse gesagt, sie erinnere ihn an jemanden«, wusste Françoise zu berichten, was vermutlich ein Kompliment sein sollte, aber sonst fiel nichts vor, und dafür war Marie sehr dankbar.

Die Mädchen stürzen sich begeistert auf die Katze. Madame Miaou hat ein luxuriöses Gesichtchen: milchige Augen wie bläulicher Opal, feine Barthaare auf den Wangen und über den Augen, die immer aussehen, als habe sich Sonnenlicht darin verfangen, eine saubere Zunge wie ein kleiner Fetzen rosa Seide. Weicher als Nerz fühlt sie sich an, wenn man sie krault. Und bei Angélique selbst muss Marie d'Aulnoy auch immer an eine elegante, weiße Katze denken: Am liebsten möchte sie sich in einem Sonnenfleck räkeln, Köstlichkeiten aus der Hand fressen oder gestreichelt werden, bis sie schnurrt.

»Wie schön, Euch zu sehen, Angélique«, sagt Marie. »Berthe, sag Anne, sie soll die heiße Schokolade und die violette Pralinenschachtel im Garten bereitstellen; wir setzen uns nach draußen, bis der Salon losgeht.«

»Jawohl, Madame.«

»Ist Euch das auch recht?«, fragt Angélique. »Ich möchte Euch nicht zur Last fallen, aber …«

»Das macht überhaupt nichts, ich bin ja fast fertig hier. Kommt, wir gehen und setzen uns draußen unter die Magnolie, es ist sehr hübsch da.«

»Was fehlt Euch denn?«, fragt Marie, sobald sie unter dem blühenden Tulpenbaum Platz genommen haben, und hält Angélique die violette Schachtel hin. Angélique nimmt sich eine Praline, zerbeißt die Schokolade mit den Zähnen, und der Likör schießt ihr in den Mund.

»Es geht um meinen Mann, Claude«, sagt Angélique beim Schlucken. »O Marie, ich glaube, ich habe einen schrecklichen Fehler gemacht, als ich ihn geheiratet habe. Wie Ihr wisst, war er seitdem auf Reisen, insofern habe ich zum größten Teil gelebt wie vor der Hochzeit und einfach nicht allzu häufig an ihn gedacht. Aber ich habe natürlich auch meine Bedürfnisse – eine Frau möchte hören, dass sie schön ist, wenn sie ein neues Kleid anzieht, von einem Mann, meine ich. Und eine Frau möchte berührt werden, nicht wahr? Ich brauche meine Zärtlichkeiten, so bin ich einfach, Marie. Es fehlt Euch doch sicherlich auch, oder etwa nicht?«

Maries Mund geht von selbst zu und dann wieder auf, als warte er darauf, etwas zu tun zu bekommen – Marie geht Fragen nach ihren Gefühlen so resolut aus dem Weg wie offenem Feuer. Aber zum Glück wird allen Beteiligten sehr schnell klar, dass Angélique nicht auf eine Antwort wartet, sondern nur auf ein bestätigendes Nicken, das Marie ihr gern gibt – das Innenleben anderer Menschen empfindet Angélique sowieso eher als schwer erträgliche Ablenkung von sich selbst und ihren eigenen Problemen.

»Aber ich habe mich arrangiert«, fährt sie fort. »Und ich hatte mich richtig gefreut, als er diese Woche aus Venedig nach Hause gekommen ist, und gehofft, er würde mir was Hübsches mitbringen – in Venedig gibt es doch das wunderschöne Muranoglas, die Buranoseide, Masken, Marmorpapier, köstliche gelbe Butterkekse, alles Mögliche. Jedenfalls habe ich extra ein neues Kleid angezogen, mich parfümiert, einen reizenden kleinen Schönheitsfleck neben den Mundwinkel geklebt, da, in der Form eines schwarzen Herzens, *à la coquette*, süß wollte ich aussehen, für ihn, versteht Ihr? Im Grunde sehne ich mich nach meiner Mutter. Die allerbeste Mutter war sie natürlich nicht, aber sie hat mich immer zurechtgemacht wie ein kleines Püppchen, hat mir das Gefühl vermittelt, ich sei das niedlichste Mädchen der ganzen Welt. Jedenfalls kam er nach Hause, und – ach, Marie. Er wollte mich nicht anfassen. Ich habe den Arm nach ihm ausgestreckt, und er ist zurückgewichen, als wollte er noch nicht einmal – auf mich spucken.« Sie bricht in Tränen aus.

»O meine liebe, liebe Angélique, das tut mir so leid«, sagt Madame d'Aulnoy.

»Als ob ich eine alte Fettel wäre – «

»Ihr seht hinreißend aus, Angélique. Alle hier finden Euch hinreißend.«

»Und dann hat er mich um Geld gebeten. Etwas von meinem Erbe! Aber mir ist das Geld dieses Jahr nur so zwischen den Fingern zerronnen, alles ist teurer geworden, das höre ich zumindest von Moura, meinem Diener, aber er ist ein ehrlicher junger Mann, ich vertraue ihm – ich weiß nicht, was ich ohne ihn anfangen sollte, er ist ein herzensguter Kerl. Und der König erwartet, dass wir ständig tief in die Tasche greifen für französische Spitzen und Ballkleider, man muss ja einen guten Eindruck machen, und außerdem … Claude hat nicht mal gesagt, wofür er das Geld braucht!«

»Habt Ihr denn einen Verdacht? Hat er sich womöglich in Schulden gestürzt, was meint Ihr?«

»Ich habe immer angenommen, er sei reich, Marie. Deswegen habe ich ihn doch geheiratet! Wisst Ihr, früher hatte ich immer Sorge, dass die Männer mich nur wegen meines Einkommens wollen. Diese elenden Freibeuter. Aber er hat selbst eine Menge Geld, so sah es zumindest aus – meiner Tante sagte er, er verfüge über ein großes Vermögen. Einmal hat er mir sogar das unglaublichste Blumenbouquet geschenkt, mit Diamanten besetzt war es, und er sagte, davon sei bei ihm noch viel mehr zu haben, ich schwöre es Euch, bei Gott! Und ich mag Juwelen. Welche Frau liebt nicht ein bisschen Glitzer? Jedenfalls … wer lässt sich nicht gern mal etwas verwöhnen? Aber vor allem dachte ich mir: Hinter meinem Geld ist er also nicht her. Er kann für sich selbst sorgen. Er will tatsächlich nur mich. Früher sagte er immer, ich hätte so ein süßes Grübchen. Und jetzt komme ich mir wie ein Dummkopf vor, Marie. Wisst Ihr, wie er mich genannt hat?«

»Das braucht Ihr nicht zu sagen.«

»Eine alte, abgewrackte Säuferin«, bringt sie heraus. »Dabei trinke ich nicht mal vor dem Mittagessen, Marie!«

»Dann gebt ihm die gewünschte Summe einfach nicht. Das

ist ja wohl keine Art, einen Gefallen zu erbitten! Ihr sagt, Ihr vertraut Moura? Er soll sich in der Nähe halten und, wenn nötig, nachts Eure Tür bewachen. Glaubt Ihr, Euer Mann will die Ehe annullieren lassen?«

»Die Sache ist nur die, dass ich in den letzten Monaten einen kleinen Trostspender hatte«, sagt Angélique mit zitternder Lippe, wobei sie ihrer Katze den Bauch mit den acht Nippeln krault, wie Kirschknospen sehen sie aus. »Na gut, genau genommen, zwei. Es gab einen Hauptmann in der Wache des Königs, sehr fesch, und dann einen anderen jungen Mann, den Ihr möglicherweise ebenfalls kennt – er scheint aber plötzlich das Interesse verloren zu haben, er hat sich seit Tagen nicht mehr gemeldet, und jetzt fühle ich mich mit einem Schlag schrecklich alt. Heute Morgen schaue ich in den Spiegel und denke: Mein Gott, meine Haut sieht knittrig aus wie ein Stück Papier, nachdem ein Kind es zerknüllt hat.«

»Aber Angélique – Versailles ist voll von solchen jungen Männern –, *er* ist austauschbar, nicht Ihr«, beruhigt Marie ihre Freundin. Sie geht davon aus, dass sie Briou meint, empfindet aber – für einen kurzen Augenblick – auch ein winziges bisschen Mitleid mit Claude; vermutlich gibt es noch eine ganz andere, nämlich seine Seite der Geschichte. Angéliques Erbe ist schließlich keine angeborene moralische Eigenschaft, und seine finanzielle Situation mag sich aus bisher ungeklärten Gründen gewendet haben – wie einem das Schicksal eben manchmal mitspielt.

»Jedenfalls sagt Claude, er werde wegen meiner Untreue einen *lettre de cachet* anfordern. Er meint, wenn ich ihm den gewünschten Betrag nicht gebe, lässt er mich einsperren, Marie! Mir will partout nicht einleuchten, wie er das mit meinen

Liebschaften herausgefunden haben könnte.« Das ist ernster als gedacht, und jeder Gedanke an Mitleid mit Claude verflüchtigt sich sofort. Vermögende Frauen werden zu dieser Zeit in Frankreich oft einfach weggesperrt, wenn es den Männern in den Kram passt: ins Kloster gesteckt, ins Zuchthaus gesperrt, ins Exil geschickt. Ein *lettre de cachet* ist eine geheime Order des Königs, der gern den Gefängniswärter spielt. Madame d'Aulnoy erinnert sich schaudernd an das Klicken des Vorhängeschlosses vor so vielen Jahren. Wie sie versuchte, ihr brüllendes Neugeborenes zu besänftigen, indem sie in dem kleinen, steinernen Turmzimmer immer im Kreis und weiter im Kreis lief.

»Er hat mir die Kette vom Hals gerissen, um sie zum Pfandleiher zu bringen. Ich schwör's bei Gott, hier, schaut ...«

An Angéliques Hals ist ein roter Striemen zu sehen, wo Claude sie mit der Perlenkette gewürgt hat. Als Madame d'Aulnoy das sieht, überkommt es sie eiskalt wie eine Vorahnung:

Schnee   weiß   Rosen   rot   Schnee   weiß

»Ihr müsst an Eure Sicherheit denken, bitte, Angélique. Vielleicht wäre es das Beste, wenn Ihr die Tändeleien fürs Erste aufgebt ...«

Es gibt viel zu besprechen, aber die Ankunft anderer Gäste wird verkündet, und sie müssen zurück in den Salon. Angélique verschwindet noch schnell in Maries Schlafzimmer, um den Puder und das von Tränen verschmierte Rouge zu erneuern.

Charles und Télésille sind als Erste da und werden von Maries Töchtern begrüßt – Charles besteht darauf, dass sich alle drei einzeln mit Namen vorstellen, die er sich sichtbar einzuprägen versucht (»Und habt ihr denn auch vor, Literatinnen zu werden wie eure Mutter?«), dazu das Äffchen, das ihm die Zähne zeigt. Als Nächstes stolziert die Fürstin von Conti herein, der Brief an Henriette zusammengerollt in ihrem Beutel.

Maries alter Bekannter Saint-Évremond ist zu ihrer Freude auf Besuch in Paris und bringt die ältliche Autorin und Kurtisane Ninon de l'Enclos mit. Saint-Évremond hat eine ungewöhnliche Schwellung auf der Stirn, wie der Ansatz eines Horns zwischen den Augenbrauen, und wirkt damit wie ein Biest im Seidenhemd. »Wir haben uns viel zu lange nicht gesehen!«, sagt er zu Marie. »Es ist mir eine ganz große Freude, Euch im Herzen des literarischen Paris zu sehen, auf Eurem rechtmäßigen Platz. Die halbe Stadt redet über Eure Märchen.«

»Wie schnell die Jahre vergangen sind«, erwidert sie. »Aber Ihr seht völlig unverändert aus, lieber Freund.«

»Ob das ein Kompliment ist, vermag ich nicht zu sagen, Marie, aber ich werde es als solches auffassen. Heutzutage tut mir alles weh, aber ich beklage mich nicht. Es steht einem nicht mehr jungen Mann besser zu Gesicht zu vergessen, dass er je jung gewesen ist.«

Auch andere Gäste erscheinen zum ersten Mal, ein weiteres Zeugnis dafür, dass der Ruf des Salons immer noch im Aufschwung begriffen ist: Die Herzogin von Nemours macht ihren Auftritt, gefolgt von der spät eintreffenden Henriette, die einen Cousin mitgebracht hat (reiner Vorwand, um nicht mit mir allein sein zu müssen, denkt die Fürstin von Conti verärgert, will aber den Glauben an die Macht ihres Briefs nicht verfrüht aufgeben).

Anne serviert, zu Ehren des warmen Wetters, Halbgefrorenes aus Ananas, während Mimi das Äffchen mit seinem uralten, eingedrückten Gesicht und weiß abstehenden Koteletten ausschimpft (»Hörst du wohl auf, Belle-Belle! Weg, *shish*!«)

»Meine Komplimente an die Köchin«, sagt Perrault zu Anne, nachdem er einen Löffel süßsaures Sorbet probiert hat. »Wieder ein Hochgenuss aus der Küche! Ein tropischer Traum! Wir beneiden ihre Herrin um ein Juwel wie sie, gute Frau.« Anne tut sich mit Komplimenten schwer, neigt nur den silbergrauen Kopf und eilt weiter wie ein Windhund.

»Wollen wir dann anfangen?«, fragte Marie in die quirlige Runde.

»Aber – aber, Briou!«, entfährt es Angélique, die versucht, ihre widerstreitenden Gefühle in den Griff zu bekommen. »Wer soll sonst den Prinzen spielen?«

»Und Charlotte-Rose ist auch noch nicht da«, bemerkt Télésille. »Diesen Sonntag habe ich sie noch mit ihren Eltern in Saint-Sulpice gesehen, wo sie mir versichert hat, sie würde heute teilnehmen. Angeblich hat sie sogar eine neue Geschichte geschrieben, über eine Prinzessin, die in einem Turm eingesperrt ist, und ein Prinz verliebt sich in sie und – «

Natürlich wissen alle im Raum, wie es in solchen Geschichten gehen kann: Umstände, Handlungen, Konsequenzen. Blitzschnell läuft in allen Köpfen dasselbe ab, alle haben dieselbe Szene vor Augen: Charlotte-Rose und Briou, die sich innig küssen. Der Traum junger Liebe.

»Oh«, sagte Télésille, so peinlich berührt, dass es ihr eine zarte Morgenröte auf die Wangen zaubert. »Ähm. Aber vielleicht ist sie ja auch unpässlich. Ich leide in dieser Jahreszeit ganz schrecklich unter dem Blütenstaub, wie ergeht es Euch? *Hatschi*. Da habt Ihr es. Verzeihung, ich rede Unfug.«

»Télésille«, ergreift Marie d'Aulnoy das Wort. »Ihr habt doch versprochen, dass Ihr uns heute die Freude machen und Euer Debüt vortragen werdet – ich hoffe, Ihr könnt die frohe Kunde bestätigen, dass Ihr Teil unseres Kreises der modernen Feen werden wollt, *les fées modernes*! Ob Ihr so freundlich wärt und mit eurem *conte de fées* den Auftakt machen könntet?«

»O nein«, wehrt Télésille ab. »Das wäre nun wirklich zu viel der Ehre.«

»Ganz und gar nicht, die Ehre wäre ganz die unsere. Euer Debüt wird sicher in die Geschichte der Literatur eingehen. Nun verratet uns nur, werte Freundin, wie Euer Märchen heißt.«

»Die geschickte Prinzessin«, antwortet Télésille.

»Bravo, das klingt jetzt schon hervorragend«, wirft die Fürstin von Conti ein und pafft an ihrer Pfeife.

Und so beginnt Marie-Jeanne L'Héritier de Villandon, die uns hier als Télésille bekannt ist, mit ihrem Märchen von der »geschickten Prinzessin« – manchmal auch »Abenteuer der Finette« genannt –, und es ist in der Tat, genau wie von Marie d'Aulnoy vorhergesagt, ein Märchen, das unvergessen bleiben wird. Télésille wird es 1696 als Teil ihrer Märchensammlung *Œuvres Meslées* veröffentlichen, kurz nachdem sie prestige-trächtig in Toulouse als erste Frau in eine der exklusiven französischen Akademien gewählt und von der Accademia dei Ricovrati im italienischen Padua zu einer der neun Musen erklärt worden ist. Wenn wir von meinem ganz persönlichen Geschmack sprechen wollen: Mir gefällt dieses Märchen bes-ser als die relativ moralinsaure, verschachtelte Geschichte *La robe de sincérité* mit ihrem Mantel, auf dem nur dann Abbilder tugendhafter Frauen wie Penelope erscheinen, wenn die Trägerin Jungfrau ist. Das Märchen von der geschickten Prinzessin ist bei seinem ersten Vortrag eine große Überraschung für den Salon.

Das Märchen handelt von einer Prinzessin namens Finette, die Scharfsinnige, sie hat zwei ältere Schwestern: die faule Nonchalante, die den ganzen Tag in Morgenrock und Pantoffeln herumläuft, und Babillarde, die für ihr Plappermaul bekannt ist. Ihre Mutter ist bereits tot, ihr Vater, der König, muss auf Reisen gehen, und um die Unschuld seiner Töchter zu schützen, schließt er die drei in einer Burg ein. Alle drei erhalten einen verzauberten Spinnrocken aus Glas, der zerbrechen wird, sollten sie ihre Unschuld verlieren.

Doch der Sohn des benachbarten mächtigen Königs, ein arglistiger junger Prinz mit dem Namen Fintenreich, kurz Fintrich, macht die Gegend unsicher. Als Bettlerin verkleidet überredet er Nonchalante und Babillarde dazu, ihn ins Schloss zu lassen. Kaum ist er drinnen, zeigt er sich als Prinz, macht ihnen Komplimente und Eheversprechen, was natürlich unvermeidlich dazu führt, dass ihre Spinnrocken zerspringen.

»Die Welt ist voll von armen Dummköpfen wie den beiden Schwestern«, merkt Télésille an, und in diesem Augenblick denken vermutlich alle besorgt an Charlotte-Roses Unberührtheit.

Aber Finette ist anders. Als der ruchlose junge Prinz gewaltsam in ihr Zimmer eindringt, spielt sie mit einer Axt, als sei sie »ein zarter Fächer«. Sie verspricht Fintrich ein weiches Bett, jedoch hat sie dieses Bett über einer Öffnung im Boden aufgestellt, und er stürzt tief hinab in den mit Kot gefüllten Abwassergraben des Schlosses.

Ihre Schwestern sind allerdings bereits von Fintrich geschwängert worden, und so kehrt er zurück zur Burg und umkreist sie, hungrig nach Rache. Weil er weiß, wie gern ihre Schwestern süßes Obst essen, stellt er Kästen voller Zuckerpflaumen und Aprikosen unter die Fenster. Nonchalante und Babillarde bitten Finette, ihnen das Obst zu holen, doch da lockt Fintrich sie in eine Falle. Hasserfüllt zeigt er Finette ein mit Rasiermessern, Glasscherben und Nägeln gefülltes Fass und droht, sie darin den Berg herunterrollen zu lassen. Und während er sie noch beschimpft, schubst sie ihn in das Fass und lässt stattdessen ihn darin bergab rollen.

Jähzorn erfüllt den schwer verletzten Fintrich, weil er an seinem eigenen bösen Plan sterben soll, und er lässt seinen Bruder Belavoir versprechen, Finette zu heiraten und sie in der Hochzeitsnacht zu erstechen. Als seine beiden neugeborenen, in Schachteln verpackten Kinder zu Fintrich in die Schlafkammer gebracht werden, gibt ihm ihr ohrenbetäubendes Geschrei den Rest.

Belavoir liebt Finette aufrichtig, aber der Schwur gegenüber dem Bruder wiegt mehr als eine einfache Ehefrau, und er plant ihre Ermordung. Zum Glück hat Finette eine Strohpuppe ins Bett gelegt. Sie besteht aus einer Schütte Stroh, Tiereingeweiden und einer Blase voller Schafsblut. Belavoir sticht auf die Puppe ein, aber dann tut es ihm fürchterlich leid, was er für eine Schweinerei veranstaltet hat, und Finette und Belavoir leben lange Jahre höchst vergnügt und zärtlich beisammen. Ende gut, alles gut.

»Nur nicht für Nonchalante«, schließt Télésille, »die zur

Strafe arbeiten muss und sich darüber zu Tode ärgert, und Babillarde, die sich beim Versuch, dem Schloss zu entkommen, den Schädel bricht.«

Ein langer Augenblick des Schweigens entsteht.

»So was«, seufzt die Fürstin von Conti.

»Meine liebe Télésille«, sagt Henriette und durchbricht die Anspannung mit einem Lachen. »Ihr seid ja äußerst blutrünstig. Wer hätte gedacht, dass sich hinter Eurem vergnügten Äußeren solch dunkle, verdorbene Fantasien verstecken? Ich hatte etwas Pietätvolles erwartet, aber Ihr lasst den Prinzen stattdessen in die Scheiße fallen! Ich würde mich über weitere Geschichten freuen, in denen die Männer in der Gosse landen. Vielleicht schließe ich mich Euch in dieser neuen Mode an.«

»Bravo«, sagt Perrault und klatscht, damit die anderen es nicht vergessen. Schließlich kommen alle wieder zu Sinnen und klatschen mit. »Sehr dramatisch, werte Cousine! Und der Trick in der Hochzeitsnacht! In Basiles Fassung besteht die Puppe aus süßen Backwaren, glaube ich, und er beweint den süßen Duft seiner Geliebten, oder nicht? Aber eine blutgefüllte Hammelblase, ausgezeichnet. Ein ganz anderer Effekt.«

»War es auch nicht zu dick aufgetragen, lieber Cousin?«, fragt Télésille, weil sie mit einem Mal ihre künstlerischen Entscheidungen anzweifelt. »Ach, ich habe es sicher übertrieben! Dabei wollte ich ja eigentlich nur eine ländliche Atmosphäre erzeugen, aber solche Erzählungen füllen sich nun einmal mit Schmutz, wenn sie durch den Mund der einfachen Leute gehen, wie Wasser, wenn es durch den Rinnstein läuft – glaubt Ihr, es war zu grob für diese erlauchte Gesellschaft?«

»Ganz und gar nicht«, entgegnet Madame d'Aulnoy, die es sich zur Regel gemacht hat, den Debütantinnen in ihrem Salon Mut zuzusprechen. »Wir haben alle die Luft angehalten! Es zeugt von echter Begabung, wenn dem ganzen Raum der Atem stockt. Und es ist so überaus lustig, dass Fintrich stirbt, weil er seine eigenen Säuglinge schreien hört!«

»Unter ähnlichen Umständen haben schon einige Männer das Zeitliche gesegnet«, bemerkt Henriettes Cousin, der zwölf Kinder hat und selbst etwas mitgenommen aussieht.

»Ich gebe dem Vater die Schuld«, wirft die Fürstin von Conti ein. »Seine Töchter mit gläsernen Spindeln einzusperren – da war die Tragödie doch von vornherein unvermeidlich.« Sie muss an ihren Dildo denken, der bei ihr eingetroffen ist; wie lächerlich aber auch diese Besessenheit mit der weiblichen Reinheit ist, wenn die Unreinen doch so viel besser im Bett sind. Wem soll Unschuld etwas taugen, außer den Frigiden? Die alte Télésille, die keiner will, hat Alpträume von Hochzeitsnächten und der rasierklingenbewehrten Möse, Entschuldigung, Fass.

Weitere Märchen folgen. Henriette hat eins verfasst, das »Die glückliche Strafe« heißt, in dem ein Hund namens Blanc-Blanc und eine Brücke aus weißen Anemonen vorkommen. Die Fürstin von Conti merkt derweil, dass sie an nichts mehr denken kann als daran, wie sie Henriette den Brief unauffällig in die Hand drücken soll. Da sie den höchsten aristokratischen Rang im Raum bekleidet, gehört es sich, dass sie sitzen bleibt, aber selbst Prinzessinnen müssen sich ja irgendwann mal die Nase pudern gehen – oder soll sie ans Fenster treten, sobald die Geschichte endet, als wolle sie das goldene Abendlicht über Paris bewundern, das die Magnolie im Garten feurig leuchten lässt?

Henriette beendet ihre Erzählung mit einer Hochzeit. »Aber

ich werde mich nicht an einer Beschreibung versuchen«, erklärt sie mit einem ironischen Lächeln. »Denn so erfreulich eine Hochzeit für das Liebespaar selbst sein mag, für die Allgemeinheit ist sie fast immer eine recht dröge Angelegenheit.«

Das wird mit lautem Gelächter quittiert. »Niemand kann eine Geschichte zu einem so leichtherzigen Abschluss bringen wie Ihr, Henriette«, lobt Marie. »Ihr besitzt von uns allen den schönsten Sinn für Humor.«

Als die Fürstin von Conti aufsteht, ist ihr schwindlig. Sie hat heute viel Wein getrunken – mehr als zwei Flaschen – und wird noch weitertrinken. Leicht torkelnd macht sie sich daran, den gedrängt vollen Raum zu durchqueren, auf Henriette zu: ihre kühlen weißen Unterarme, die mandelförmigen, braunen Augen in dem scharfkantigen, leidenschaftlichen Gesicht. Ich bin eine geschickte Prinzessin, denkt sie. Raffiniert und diskret. Sie steckt die Finger in den Beutel an ihrem Gürtel und bemerkt mit einem Riesenschreck, dass er leer ist. Nein, das muss sie sich einbilden. Ihre Hand gräbt tiefer, sie blickt sich suchend auf dem Teppich, dem Sessel um, aber der Umschlag ist nicht mehr da: Ihr Liebesbrief ist verschwunden.

13.

Das Märchen von der Bärenhaut

Es ist spät in Versailles unter den rosaroten Papierlaternen, die überall in den Gärten leuchten. Im Wäldchen tanzen die Wasserspiele. Der Duft von tausend Tuberosen, in der Ferne Menschen in Gondeln, die einander nass spritzen, irgendwo spielt jemand Harfe. Am Himmel die Sterne wie auf den Boden gestreute Brotkrumen. Sogar eine Eule ruft, als wolle auch sie zur Ambience beitragen.

Nach zu viel Champagner ist Charlotte-Rose de la Force in Brious Schoß unter einem Pavillon aus goldenem Tuch eingeschlafen. Sie können auch nirgendwo anders hin. Im Nordflügel wohnen die Adligen so dicht an dicht, dass ihre Zimmer in winzige, fensterlose Baracken aufgeteilt sind oder nur einen Blick auf bedrückende Innenschächte bieten. Charlotte-Rose hat eine der elendsten Behausungen erwischt, und in ihrem Schrank wohnt eine Dienerin.

Nein, Briou ist froh, dass sie hier draußen mit Muße ausruhen können. Er atmet Charlotte-Rose tief ein.

Sie haben einen wunderbaren Abend hinter sich. Als der Mönch Dom Pérignon den Champagner erfand, soll er angeblich gerufen haben: »Komm schnell, ich schmecke die Sterne!« Heute Nacht hat Briou ebenfalls die Sterne geschmeckt. Charlotte-Rose und er haben viel Spaß miteinander gehabt, beim Tanz, beim Spiel – sie hat seinen Würfel geküsst, und es hat ihm tatsächlich Glück gebracht. Außerdem sieht Charlotte-Rose hinreißend aus, was auch angenehm ist, all seine Freunde klopfen ihm auf die Schulter – »Mach dich ran, Briou«, »Guter Fang, alter Freund.« Sein Selbstvertrauen wächst im Laufe des Abends beständig, das prickelnde Gefühl, besonders, während sie zusammen das Feuerwerk bewundern und sie mit seiner Hand spielt, dass er sie ganz sicher entjungfern wird. Ihre Jungfräulichkeit gehört ihm, und das ist etwas, was er auf jeden Fall erregend finden sollte. Der Gedanke bringt ihn zum Kichern. Briou denkt an die Worte Don Juans in Molières Stück: »Schönheit reizt mich, wo ich sie finde; und ich gebe leicht dieser süßen Gewalt nach, mit der sie uns hinreißt«. So stellt er sich das vor: süße Gewalt und er als neuer Don Juan.

Charlotte-Rose hat ein sehr schönes Gesicht. Wahrhaft perfekt. Ein zarter Hauch von Rot färbt ihren Teint wie bei einem Blütenblatt. Der kleine, müde Mund, ein Bläschen gefangen zwischen den Lippen. Die hinreißend gelegte Locke auf ihrer Stirn. Mit ihr zusammen fühlt er sich völlig anders als mit anderen Frauen.

Briou merkt, wie ihm ebenfalls die Augen zufallen. Langsam nähert sich sein Kinn dem Hals, bis ihm schließlich der Kopf nach vorne sackt. Und sobald er anfängt zu träumen, bekommt er einen Ständer. Der schlafende Kopf von Charlotte-Rose liegt darauf, ihr weiches Gesicht, wie ein Stein, der über die Öffnung einer Wunderhöhle rollt.

Fast unmerklich beginnt er sich zu wiegen, gegen ihren Wangenknochen, sein Schwanz in der engen Seidenhose so nah an dem atmenden Mund, den hübschen Zähnen. Der Druck beginnt sich aufzubauen, verdichtet sich, das vage, schwindelerregende Gefühl gewinnt an Masse, wie ein Gewitter, das sich in ihm zusammenbraut. Das Tier in ihm gewinnt die Oberhand: der Wolf, die sich aufbäumende Schlange.

Ruckartig wird er wach. Wo ist er? Charlotte? Oh, sie liegt auf seinem Schoß. Das Schneeweißchen, das er mit einem Kuss aufwecken wird. Das sollte er wirklich tun. Oder ist sie Dornröschen, und er muss sich erst durch das Rosendickicht kämpfen, um zu ihr zu gelangen, sich den Weg freihacken, immer und immer näher heran an ihren seit hundert Jahren unberührten Körper: Ihm allein soll er gehören, nur er darf ihn haben. O Gott. Er kann nicht mehr aufhören, kommt näher immer näher, er wird sein *Happy End* kriegen, gleich kommt er – oh! Oh!

In diesem Augenblick erwacht sie. »Briou?«, sagt sie, als erkenne sie sein Gesicht nicht mehr, aus dem ihr jetzt das primitive, keuchende Tier entgegenstarrt. »Briou? Was in Gottes Namen macht Ihr da?«

In diesem Augenblick küsst er Charlotte-Rose, vor lauter Panik, weil er nicht reden kann – er zieht sie an sich, stößt ihr die Zunge in den Mund, in französischer Manier, während er lautlos, fast gepeinigt ejakuliert. Das Sperma schießt in grässlichen Fontänen in seine Kniehose; es schüttelt ihn, als säße er in einer Kutsche, die über Steine rumpelt.

Ihr Mund schmeckt seltsam nach Zitrusfrüchten.

»Oh«, sagt sie danach verwirrt. War das der Kuss wahrer Liebe? Heftig war er auf jeden Fall, wenn auch nicht ganz so zart, wie sie sich ihn erträumt hatte, und auf jeden Fall wesentlich nasser. »Mein Gott, das war – o Briou, habt Ihr mich wirklich gern?«

»Ich muss los«, bringt er hervor, als er spürt, wie es kühl

an seinen Beinen herunterläuft, als läute es zur Mitternacht. Alarmiert steht er auf.

»Ihr könnt doch *jetzt* nicht gehen!«, quietscht sie – das ist der große Augenblick ihres Lebens. Soll das ein Witz sein?

»Heirate mich«, stottert er in diesem Moment der Verwirrung – vielleicht auch aus reiner Höflichkeit. Das gehört immerhin zum vorgeschriebenen Ablauf dazu, der Jungen – nicht anders als Mädchen, habe ich recht? – von Kindesbeinen an vorgebetet wird.

»Ja, gern, natürlich!«, ruft sie voller Begeisterung. »O Charles! Charles, ich bin so glücklich!« Charlotte-Rose sieht aus, als wolle sie ihm in die Arme fallen, deswegen umfasst er stattdessen ihr Gesicht – hält sie auf Abstand – und beugt sich für ein zartes, wohlbedachtes Küsschen über sie und ihr verträumtes, kleines Gesicht. Und obwohl dem jungen Mann klar ist, dass er auch als neuer Don Juan gewisse Verpflichtungen hat, muss man doch sagen, dass er nicht umgehend bereut, was er da gerade getan hat. Unbekümmertheit kann ein wunderbares, lebendiges Gefühl sein. Briou weiß zwar, dass der Zorn seines Vaters jedes vorstellbare Maß sprengen wird, aber er spürt zugleich den Anfang einer Geschichte – das heißt, er spürt, wie ihn zerstörerische Energie durchfließt.

Und so geschieht es, dass sie nur drei Tage später heiraten. Es ist eine einfache, hastig arrangierte Hochzeit, aber einmal entschlossen ist Briou ein ungeduldiger Junge, dem das Warten gegen das Naturell geht. Sein Vater bekniet ihn schon seit einer Weile wegen dem spanischen Sauertopf, und das ist jetzt seine Antwort. Wollen wir doch mal sehen, wie seinem Vater diese Art von Diplomatie schmeckt, wie er auf diesen Schachzug reagiert! Sein Vater ist zudem gerade anderswo, nämlich auf dem Schloss der Familie, und das Ganze bringt man am besten noch während seiner Abwesenheit über die Bühne. Außerdem finden Abenteuer wie dieses für Briou, genau wie in vielen Märchen, ihren krönenden Abschluss im Ehebett. Weiter hat er noch nicht gedacht und ist vielleicht hormonell bedingt auch nicht dazu in der Lage. Er hat nur eins vor Augen: den Geschlechtsverkehr mit Charlotte-Rose, der jugendlichen, begehrenswerten, kostbaren, unbefleckten Charlotte-Rose – das Ziel, auf das jetzt sein ganzes Ich zustolpert.

»Aber es kann doch gar nicht gut gehen, Briou! Deine Familie wird uns sicherlich auseinanderbringen. Meine Mitgift ist zu klein, ich bin zu arm für dich«, sagt die vernünftige Charlotte-Rose in der Nacht vor der Hochzeit und bedeckt dabei ihr Muttermal mit der Hand, als stehe es für ihre Armut, und versucht so, ihre eigene, aufflackernde Begeisterung zu löschen.

»Der Liebe bedeutet Geld nichts«, entgegnet Briou und ist selbst beeindruckt, wie schön er das formuliert hat. Vielleicht wird er ja doch noch Dichter.

Und die Dinge nehmen schockierend schnell ihren Lauf. Die Erlaubnis des Königs wird erbeten und mit einer Unterschrift besiegelt; Charlotte-Rose macht ihrer Familie und der Dauphine weis, sie besuche an dem Abend Maries Salon. Das Eheversprechen wird bei einer kleinen Feier abgelegt – alles verschwimmt wie im Rausch –, und dann sind sie in dem Appartement seines Freundes, das sich Briou für die Nacht geborgt hat, und nun bleibt nichts mehr als die Braut auszuziehen: die Chemise, das Fischbeinkorsett, das Mieder, die Strümpfe, die Strumpfhalter. Es dauert so lang – so viele Schichten! Aber Briou spürt genau, dass Charlotte-Rose den

Aufwand wert ist: Das müssen wir ihm lassen. Denn Briou ist leicht hysterisch vor lauter Begehren, es durchglüht ihn, er kann nicht aufhören, laut vor sich hin zu lachen über das, was er gleich tun darf. Er küsst die Brustwarzen seiner Frau mit ehrfürchtig bebender Andacht. Ihr Körper ist das Überwältigendste, was er je gesehen hat.

Charlotte-Rose liegt da, den Kopf zur Seite gewandt, damit er in diesem Augenblick die linke Seite ihres Gesichts sieht; von dieser Seite wirkt ihre Nase weniger krumm, glaubt sie, gleichzeitig zieht sie den Bauch ein. Als er in sie eindringt, fühlt es sich genauso an, wie Briou es sich erhofft hat: Er muss an einen exquisiten Pelzpantoffel denken, der ihm perfekt passt. »Ich liebe dich«, stöhnt er. »Oh, ich liebe dich, liebe dich, liebe dich, Charlotte-Rose!« Für die stellt das Ereignis hingegen eine gewisse Enttäuschung dar, wie sie zugeben muss.

In dieser Nacht, in der ihr Mann befriedigt neben ihr schläft, starrt sie benommen an die Decke des Appartements. Sie hat sich aus dem Bett gestohlen und unten herum mit einem Essigschwamm abgewaschen, wie andere Frauen es zu tun scheinen, aber jetzt kann sie nicht einschlafen. Bei Frauengesprächen hat sie mitgehört, dass nicht nur der Mann im Bett Genuss empfindet. Und da ihr Bräutigam nie einen Mangel an Erfahrung vorgetäuscht hat, erwartete sie sich Großes von diesem Augenblick: Ein ganz neuer Raum außergewöhnlicher Empfindungen würde in ihr aufgeschlossen werden, und die Ehe wäre der Schlüssel, der dazu notwendig war. Sie hatte gedacht, sie habe einen ersten flüchtigen Einblick dieser Ekstase genossen, als Briou den Spann ihres Fußes im Salon von Madame d'Aulnoy berührte. Aber der Geschlechtsakt hat ihr diesen Augenblick exquisiten Zartgefühls nicht wiedergebracht, sondern sie eher, als Briou lautstark auf ihr herumfuhrwerkte, mit einem ernüchternden Gefühl von nichts Großem erfüllt. Nach dem ersten Brennen, als er in sie eindrang, war Charlotte-Rose die Hälfte der Zeit nicht mal sicher, ob er drinnen oder draußen war, wenn man ganz ehrlich sein wollte.

Das war's schon?, fragt sie sich. Geht es bei all diesem Suchen und Streben wirklich nur um diese paar Minuten? All diese Flüche und Spindeln und Frösche und Dornen und Maskenbälle, nur *dafür*?

Aber die Prüfungen sind ja noch nicht alle bestanden. Noch sind Hindernisse zu überwinden. Am nächsten Morgen steht Charlotte-Rose eine Stunde vor Briou auf, schleicht auf Zehenspitzen zum Toilettentisch und legt ihre Puder und Schönheitspflaster auf, damit er sie nicht ungeschminkt zu sehen braucht. Briou geht, um der Ankleidezeremonie des Königs beizuwohnen, Charlotte-Rose muss die Dauphine bedienen. Als sie am Abend nach ihm sucht, hört sie von einem seiner Freunde im Grand Appartement, Briou senior sei im Palast eingetroffen, habe seinen Sohn recht rüde in eine Kutsche geworfen und verkündet, er bringe ihn aufs Schloss der Familie und halte ihn da fest, bis die Hochzeit annulliert worden sei.

»Ihr wollt nicht zufällig auch meinen Würfel küssen?«, fragt der Freund und nippt lasziv an seinem Armagnac. »Bei Eurem Mann scheint das ja gut funktioniert zu haben, der Glückliche.«

»Mir ist unklar, warum er angeblich so viel Glück gehabt haben soll«, giftet Charlotte-Rose ihn an. »Wo er gewaltsam von seiner wahren Liebe getrennt worden ist!«

Das sorgt für Gelächter. In diesem Augenblick dämmert ihr, dass die Sache ernst ist. Sie ist entjungfert worden. Sie hat ihren Wert verloren, hat sich verkauft und so wenig dafür zurückbekommen! Alle Hoffnungen, die sie für ihr Leben gehabt hat, sind zerstört. Sie soll ihr Leben lang Kammerzofe bleiben, eine besudelte obendrein – Zielscheibe von Geflüster und mitleidigen Blicken? Das wird sie sich nicht gefallen lassen! Charlotte-Rose hat genug romantische Geschichten gelesen, und ein Plan entsteht in ihrem Kopf.

Und so nimmt sie eine Kutsche zum Briou'schen Familiensitz. Bei ihrer Ankunft stellt sich heraus – ich weiß, das klingt unglaublich, aber ihr müsst mir glauben, alles, was ich euch jetzt erzähle, ist die reine Wahrheit –, dass gerade eine Gauklergruppe in der Ortschaft eingetroffen ist: ein Trüppchen Akrobaten, ein Narr, Musikanten und eine reisende Menagerie mit Affen und Bären. Auf dem Dorfplatz wird jongliert. Auf Nachfrage von Charlotte-Rose erzählt ihr der Jongleur, seine Gruppe begebe sich am nächsten Tag aufs Schloss zu einem großen Ball – ein Festmahl solle ausgerichtet werden, im Burggraben sollen Kerzen brennen. »Ich muss mit aufs Schloss!«, ruft Charlotte-Rose. Die einzigen Mittel, die ihr zur Verfügung stehen, sind natürlich ihre Modeaccessoires – sie bietet dem Jongleur ihren mit Opalen besetzten, besten Armreif und ihren schönsten Fächer an, auch wenn sie sich von beidem nur sehr ungern trennt. Sein begehrlicher Blick fällt auf ihren Ehering. »Nein«, fleht sie, »der bitte nicht.« *Noch nicht*, denkt sie.

»In Ordnung«, willigt der Jongleur ein. »Ich werde Euch den Gefallen tun. Womöglich wird Euch mein Plan nicht zusagen, ein Mädchen wie Ihr, das gern hübsch aussieht. Aber Ihr müsst euch verkleiden, ja? Wir haben eine Bärenhaut, unter der wir Euch verstecken können. Wenn es Euch nichts ausmacht, bei den Tanzbären mitzulaufen, wisst Ihr – Ihr müsstet reintrotten wie ein Bärchen auf den Hintertatzen. Was meint Ihr, mein kleiner Engel?«

Und jetzt läuft Charlotte-Rose tatsächlich unter ihrer Bärenhaut ins Schloss, Kopf gesenkt, Pfoten hoch. Das dicke Bärenfell ist fürchterlich heiß und juckt wie verrückt, wahrscheinlich sitzen Flöhe drin. Sie hat Angst, ist erschöpft, und im Grunde weiß sie – natürlich –, dass ihre Ehe annulliert werden wird, dass Briou sie aufgeben wird, dass sie eines Tages, wenn sie alt und grau ist, kopfschüttelnd auf diesen Moment zurückblicken und um ihr naives, hoffnungsvolles Ich trauern wird. Aber verdammt, momentan ist sie die Heldin dieser Geschichte. Sie ist das Mädchen. Sie ist die Heldin in ihrem Märchen, verdammt noch mal.

14.

Das Märchen von der Hexe

Der gedrungene Pont Neuf, der über die Seine führt, ist eines der wichtigsten Wahrzeichen der Stadt. Während die steinernen Fratzengesichter unten an der Brücke über den Fluss wachen, drängen sich oben die Menschenmassen: fliegende Händler, Buchverkäufer, Hundebarbiere, Zähnezieher, Schausteller, Jongleure. An diesem Abend geht es ruhiger als gewöhnlich zu, weil der Regen nur so auf die Stadt trommelt, ein Guss folgt auf den nächsten, aber der Polizeichef – Gabriel Nicolas de la Reynie – steht trotzdem auf der Brücke und lauscht konzentriert einer mit *loup* maskierten Person. Die schwarze Samtmaske lässt das Gesicht unheimlich starr wirken, abgesehen von den glänzenden, hin- und herhuschenden Augäpfeln. Wäre man einer der Taschendiebe, die bekanntermaßen auf der Brücke ihr Unwesen treiben, Herren die Mäntel und Taschenuhren stehlen, dann könnte man sich vielleicht nah genug heranschleichen, um einen seltsamen Bericht mitzuhören: ein Schelmenstück, in dem es um Prinzessinnen, Zaubersprüche, sprechende Vögel, Krüge voller Tränen, Ungeheuer und Wunschbäume geht. Einen Palast der Wollust und einen Palast der Rache. Reynies Mund verzieht sich angewidert, während sein Spion berichtet, dann überreicht er einen Sack voller Münzen, wendet sich abrupt ab und geht in Richtung der Wohnung von Charles Perrault.

Ludwig der XIV. hat Hunderte teurer Schwäne importieren lassen, um der Seine mehr Eleganz zu verleihen, aber nur ein paar wenige sind noch nicht aufgegessen oder von dem verseuchten Fluss vergiftet worden. Wie gewohnt wirft Reynie im Vorübergehen einen Blick ins Schwanennest – aus dem letzten Gelege haben zwei hässliche graue Schwanenjunge überlebt – und taucht ein in das berühmte Pariser Straßengewimmel, in dem Luxus und Armut unmittelbar nebeneinander existieren. An jeder Ecke zeigen sich Spuren der Modernisierung: Baustellen, Briefkästen, öffentliche Kutschwagen, Friseure. Tropfnass steht eine Hure vor einer Reihe von feinen Fachgeschäften, Luxuswaren hinter glänzenden Schaufenstern: Parfüm, künstliche Blumen, Seidenstrümpfe, chinesisches Porzellan. Vom Unwetter überrascht konsultiert ein ausländischer Besucher seinen Reiseführer. Ein Säugling ist auf einer Türschwelle abgelegt worden und schreit Zeter und Mordio.

Während der Fronde, als die Adligen den Aufstand probten – damals gab es zwölfhundert Barrikaden und offene Gefechte auf den Straßen –, musste Ludwig der XIV. als Kind aus Paris fliehen. Seitdem misstraut der König den Parisern und kommt selbst so selten wie möglich in die Stadt. Er hat Reynie zum obersten Chef der Polizei gemacht, mit der Aufgabe, Paris unter Kontrolle zu behalten. Reynie ist wie gemacht für diese Rolle. Jeden Tag versucht er, dieser chaotischen Stadt etwas mehr Ordnung aufzuerlegen: Paris verdankt ihm die Straßenbeleuchtung, das Straßenpflaster, die Straßenkehrvorschriften.

Reynie hat sich die Zeile in Molières *Tartuffe* zu Herzen genommen: »Des Königs Wohl geht allem vor.« Um für den

König und die Ordnung in jedes Herz schauen zu können, hat Reynie ein Netzwerk aus bezahlten Informanten aufgebaut, die er seine »Fliegen« nennt – quer durch alle Stände, von Vagabunden bis hin zu unehelichen Königskindern. Er hasst die kleinen Petzen, aber sie verleihen ihm in Ludwigs Namen eine gewisse Allwissenheit. Sein Stolz ist es, wie ein Engel der Finsternis in jeden Spalt und jeden Winkel dieser Stadt zu blicken, in jeden Herrschaftssitz, in jedes Wohnhaus, sieben Stockwerke hoch, düster, übervölkert, jede Kaschemme, jede Lumpensammlerhütte.

»In Caesars Dienst ist alles erlaubt.« Das stammt vom Dramatiker Pierre Corneille. Auch diese Zeile hat der König gutgeheißen. Genau wie diese: »Ich mag keinen König, der gehorcht.«

Reynie ist durchaus zu Großmut in der Lage – hat er nicht diesen Winter dreißig Öfen bauen lassen, in denen Brot für die Armen gebacken wird? Aber natürlich wurde trotzdem gedrängelt und gepöbelt und vor lauter Hunger randaliert. Als Racheengel fühlt Reynie sich wohler. In Paris gab es bis vor Kurzem ein Elendsviertel, das *Cour des miracles* hieß – viele der Bewohner wurden wundersamerweise von ihrer vorgetäuschten Blindheit oder Lahmheit geheilt, wenn sie abends nach Hause kamen. Das Viertel war ein widerwärtiges, halb im Kot versunkenes Quartier der Sünde mit rutschenden Dachziegeln und schlammigen Wegen. Es stank nach Langfingern, vollgepinkelten Bettlern und ausgekochten Knochen. Eine Stadt voller barfüßiger kleiner Gespenster und brennender Dämonen, voller Syphilisbeulen und Säufernasen. Eines Tages trommelte Reynie hundertfünfzig Soldaten zusammen, die das ganze Viertel unter einem Steinhagel begruben und dann abrissen. Machten das ganze Quartier einfach dem Erdboden gleich. Die bösen Geister verschwanden. Nie war ihm seine Aufgabe so klar gewesen wie an jenem Tag.

Reynie geht schnell, mit gesenktem Kopf, durch den starken Frühjahrsregen, an einer Bronzestatue Ludwigs vorbei. Vielleicht hätte er sich besser eine Sänfte kommen lassen sollen – der stinkende Morast der Straße spritzt ihm auf den Mantel, und Reynie ist ein reinlicher Mann –, aber er kann beim Gehen einfach am besten nachdenken. Ein unwissender Passant würde vielleicht sagen, Reynie habe ein sinnliches Gesicht mit schweren Augenlidern und einem Mund, der unter dem Schnurbart wie ein teures kleines Kissen wirkt. Dabei besteht für ihn der einzig wahre Sinnesgenuss darin, schlechte Nachrichten zu überbringen. Wie gut er sich fühlt, wenn er sie ganz allmählich verabreicht: Tropfen für Tropfen.

Seine Mundwinkel bewegen sich vorfreudig ein wenig nach oben, als er mit dem schweren, verzierten Türklopfer bei Perrault klopft. Reynie ist groß und muss sich an den meisten Türen ducken, kräftig, mit großen Händen, aber seine Bewegungen sind gemessen und würdig.

»Reynie«, sagt der perückenlose Perrault verblüfft und zuckt ein wenig zusammen. Er trägt seine *robe de chambre*, eine Art Morgenrock. »Was für eine Überraschung! Wir haben uns eine Weile nicht gesehen.« Gerade noch saß er mit seinem Sohn Pierre am Tisch und half ihm im Licht der Öllampe bei seinen Lateinaufgaben. Jetzt bittet er Reynie herein und schickt seinen Sohn schnell nach oben. »Bitte, setzt Euch doch. Darf ich Euch etwas anbieten?«

»Dürfte ich mir vielleicht die Hände waschen?«, fragt Reynie.

»Selbstverständlich.« Perrault führt seinen Gast zum Waschtisch und trägt dem Diener auf, Tee zuzubereiten. Niemand bekommt so richtig gern Besuch vom Polizeichef, auch wenn es eine ganze Reihe von Gründen geben kann, warum er ihm seine Aufwartung macht – im Lauf des vergangenen Jahrzehnts haben sie bei Ludwigs Plänen, Paris in das neue Rom zu verwandeln, häufig zusammengearbeitet; es gibt immer noch viel Geschäftliches, das sie besprechen könnten. »Setzt Euch doch ans Feuer, Reynie, damit Ihr wieder trocken werdet. Was für ein scheußlich nasser Abend.«

»Ihr seid wieder in Paris«, sagt Reynie und nimmt den Hut ab. »Versailles fehlt Euch sicher bereits. Die gute Luft. Dass man nicht von so viel menschlichem Elend umgeben ist.«

»Paris ist – eine wunderbare Stadt«, erwidert Perrault. »Viel von dem Lob dafür gebührt Euch. Die Stadt des Lichts wird sie jetzt genannt, nur wegen Eurer Neuerungen! Ich habe auch hier ausreichend zu tun – mein Bruder ist in der Stadt, seine Kolonnade am Louvre ist superb, findet Ihr nicht? Die Akademie. Außerdem eröffnet die Comédie-Française, und in den Tuilerien spazieren zu gehen, erfüllt mich mit einem gewissen Stolz. Ein Ort der Wunder.«

»Da frage ich mich doch, ob wir dieselbe verpestete Luft atmen, Ihr und ich«, erwidert Reynie kopfschüttelnd. »Ich habe eine empfindliche Nase, Perrault, und Paris stinkt. Da kann ich mich abends schrubben, so viel ich will, ich werde den Gestank einfach nicht los: Knoblauch, faulige Zähne und Exkremente.«

»Ich habe mich wahrscheinlich dran gewöhnt.«

Behäbig sieht Reynie sich um. »Ihr habt gar keinen Stich des Königs an der Wand, Charles?«

»Ich bin gerade beim Umräumen.«

»Ihr wart gestern Abend im Theater.«

»Ist das so?«, erwidert Perrault. Es stimmt, aber woher weiß Reynie das? Er hat sich zusammen mit seinen Söhnen das neue Stück von Molière angeschaut, *Die gelehrten Frauen* – es handelte sich mal wieder um einen Angriff auf emanzipierte Frauen; der Autor hat es ernstlich auf die lesende Damenwelt abgesehen. Verblüfft stellte Perrault fest, dass eine der Figuren, der aufgeblasene Trissotin, Abbé Cotin aufs Haar gleicht und das Gedicht über einen lavendelfarbenen Kutschwagen wortwörtlich aus dessen Buch *Œuvres galantes* übernommen worden war. Jemand im Publikum wisperte, der Trissotin darstellende Schauspieler habe dem Abbé den Mantel gestohlen und trage ihn jetzt auf der Bühne. Es war eine solch brutale Bloßstellung des alten Pedanten, dass Charles sich schämte, als er mit dem Publikum mitlachte. Reynie musste in seiner Rolle als Zensor dagewesen sein, mutmaßt Charles, unauffällig hinten im Dunkeln gesessen und sein Urteil gefällt haben.

»Literatur ist die reinste Schlangengrube«, bemerkt Reynie. »Auch wenn das Stück ein paar wichtige Themen angeschnitten hat zu der Gefahr, die von diesen angeblich so gelehrten Frauen ausgeht, habe ich nicht recht? Ich frage mich allmählich, ob wir dem schönen Geschlecht nicht vielleicht zu viele Freiheiten eingeräumt haben und den eingeschlagenen Weg korrigieren sollten.«

Sein Ehrgefühl erlaubt es Charles nicht, so etwas stehen zu lassen, auch wenn er diesen Mann eigentlich lieber nicht herausfordern möchte. »Ich bewundere ja sehr, was Ihr in Paris erreicht habt, Reynie. Aber selbst Ihr werdet es wohl nicht schaffen, die weibliche Denkfähigkeit zu zügeln.«

»Haha! Vielleicht stimmt das, doch wie Ihr wisst, liebe ich große Herausforderungen. Aber ganz ehrlich: Womit füllt Ihr Euren Tag aus, Perrault, wenn Ihr nicht gerade die Demütigung eines Schriftstellerfreundes beklatscht? Ein Mann wie Ihr. Ihr müsst Euch doch schrecklich langweilen, so ohne den Schlagabtausch der großen Politik.« Er zeigt auf die Lateinbücher auf dem Tisch. »Als Gouvernante werden Eure Talente sicher nicht ausreichend genutzt.«

»Ich liebe meine Söhne. Die Zeit, die man mit denen verbringt, die man liebt, ist selten vergeudet.« Perrault beschließt, sich nicht von dieser Beleidigung provozieren zu lassen. Wirklich sympathisch war Reynie ihm noch nie, obwohl er seine Effizienz zu schätzen weiß: Bei ihm werden die Dinge auf jeden Fall erledigt. Paris als Ganzes hat sicher von Reynie profitiert, auch wenn ihn immer wieder das Gefühl beschleicht, dass dem Mann jede Art von Mitleid für die ihm Anbefohlenen fehlt – wenn er könnte, würde Reynie die Armen einfach zusammenkehren und in die Bastille verfrachten. Trotzdem sagt sich Charles, dass er es ganz gut ertragen kann, durch Sticheleien ein bisschen gereizt zu werden.

»Und wie ich höre, erzählt Ihr heutzutage sogar gern Kindergeschichten, solche, wie eine Amme sie einem kleinen Mädchen vorliest?«

»Entschuldigung?« Perrault versucht, sich zu fassen. Dieser Satz ist mehr echte Provokation als kleine Stichelei. Ihm wird wieder von Neuem bewusst, wie ungemein vorsichtig er seine Worte wählen muss. »Ah! Ich vermute, Ihr beziehst Euch auf den im Salon von Madame d'Aulnoy gebotenen Zeitvertreib? Wenn dem so sein sollte, dann will ich gern zugeben, dass ich mir ein- oder zweimal das frivole Vergnügen erlaubt habe. Die

Geschichten, die dort von den Damen erzählt werden, sind nichts als ... ein reizendes Divertissement, Flitter, um sich die Zeit bei einer Tasse Schokolade zu verkürzen, nichts, was Eures ernsten Augenmerks würdig wäre.«

»Da hat mir eine kleine Fliege aber etwas anderes erzählt«, entgegnet Reynie, neigt sehr ruhig den Kopf und befeuchtet seine vollen Lippen. Er lässt sich reichlich Zeit, immer schön langsam, es macht ihm richtig Spaß. »Eine kleine Fliege ist auf einem Pferdeapfel auf dem Pont Neuf gelandet, wisst Ihr, und hat da laut rumgesurrt, und als ich ein bisschen näher rangegangen bin mit dem Ohr, habe ich was von Prinzessinnen gehört, die Bastardkinder auf die Welt bringen. Monströse Königinnen. *Bsssst bssst.* Solche Sachen.«

»Aber Ihr kennt diese Märchen doch sicher selbst, aus Eurer eigenen Kindheit?«, fragt Perrault leise, während er alle Anwesenden beim letzten Salon vor seinem inneren Auge Revue passieren lässt, um draufzukommen, wer in den Diensten des Polizeichefs stehen könnte. Das Märchen, auf das Reynie anspielt, ist das von seiner Cousine, oder vielleicht auch seins, er trug nach ihr vor – die Geschichte vom »Dornröschen oder der schlafenden Schönen im Wald«. Charles war sehr zufrieden damit, besonders dem Abschnitt, in dem alle in tiefen Schlaf fallen, die Kammerherren, die Hofdamen, die Köche und Küchenjungen, die Pagen, die Stalljungen, die Schweizer Garde und sogar das Schoßhündchen der Prinzessin namens Puff (er war begeistert von seinem eigenen Einfall gewesen). Aber vielleicht hatte er in der zweiten Hälfte etwas zu dick aufgetragen, als Dornröschen in das Zuhause des Prinzen kommt und dort feststellen muss, dass die Königinmutter ein Ungeheuer ist und kleine Kinder in köstlicher Soße verspeisen will.

Dabei sollte die böse Königin auf keinen Fall Athénaïs darstellen, oder vielleicht nur ein ganz kleines bisschen.

Mehrere Neue hatten zum ersten Mal am Salon teilgenommen: die Herzogin von Nemours und Henriettes Cousin. Marie muss besser aufpassen, wen sie in ihre Wohnung lässt. Er muss besser aufpassen, was er in ihrer Wohnung von sich gibt. Perrault merkt, wie ihm ein wenig eng um die Brust wird bei der Vorstellung, jemand könnte abfällig über Maries Salon sprechen oder versuchen, ihn durch üble Nachrede zu besudeln. »Ihr braucht keinen Spion dafür zu bezahlen, dass er Euch das Märchen von der schlafenden Schönen im Wald erzählt, Reynie. Das habt Ihr doch schon als Kind in der Wiege gehört. Sogar Seine Majestät der König hat diese Geschichten als kleiner Junge geliebt. In Fabeln, die seit urdenklichen Zeiten erzählt werden, könnt Ihr nicht nach Politischem suchen.«

»Aber warum werden sie in einem Raum erzählt, in dem es keinerlei Kinder gibt? Warum jetzt, in der Regentschaft Seiner Majestät, König Ludwig des XIV.?«

Außer Marie d'Aulnoy hat sich doch als Spionin betätigt – der Gedanke springt Perraults Hirn an wie eine Laus, setzt sich fest und saugt Blut. Marie kann doch unmöglich auf Reynies Gehaltsliste stehen? Sie wird nicht ihren eigenen Salon bespitzeln, ihre eigenen Freunde und Freundinnen? Nein, wie niederträchtig von ihm, so etwas auch nur zu denken – ihr Salon ist doch kein Misthaufen! Sie ist nicht Reynies kleine »Fliege«. Aber trotzdem juckt und zuckt der Gedanke in ihm, und er schämt sich dafür. »Dieser Winter war sehr hart, das wisst Ihr selbst.« Charles bedient sich der einfachsten Erklärung. »Da ist es nicht verwunderlich, dass ein bisschen Weltflucht derzeit hoch im Kurs steht, mein Guter. Aber Ihr habt sicherlich nicht den Weg zu mir auf Euch genommen, um über solche Nichtigkeiten zu sprechen. Damen, die in ihren Privatgemächern von schönen Prinzen träumen? Seid so freundlich und verratet mir Euer wahres Anliegen. Diese Unterstellungen sollen vermutlich nur ein wenig Druck auf mich ausüben.«

»Ha! Wir verstehen uns, mein lieber Perrault. Lasst uns über Dinge sprechen, die eines erwachsenen Mannes würdig sind. Ich bin mir sicher, dass Euch Gerüchte in Zusammenhang mit der sogenannten Giftaffäre zu Ohren gekommen sind?«

»Selbstverständlich.«

»In die Sache ist einige Bewegung gekommen. Letzte Woche habe ich La Voisin, die alte Hexe, verhaftet.«

»Allmächtiger«, sagt Perrault, weil er weiß, was das bedeutet.

»In der Tat«, sagt Reynie. »Sie ist der Teufel in Frauengestalt.« Das »sie« in diesem Satz ist auf jeden Fall zweideutig gemeint, denkt Perrault. *Athénaïs.* Hat Reynie allen Ernstes der offiziellen Mätresse des Königs den Krieg erklärt?

»Verständlicherweise ist der König sehr gereizt wegen des vielen Geredes, das sich um die Giftmischerinnen rankt. Die ›Erbschaftspulver‹ haben ganz Versailles in Panik versetzt, so sehr, dass niemandem mehr das Essen richtig schmeckt. Und deswegen habe ich den Auftrag erhalten, dem Übel auf den Grund zu gehen und alle auszurotten, die solche Substanzen verkaufen, sämtliche Giftmischer von ganz Paris. Wie Ihr euch vorstellen könnt, Perrault, war ich nur zu gern bereit, dieser Anordnung Folge zu leisten. Ich hasse dieses Pack, die sogenannten Weissagerinnen, Alchemisten, Hebammen, Sterndeuterinnen, Hexen, Zauberer und Chiromanten. Ihre schäbigen kleinen Buden, die Seancen und Abtreibungen, die sie auf demselben blutbefleckten Tisch durchführen, die falschen Liebestränke, die sie aus Federn und Krokodileiern zusammenbrauen. Ich bin nur zu froh, wenn ich die Stadt von diesem ganzen Gesindel reinigen kann. Die Harmlosesten habe ich auspeitschen lassen, andere sind gefoltert worden.

Ich hatte das Gefühl, dass ich meiner Pflicht zur Beseitigung dieses Krebsgeschwürs nachgekommen war. Nur eine fehlte noch. Man hatte mir zu verstehen gegeben, dass ich um die Engelmacherin La Voisin einen Bogen machen sollte, selbst nachdem die Giftmischerin Bosse sie als eine wichtige Verkäuferin von Pulvern namentlich genannt hat. Obwohl die Voisin als ›Fürstin‹ unter den Hexen bekannt ist – so viele Damen aus den höchsten Kreisen suchen ihre Gesellschaft, dass sie fast respektabel erscheint, müsst Ihr wissen. Die Voisin veranstaltet Gesellschaften in ihrem Garten, mit Violinspiel, dabei liest sie den Besuchern dann aus der Hand und dem Gesicht, als sei die Wahrsagerei ein Gesellschaftsspiel! Aber irgendwann ging dann die Neugier mit mir durch, und ich habe sie abends zu Hause aufgesucht.

Sie öffnete mir in einem schäbigen roten Morgenrock mit einem Adler darauf, sturzbetrunken. Ihre Behausung war sehr dekadent – überall stand kostspieliger Tand herum, Vasen, Statuen, aber alles von Staub und Schmutz bedeckt, Spiegel, in denen man sein eigenes Gesicht kaum erkennen konnte; unten am Saum der Samtvorhänge klebte Blut. Und was ich da nicht alles an Pulvern auf ihren Regalen sah: Als ich fragte, ob das Gift sei, lallte sie, nein, das seien Liebestränke. Da gab es Krötenskelette, Schlangenhäute, Maulwurfszähne, Spanische Fliegen, Eisenspäne, menschliches Blut, eine Mumie.

Vielleicht noch mehr sterbliche Überreste von Menschen, die Asche ungeborener Kinder zum Beispiel. Liebestränke! Mir wird ganz schlecht, wenn ich mir vorstelle, an was für Grausamkeiten sich die Weiber beteiligen, alles im Namen der so genannten romantischen Liebe. Dabei ist es doch gar keine Liebe, die sie antreibt, sondern Gier, reine Besitzgier! Mittlerweile war der Voisin der Kopf auf die Brust gesunken, und ich musste sie mit einer Flamme unter dem Handteller wachkitzeln. Ob die alte Weissagerin da wohl ihre Zukunft vor sich gesehen hat, als ich ihr das Fleisch angesengt habe? Jedenfalls hat sie ganz schnell alles über ihre Satansmessen gestanden: der Säugling, dem sie die Kehle aufgeschlitzt hat, damit er über einer Schale ausblutet. Der nackte Leib einer Frau auf dem Altar. Der nackte Leib von Athénaïs.«

Perrault entfährt ein fürchterliches Stöhnen. »Ich will nichts davon hören, Reynie«, ruft er. »Ich will nicht, dass Ihr mir das anvertraut. Ich wünschte, ich könnte das ungehört machen.«

»Ihr Garten ist voller Knochen. Das reinste Beinhaus. Athénaïs wollte einen Liebestrank, um sich die Gunst des Königs zu erhalten, deswegen beteten sie den Teufel an. Sie vermengten Knochen und Blut von Säuglingen und mischten es unserem König unters Essen, Perrault. Jahrelang! *Jahre*. Ich dulde La Voisin nicht länger in unserer Stadt. Ich gründe eine *chambre ardente*, und damit hat sich die Sache.« Reynie ballt die große Hand zur Faust.

»Ein Scheiterhaufen?«

»Die Hexe muss brennen. Alle Hexen.«

»Aber warum kommt Ihr damit zu mir?«, fragt Perrault. »Warum stört Ihr meinen Frieden?«

»Ihr wisst haargenau, dass Ihr Eure Stellung in Versailles nur wegen Athénaïs verloren habt. Sie ist Eure Erzfeindin, Perrault. Helft mir dabei, sie loszuwerden, und Madame de Maintenon wird Euch einladen, an den Hof zurückzukehren. Sie hat mir ihr Wort gegeben. Die neue Mätresse Maintenon ist eine gute, gottesfürchtige Frau. Sie steht auf der Seite der Kirche. Sie will so sehr wie wir, dass diese Giftaffäre in Frankreich ein Ende findet.«

»Aber ich – «

»Ist Euch denn wirklich nicht der Verdacht gekommen, dass Athénaïs Euren alten Wegbegleiter Colbert auf dem Gewissen haben könnte? Dass sie ihn trotz seiner Loyalität vergiftet hat, nur um ganz sicherzugehen? Wart Ihr nicht sogar selbst dabei, als sie mit der Petition zum König kam, die vermutlich in Gift getaucht war, wie wir mittlerweile glauben? Gott in Seiner unendlichen Weisheit sorgte dafür, dass Seine Majestät an jenem Tag zu beschäftigt war, um sie in die Hand zu nehmen, und daraufhin verschwand das Schreiben. Ihr höchstpersönlich habt mir berichtet, die Petition sei verschwunden. Ihr müsst gegen Athénaïs aussagen, Perrault.«

»Nein.« Perrault schüttelt den Kopf. »Wisst Ihr denn nicht, was Colbert immer zu mir gesagt hat? *Unus testis nullus testis.* Ein Zeuge ist kein Zeuge. Nein, nein, Reynie, Ihr müsst mich mit jemandem verwechseln, ich weiß nichts über irgendwelches Gift. Verdächtigungen und Spekulationen sind keine Beweise. Ich bin nicht so gerissen wie Ihr. Ich bin kein Held in einer Geschichte, der die Hexe mit einem Trick in den Kessel voll kochendem Öl locken kann. Ich bin einfach ein alter müder Mann, der mit seinen Büchern und seinen Söhnen zu Hause bleiben möchte.«

»Na gut«, sagt Reynie und erhebt sich langsam blinzelnd. »In Ordnung, Charles, ganz, wie Ihr wollt. Wenn Ihr Euren Freunden nicht helfen wollt, dann eben nicht.«

Welchen Freunden?, denkt Charles hilflos, als Reynie sein Haus verlässt. *Von welchen Freunden redet er?*

Als Charles später nach oben ins Bett geht, bleibt er an der Tür des früheren Zimmers seiner Frau stehen. Drinnen hat er alles unverändert gelassen: Ihre Bürsten und ihr Spiegel liegen noch auf dem Frisiertisch. Er öffnet die Tür nicht, sie bleibt immer abgeschlossen, aber er lehnt die Stirn dagegen. Er stellt sich gern vor, seine Marie stehe auf der anderen Seite auch direkt an der Tür und tue dasselbe, und sie berührten sich fast. »Ich liebe dich«, murmelt er.

Seine Ehe war etwas Außergewöhnliches, eine echte Liebesheirat. Seine Eltern sagten, Maries Mitgift sei nicht groß genug, aber er setzte sich gegen sie durch. Wenn er mit Marie zusammen war, fielen alle Ambitionen von ihm ab, dann wollte er nur noch ihr lebenskluges Gesicht, ihre klaren Augen. In diesem Zimmer ist sie gestorben. Das wird er sich nie verzeihen. Er war an jenem Tag in Versailles und legte letzte Hand an einen unwichtigen Grundriss für Athénaïs – ein mit blauweißen Delfter Kacheln gefliestes Lustschlösschen –, da kam das Kind sehr schnell, eine Woche zu früh, und dann fiel auch schon die Krankheit über Marie her und galoppierte rasend schnell durch ihr Blut. Der Arzt ließ sie zur Ader – der Arzt ließ seine sterbende Frau zur Ader, bevor Perrault nach Hause kommen und ihm Einhalt gebieten konnte. Irgendein nutzloser Scharlatan in seinem schwarzen Umhang, der ihr den Rest gab und dafür sorgte, dass sie nicht überlebte.

Das Grauen des Todes bedeutet, dass man für immer getrennt ist von denen, die man liebt. Das ist die Wahrheit: Wenn man, wie Reynie, keine Liebe kennt, dann erscheint einem der Tod vermutlich wie ein belangloses Ding. Früher betete Perrault vor dem Einschlafen immer, aber jetzt kommt er sich dumm dabei vor. Es ist reine Schau. Es gibt keinen Gott, der in jeden Schädel blicken kann – Gott ist nicht der Polizeichef, Seine himmlischen Heerscharen sind keine »Fliegen«, die jedes Wort und jede unserer Taten überwachen. Jetzt spricht Charles stattdessen mit seiner Frau, auch wenn er weiß, dass sie ihn nicht hören kann. Niemand kann ihn hören. Es ist so offensichtlich der Abgrund. *Es tut mir schrecklich leid. Ich weiß nicht, was ich machen soll. Seit du nicht mehr da bist, ist alles aus den Fugen geraten.* Wenn er weint, fühlt er sich wie ein Dummkopf, und trotzdem weint er jetzt, untröstlich. Es ist reine Schau. Für wen macht er das alles? Was ist der Sinn von alldem?

(Natürlich kann er nichts von uns ahnen, liebe Leserinnen und Leser. Und ich bin zwar kein Engel, aber ich muss zugeben, dass ich schon für einen gehalten worden bin mit meinen hübschen weißen Gänsefedern.)

15.

Das Märchen von Blaubart

Es war einmal ein Ritter, der besaß viele Häuser in der Stadt und viele Schlösser auf dem Land und silbernes und goldenes Tafelgeschirr, seidene Morgenröcke und Möbel voll kostbarer Intarsien aus Ebenholz und Perlen. Er besaß sogar eine vergoldete Karosse! Aber den einen Besitz, den er am meisten begehrte, der fehlte ihm: eine Frau. Denn er hatte einen blauen Bart, und das gab ihm ein so abstoßendes Aussehen, dass alle Mädchen ihn weder leiden noch ansehen mochten.

Nun hatte Blaubart eine neue Nachbarin, eine Witwe mit zwei erwachsenen Söhnen und zwei sehr schönen Töchtern. Er warb bei ihr, überließ es aber der Mutter, welche von beiden sie ihm geben wolle. Die Witwe war arm und sah Blaubart als gute Partie. Als sie ihren Töchtern davon erzählte, wollten beide nichts davon wissen, es entstand viel Streit, und eine wollte ihn der andern aufschwatzen, da sich keine entschließen konnte, einen Mann mit blauem Bart zu heiraten. Auch hatte es etwas Abschreckendes, dass Blaubart schon mehrere Male verheiratet gewesen und man nicht wusste, was aus seinen bisherigen Gattinnen geworden war.

Blaubart aber kannte die Frauen und die Mittel, ihnen die Köpfe zu verdrehen. Er lud die Mutter und die Töchter samt drei Freundinnen auf sein Landschloss ein, wo man sich acht

Tage lang aufs Angenehmste unterhielt. Dort ging es hoch und lustig her, es gab Landpartien, Bälle, Festgelage, Jagden und Gesellschaftsspiele. Die ganze Nacht blieben sie auf, trieben Possen, tranken Champagner und gingen nicht ins Bett. Nach acht Tagen fand die jüngere Schwester, dass der Bart ihres Nachbarn bläulich war, nicht blau, und nur einen leicht blauen Schimmer hatte, wie am Bauch einer dicken Schmeißfliege. Als sie nach Hause zurückkehrten, willigte sie in die Ehe ein.

Einen Monat später sagte Blaubart zu seiner Frau: »Ich muss in einer sehr wichtigen Angelegenheit auf Reisen gehen. Lass deine Freundinnen kommen und unterhalte dich während meiner Abwesenheit so gut wie möglich. Hier übergebe ich dir die Schlüssel zu meinen Vorrats- und Schatzkammern. Dieser Schlüssel führt zum Saal der Gold- und Silbergeschirre, die man nicht täglich braucht, dieser zu meinen Kassen voll Gold und Silber, dieser zu den Kisten, in denen ich meine Diamanten aufbewahre, und dieser hier ist der Hauptschlüssel, der alle Türen öffnet. Ich habe nur eine Bitte an dich, meine geliebte Frau: Siehst du dieses kleine Schlüsselchen? Es führt in ein Zimmerchen am Ende der großen Galerie. Leider muss ich dir aufs Strengste verbieten, in jenes kleine Kabinett einzutreten. Und ich warne dich: Wenn du es doch öffnest, so wisse, dass du von meinem Zorn das Schrecklichste zu erwarten hast.«

Sie beteuerte, seine Anordnungen aufs Gewissenhafteste zu beachten, und er stieg aufs Ross und ritt davon. Die Freundinnen seiner Frau kamen in Minutenschnelle vorbei, neugierig, wie sie waren, und wollten alle Reichtümer und Herrlichkeiten der jungen Frau sehen (hatten sie doch bisher nicht gewagt, sie zu besuchen, aus Furcht vor dem blauen Bart ihres Mannes). Da liefen sie nun voll Neugierde durch Zimmer und Zimmerchen, durch Säle und Sälchen und Schatzkammern, bewunderten die Tapisserien, die Betten, die Sofas, Vitrinen, Tische und Tischchen und besonders die großen Spiegel mit den prächtigen Rahmen, in denen man sich von Kopf bis Fuß bewundern konnte.

Aber die junge Braut war zerstreut und konnte es nicht erwarten, hinabzusteigen in die Galerien, um das kleine Kabinett zu öffnen. Was mochte darin sein? Die Neugierde verzehrte sie, und am Ende hielt sie es nicht länger aus, verließ unhöflicherweise ihre Gesellschaft und schlüpfte über die verborgene Wendeltreppe so schnell hinab, dass sie sich zwei- oder dreimal beinahe den Hals gebrochen hätte. Erst vor der Tür des kleinen Kabinetts kam sie ein wenig zur Besinnung und überlegte, ob es auch recht sei, die Verbote des Gatten so außer acht zu lassen, und dachte daran, wie Blaubart ihren Ungehorsam bestrafen würde. Aber die Versuchung war zu groß. Schon hielt sie das kleine Schlüsselchen in der Hand, und schon hatte sie, obwohl vor Angst und Ungeduld zitternd, die Türe geöffnet.

Zuerst sah sie nichts, gar nichts, weil die Fensterläden geschlossen waren. Nach einigen Minuten gewöhnten sich ihre Augen an die Dunkelheit, und sie bemerkte, dass an der Wand mehrere Frauen an Fleischerhaken zu hängen schienen, mit dem Gesicht zur Wand. Ihre Gliedmaßen waren bleich wie der Tod, und der Boden war mit geronnenem Blut bedeckt. In dem Zimmer herrschte ein fürchterlicher Leichengestank, am Hals des Mädchens landete eine Fliege. Das waren die Frauen. Blaubarts frühere, verschwundene Gemahlinnen.

Die junge Frau war halb tot vor Schrecken, und das Schlüsselchen fiel ihr aus den Händen.

Nachdem sie sich wieder gefasst hatte, kroch sie auf dem glitschigen Boden herum, hob das Schlüsselchen auf, verschloss die Tür und lief nach oben in ihr Zimmer, um sich von ihrem Schrecken zu erholen. Aber das wollte ihr nicht gelingen. Das Schlüsselchen war mit Blut befleckt. Zwei- oder dreimal wischte sie es ab, aber das Blut wollte nicht verschwinden. Sie mochte es noch so sehr waschen und mit Sand und Bimsstein reiben, der Blutfleck blieb nach wie vor, denn der Schlüssel war ein Zauberschlüssel, da half nichts. Und wenn der Blutfleck an einer Stelle verschwand, kam er an einer andern wieder zum Vorschein, wie ein dunkelroter Schatten.

Als Blaubart am nächsten Morgen von der Reise zurückkehrte, tat seine Frau alles Mögliche, um ihn glauben zu machen, dass sie über seine frühe Rückkehr hocherfreut sei. Er verlangte die Schlüssel zurück. Sie übergab sie ihm, aber mit derart bebenden Händen, dass er leicht erriet, was geschehen war. »Wo ist der kleine Schlüssel zum Kabinett?«, fragte er.

»Ich werde ihn wohl oben auf dem Tisch liegen gelassen haben«, antwortete sie und schluckte. Er verlangte, dass sie ihn holte.

»Wie kommt Blut an diesen Schlüssel?«, fragte Blaubart.

»Ich weiß es nicht«, antwortete sie mit gesenktem Kopf, blass wie der Tod.

»Du weißt es nicht, Frau?«, brüllte Blaubart. »Ich aber weiß es! Du wolltest in das Kabinett! Nun wohl, du sollst deinen Willen haben, du wirst hineinkommen in dieses Kabinett und wirst deinen Platz einnehmen neben meinen anderen

Frauen.« Sie warf sich ihrem Ehemann zu Füßen, weinte und flehte um Verzeihung und Gnade. Ihre Schönheit und ihre Reue hätten jeden Stein erweicht, aber Blaubarts Herz war härter als Stein. »Du musst sterben«, sagte er gefasst und streichelte ihr Haar. »Es tut mir leid, mein Liebling, aber du hast mich als deinen Herrn angenommen. Und so ist die Vorschrift.«

»Meine Familie wird mich vermissen«, entgegnete sie.

»Ach wo, ein Mädchen ist schnell vergessen.«

»Wenn ich schon sterben muss«, sagte sie mit vor Tränen zitternder Stimme, »dann lass mir nur so viel Zeit, dass ich mein Gebet verrichten kann.«

»Eine Viertelstunde und keine Minute mehr«, antwortete Blaubart, der seine Freude an dem Mord gern auskosten wollte.

Doch ihre Schwester Anna war noch im Haus. Sie flüsterte ihr zu: »Schwester Anna, ich bitte dich, steige auf den Turm, so hoch du kannst, und sieh, ob unsere Brüder nicht kommen. Sie haben für heute ihren Besuch angekündigt.«

Schwester Anna stieg auf den Turm, so hoch sie konnte. »Anna, Schwester Anna, siehst du nichts kommen?«

Und Schwester Anna antwortete: »Ich sehe nur die Sonne, die im Staub schimmert.«

Unterdessen stand Blaubart mit einem großen Messer in der Hand unten und brüllte aus Leibeskräften nach seiner Frau: »Die Zeit ist um, Frau. Komm herunter, oder ich steige zu dir hinauf!«

»Noch einen Augenblick!«, antwortete seine Frau, und dann rief sie leise: »Anna, Schwester Anna, siehst du nichts kommen?«

Und Schwester Anna antwortete: »Ich sehe eine große Wolke Staub, die sich von jener Seite erhebt.«

»Sind es unsere Brüder?«

»Ach nein, meine Schwester, es ist eine Schafherde.«

»Willst du nicht endlich kommen?«, schrie Blaubart.

»Noch eine Minute«, antwortete seine Frau, dann rief sie: »Anna, Schwester Anna, siehst du nichts kommen?«

»Ich sehe«, antwortete Schwester Anna, »zwei Ritter von jener Seite kommen, aber sie sind noch sehr weit weg.«

»Gott sei gelobt, es sind die Brüder. Gib ihnen ein Zeichen, dass sie sich beeilen.«

Blaubart brüllte so laut, dass das Haus zitterte. Die arme Frau stieg hinab, warf sich ihm zu Füßen, weinte und jammerte ganz fürchterlich, die Haare lose auf den Schultern.

»Das reicht!«, sagte Blaubart. »Das führt zu nichts, du musst sterben, genau wie die anderen.« Dann griff er mit einer Hand in ihr Haar, mit der andern schwang er das große Messer, um ihr den Kopf abzuschneiden. Die arme Frau sah ihn mit tränenerfüllten Augen an und bat um noch einen letzten Augenblick, um sich zu sammeln.

»Empfiehl deine Seele Gott aufs Beste!«, rief er und hob den Arm ... In diesem Augenblick schlug man so gewaltig an die Tür, dass Blaubart stutzte. Das Tor sprang auf, und zwei Ritter mit gezückten Schwertern stürzten sich geradewegs auf Blaubart.

Blaubart versuchte zu fliehen, aber die beiden Brüder verfolgten ihn auf dem Fuß und stießen ihm die Degen mitten durch den Leib, dass er mit einem grässlichen Schrei zu Boden stürzte. Wie sich herausstellte, war sein Blut rot wie bei jedem anderen Menschen auch.

Es war seltsam, dass Blaubart zwar viele Frauen gehabt, aber keine Erben hervorgebracht hatte. Die ganze Erbschaft fiel seiner Frau zu. Einen Teil ihres ungeheuren Vermögens gab sie ihrer Schwester Anna und ihren Brüdern, und den Rest brachte sie einem soliden Mann zu, an dessen Seite sie im Glück die schweren Stunden ihrer kurzen Ehe mit Blaubart vergaß.

Eine Moral:

Wird deine Neugier allzu groß,
Ist Reue letzten Ends dein Los.
Manchmal im Leben muss man hören
(Wie Eva und Pandora lehren).
Nicht stets gelangen wir zum Wissen.
Zuweilen müssen wir es missen –
Gefühlsanflüge führn zum Tod,
Und sonst in finanzielle Not.

Noch eine Moral:

Kein Gatte führt in unsrer Zeit
Solch ein Versteck der Grausamkeit –
Und ist sein Bart auch pfauenblau,
Gehorcht er doch aufs Wort genau.

16.

Das Märchen von Persinette

Schweißgebadet erwacht Charles Perrault in Paris aus einem Alptraum, steht auf, setzt sich an seinen Schreibtisch vor dem kleinen Fenster und zündet eine Kerze an. Es ist kurz nach ein Uhr. Wie in einem Fieber ergießt sich *Barbe Bleue* innerhalb weniger Stunden aus ihm – das Märchen scheint nicht aus ihm selbst, sondern aus etwas Fremdem zu kommen, wie ein ausgespucktes Gift, eine finstere Substanz, die sich durch ein Brechmittel aus seinen Eingeweiden gelöst hat.

Seitdem hat es natürlich viele Spekulationen darüber gegeben, was diese eigentümlich quälende, tief beunruhigende Geschichte inspiriert haben könnte. Viele Jahre nach ihrer Entstehung sind die unterschiedlichsten Theorien im Umlauf – in Frankreich gibt es Stimmen, die überzeugt sind, das Märchen müsse vom Serienmörder Gilles de Rais aus dem fünfzehnten Jahrhundert beeinflusst sein, der eine Reihe von Kindern für okkulte Zwecke ermordete, sie erst verwöhnte, dann betäubte, nackt auszog und mit Seilen an Haken aufhängte. Wenn man bedenkt, was Reynie Perrault am Vorabend von der Hexe La Voisin erzählt hat, ist es da nicht vorstellbar, dass diese historische Begebenheit in ihm aufgewühlt wurde wie ein stinkendes Sediment?

Wenn ja, dann ist Perrault diese Verbindung zumindest

nicht bewusst. Er versteht sein Märchen selbst nicht, was in den beiden, so unterschiedlichen gereimten Moralsprüchen am Ende deutlich zum Ausdruck kommt. Obwohl er lange an den Gedichten feilt, länger als am ganzen Rest, sind sie beide nicht recht stimmig. Die junge Frau wird ja am Ende für ihre Neugier belohnt, nicht bestraft. Und man kann kaum sagen, die Frauen von heute hätten ihre Ehemänner unter dem Pantoffel – mein Gott, was für ein oberflächliches Resümee! Er stellt sich vor, dass die Damenwelt im Salon herzlich darüber lachen wird, mit Ausnahme von Madame d'Aulnoy, deren Blaubart immer noch irgendwo da draußen lauert. Aber wenigstens kommen in dem Märchen keine Könige oder Königinnen vor. Charles ist nicht in der Lage zu erkennen, was in den Tiefen seines eigenen Texts lauert, beschließt aber trotzdem, ihn an diesem Abend im Salon vorzutragen. Vielleicht geht es ja allen Erzählern so, dass sie ihr Innerstes so unfreiwillig offenbaren.

Wunderschön und sonnig bricht der Morgen an, als sei die Nacht nichts als ein schlimmer Traum gewesen. Hübsch wirkt Paris, die Seine glänzt wie eine Sardine, die Marktstände in Les Halles sind überladen mit Petersilie, Spargel, Artischocken, Hasen, Rosen, frischem Brot, Esskastanien, hellem Weichkäse. Selbst die Bettler wirken fast pittoresk und sind Teil des bunten Treibens. Spatzenschwärme. Damen, die ihre Sonnenschirme vor Saint-Sulpice wirbeln lassen wie Zauberstäbe.

Heißhungrig stürzt Perrault sich auf sein Frühstück – in Wein getauchtes Brot – das Adrenalin hält ihn wach. »Besorgt mir einen blauen Bart«, trägt er seiner leicht verblüfften Dienerschaft ohne weitere Erklärung auf.

Erst hilft er seinen Söhnen bei ihren Rhetorikaufgaben,

dann begibt er sich hinaus auf die Straße, stattet seinem Bruder einen Besuch ab, geht zum Schneider und zu einem Buchhändler, um Marie ein Buch zu kaufen. Ein kleines Zeichen seiner Dankbarkeit für den Salon, der einzige Lichtblick im letzten Jahr. Das ist ihm jetzt besonders bewusst, seit er das Gefühl hat, der Salon könne bedroht sein. Es macht ihn ganz krank. Charles kauft Marie eine sehr schön gedruckte Ausgabe des neuen, anonym veröffentlichten Romans »Die Prinzessin von Clèves« (vermutlich von einer Frau geschrieben; ihm ist sehr an Maries Meinung dazu gelegen). Der Roman wirkt neu und frisch mit seinem psychologischen Realismus, und Perrault hofft, Marie damit eine Freude zu machen.

Kaum heimgekommen, schläft er voll bekleidet auf seinem Bett ein; als er aus dem unruhigen Mittagsschlaf erwacht, fühlt Perrault sich benommen und steif. Ein langer, blauer Bart lässt das Kissen neben ihm wie ein großes, kreidebleiches Gesicht aussehen. Mit einem Riesenschreck fährt er hoch. Ist er wach? Ja – der Bart ist ein Pelzrest, das Tierfell gegen den Strich gebürstet und mit blauer Farbe eingeschmiert, der Mund ein Messerschlitz, mit einem blauen Band wird er hinten am Kopf befestigt. Perraults Märchen ist Wirklichkeit geworden. Die Uhr schlägt sechs, er springt aus dem Bett, spritzt sich kaltes Wasser ins Gesicht und lässt sein Fuhrwerk anspannen.

Briou ist spürbar abwesend, als die Mitglieder des Salons sich versammeln, aber Charlotte-Rose ist da, die Zähne ein wenig zusammengebissen, ein neuer Trotz in ihrem Schritt. Niemand verliert ein Wort über ihre annullierte Ehe, dabei weiß natürlich mittlerweile jeder Bescheid.

Der Abbé wirkt sehr still, aber innerlich kocht er vor Wut. In der Morgenzeitung wurde angedeutet, dass bei Molières neuem Stück ganz Paris über seine Gedichte lacht, noch ist er jedoch unsicher, wie groß der angerichtete Schaden ist. Er kann unmöglich ins Theater gehen, um sich *Die klugen Frauen* selbst anzusehen, das gesamte Publikum würde sich zu ihm umdrehen und ihn anglotzen! Vielleicht könnte er ja inkognito ins Schauspielhaus. Aber nein. Stattdessen ist er unentwegt damit beschäftigt, sich das Stück im Geist auszumalen, was in vielerlei Weise schlimmer ist: Jedes verletzende Wort, jeden witzig gereimten Seitenhieb muss er sich selbst vorstellen. Allein schon dieser Titel: *Die klugen Frauen* – vielleicht ist ja der Salon schuld daran, dass er derartig in Verruf geraten ist. Mit seiner Teilnahme hier hat er zu viel Großmut walten lassen – sein aufrichtiger Wunsch, die anwesenden Damen zu unterhalten und zu belehren, hat sich gegen ihn gewendet. Ob die Salonnières wohl auch dort waren, im Publikum, und ihm kichernd und klatschend in den Rücken gefallen sind? Die Tränensäcke unter seinen Augen hängen schwer wie ein mottenzerfressener Theatervorhang. Gleich wird sich dieser Vorhang zum letzten Akt einer Tragödie öffnen.

Madame de Murat trifft ein, zieht ihr rotes Reitcape aus und nimmt dankbar ein Zitronensorbet in Empfang. Auch neue Gesichter zeigen sich. Als die Fürstin von Conti ihre Pfeife anzündet, zittert ihre Hand ein wenig, die Nerven vermutlich, beim Ausatmen blähen sich ihre Nasenflügel. Der Liebesbrief ist nicht wieder aufgetaucht, und sie versucht, nicht darüber nachzugrübeln, wo er abgeblieben sein mag – sie befindet sich immerhin im Kreis von Freundinnen in diesem Salon, ist sogar dessen Schirmherrin, und wird ansonsten vom Namen ihres Vaters geschützt. Sicher ist der Brief in irgendeine Spalte gerutscht, hinter eine Anrichte gefallen? Trotzdem hat sie lieber nicht noch einen geschrieben, sondern sich vorgenommen, Henriette diesmal direkt anzusprechen, sie irgendwie in die Ecke zu drängen, auch wenn es nur für einen Augenblick ist, und ihr mitzuteilen, wie leidenschaftlich ihre Gefühle für sie sind. »Henriette«, sagt sie jetzt. »Welch große Freude. Ich hoffe, wir werden heute das Vergnügen haben und wieder eine Geschichte von Euch hören? Wie habe ich mich in den vergangenen Wochen nach Eurem scharfen Verstand gesehnt.«

»Dann will ich versuchen, diese Sehnsucht zu befriedigen.« Henriette lächelt die Prinzessin an, aber dann wendet sie den Blick schroff ab, weg von diesen bohrenden Augen.

»Für Euch«, sagt Charles zu Marie, als ein Moment Zeit ist, und überreicht ihr das Geschenk, das sie gleich auspackt. »Eine Kleinigkeit. Vielleicht habt Ihr es ja längst. Vielleicht seid Ihr sogar selbst die anonyme Autorin, und ich mache mich nur lächerlich! Aber ich musste beim Lesen die ganze Zeit denken, wie sehr gern ich das Buch mit Euch diskutieren und Eure Gedanken dazu erfahren würde.« Ihr wird klar, dass Charles eine Gabe dafür hat, einen beim Sprechen sehr direkt anzuschauen, als sei man der einzige Mensch im Raum, während sich seine Lachfältchen liebenswert vertiefen. Ihr kommt der Gedanke, dass seine Frau sich glücklich schätzen konnte. Vielleicht sucht Charles ja nach einer zweiten Gattin – bei Männern seines Rangs ist das meist der Fall. Marie schilt sich: Er kann unmöglich mit ihr flirten. Vor den Augen des Gesetzes ist sie immer noch mit dem Baron verheiratet, und selbst, wenn das nicht der Fall wäre, will Charles bestimmte eine junge Braut, keine beschädigte Ware wie sie. Seine Geste ist wohl rührend platonisch gemeint.

»Ich danke Euch«, erwidert Marie mit einem Lächeln, bei dem Charles sich wahrhaft von ihrer Gunst beschenkt fühlt. »Ihr seid ein großzügiger Freund. Ich habe schon viel über das Buch gehört, besitze aber selbst noch kein Exemplar. Vielen Dank, wir werden es ausgiebig diskutieren!«

»Darauf freue ich mich von ganzem Herzen.«

»So«, wendet sich Madame d'Aulnoy dem Raum zu, »es gibt Kaffee mit Milch für alle, die gern eine Tasse kosten möchten! Er sieht vielleicht ein wenig schlammig aus, ist aber laut *Mercure Galant* die neueste Mode. Charles, würde es Euch etwas ausmachen, wenn Ihr heute Abend mit dem Märchenerzählen beginnt? Die anderen verspäten sich ein wenig.«

»Es wäre mir eine Ehre, Marie«, antwortet Perrault und nippt widerstrebend an dem bitteren, braunen Gebräu.

Angélique wird auserwählt, die junge Braut zu spielen. Sie wirkt fast begeistert darüber, dass sie das Hochzeitskleid aus der Kostümkiste anziehen darf: »Man kann nicht oft genug heiraten«, witzelt sie. Perrault selbst legt den grotesken, blauen Bart an und schwenkt einen Piratensäbel. Aber er ist nervös. Die Angst sitzt ihm noch von gestern im Nacken und vermischt sich jetzt mit dem Koffein. Hätte er Marie eben gerade nicht eine Warnung zukommen lassen sollen, als er im Privaten mit ihr gesprochen hat? Aber was ist, wenn sie selbst die Fliege ist? Was ist, wenn den hier versammelten Frauen das Exil droht, wie jener Schauspielertruppe, oder eine Verbannung ins Kloster, viele Meilen weg von Paris?

Er merkt, dass er peinlicherweise in einen ostfranzösischen Dialekt verfällt, als er anfängt zu erzählen. Seine Hände zittern ein wenig. Trotz allem wird von Anfang an laut gelacht, das Märchen kommt gut an. Entsetzt halten alle im Raum die

Luft an, als der Inhalt des Kabinetts offenbart wird, Blaubarts Ermordung wird kräftig beklatscht. Die gereimte Moral der Geschichte ist nicht recht stimmig, das weiß Perrault selbst. Aber da der Salon mittlerweile solche poetischen Anwandlungen von ihm erwartet, trägt er beide Gedichtchen vor, allerdings mit einem entschuldigenden Achselzucken. »Was glauben die versammelten Damen, welches ist besser? Ich habe sie erst letzte Nacht geschrieben und bin mir nicht ganz sicher, dass ich die Moral schon richtig in Worte gefasst habe, das muss ich gestehen.«

»Das zweite Gedicht ist eine billige Lüge, das wisst Ihr ganz genau«, schnappt Henriette umgehend nach ihm, ihre Stimme zu schnell, zu erregt. »Haltet Ihr uns Frauen etwa für Fischweiber, Perrault? Oder für zänkische Hausdrachen?«

Er akzeptiert ihren Angriff. »Das habe ich befürchtet. Ihr habt recht. Auch wenn ich mir vorstellen kann, dass Ihr zu Hause sicher als Amazone auftretet, Henriette.« Was für ein schrecklicher Witz, wie ihm augenblicklich klar wird. Ihm ist doch selbst aufgefallen, wie sie in der Kirche oder im Theater in Gegenwart ihres Mannes sichtbar kleiner wird. Hat der Kaffee seine Augenlider zum Zucken gebracht?

»Einige Sünden habe ich begangen, aber bei Weitem nicht alle«, zitiert Henriette Athénaïs mit einem Lächeln, das so bitter ist wie der Kaffeesatz in seiner Tasse.

»Ich empfinde es immer als reichlich seltsam«, sagt Madame d'Aulnoy sehr kühl – er hat ihre Freundin aus der Fassung gebracht, und die halten zusammen, diese Frauen –, »wenn ein guter Schriftsteller die Neugier verdammt. Ist es denn nicht gerade die Neugier, die unsere Feder antreibt?«

»Aber lasst uns Eva nicht vergessen, Madame«, entgegnet

er. (Eva! Warum holt er gerade Adams Frau aus der Mottenkiste, ausgerechnet in dieser Gesellschaft? Wie bequem macht es sich sein sogenannter Witz, dass ihm nur Eva einfällt!)

»Ich muss gestehen, dass ich die Moral *dieser* Geschichte auch nie recht verstanden habe. Da können noch so viele geduldige Priester versuchen, es mir zu erklären«, erwidert Marie, allerdings mit Vorsicht, denn damit begibt sie sich auf gefährliches Terrain – der Abbé plustert sich schon sichtlich auf, während sie spricht. »Mir will es scheinen, als sei die Moral, wir sollten glauben, was uns gesagt wird, habe ich Recht, Charles? Glaubt Ihr denn immer alles, was Euch gesagt wird? Oder gilt diese Regel nur für uns Frauen?«

»Ich – ich nehme an, das hängt ganz von den Begleitumständen ab, oder nicht?« Perrault fühlt sich angegriffen und in die Ecke getrieben und versucht zu erraten, worauf sie hinauswill. »Und wer etwas äußert.«

»Soweit ich weiß, ist es die Bibel, die uns sagt, dass alle Frauen verflucht sind – dass wir Höllenqualen bei der Kindsgeburt erleiden müssen, nur wegen der Neugier einer einzigen Frau.« Jetzt hat Charles das Gefühl, nicht mehr mitreden zu können. Er kann nicht erraten, was in Marie vorgehen mag, er hat sich zu weit auf unbekanntes Terrain vorgewagt. Aber warum erwähnt sie dieses schmerzliche Thema, wenn sie doch genau weiß, wie seine Frau gestorben ist? Maries braune Augen wirken plötzlich nicht mehr freundlich auf ihn, sondern beunruhigend kalt und gefühllos. Zugleich zu wissen, dass sich hinter ihnen eine rasend schnelle, hellwache Intelligenz verbirgt! Und wieder meldet sich die Furcht: Was ist, wenn sie Reynie jedes Wort berichtet, dass er hier äußert? Er verdrängt den Gedanken, verdrängt das Ganze.

»Ich kann Euch versichern, dass ich der Bibel immer glaube«, verhaspelt er sich, ein Anflug von Ärger in der Stimme. »Jedes Auslegungsproblem muss auf unser fehlerhaftes Verständnis zurückzuführen sein, da wir ja nur durch ein dunkles Glas blicken, wie der berühmte Ausspruch des Apostels Paulus erklärt.«

»Das Auge sieht sich nimmer satt, und das Ohr hört sich nimmer satt«, rezitiert der Abbé bitter. »Prediger 1:8. Natürlich in meiner eigenen Übersetzung aus dem Hebräischen. Die Neugier kann immer nur quälen, nie befriedigen. Perrault hat gut daran getan, sich an seinen christlichen Glauben zu erinnern, als er diese Moral verfasst hat. Ich muss sagen, sie stellt in diesen dekadenten Kreisen eine willkommene Abwechslung dar.«

»Ich kann also davon ausgehen, dass Ihr dieses Märchen nicht von Eurer Großmutter habt?«, fragt Henriette, die nicht gern über das Thema Religion spricht. »Die Vorstellung fällt mir ein wenig schwer, Sire, von Euch als süßes kleines Kindlein mit dem Daumen im Mund, während Eure Großmutter anhebt: ›Es war einmal ein Serienmörder ...‹«

»Ist es denn streng genommen überhaupt ein Märchen?«, fragt Charlotte-Rose zögernd, unsicher, ob sie die Aufmerksamkeit auf sich lenken sollte. Den ganzen Tag lang hat sie an ihrem ersten *conte de fées* gearbeitet und mit handwerklichen Fragen gekämpft, sie meint diese Frage ganz ernst.

»Es kommt immerhin ein verzauberter Schlüssel vor!«, platzt es aus Télésille heraus, immer die Musterschülerin. »Das ist das magische Element, richtig, Herr Cousin?«

»Also, was den Schlüssel anbelangt«, schießt Henriette scharf zurück. »Ist das nicht ein wenig übertrieben? Mir will es scheinen, als könnte das ganze Märchen durchaus eine Metapher für die Kindsgeburt darstellen und der verständlichen Furcht der jungfräulichen Braut vor der Hochzeitsnacht. Der blutige Schlüssel des Ehegatten ist ... nun ja ... schwierig, das Bild nicht eher krude zu interpretieren. All die anderen Ehefrauen, die sterben mussten, weil er ihre Schlösser geöffnet hat.«

In diesem Augenblick hat Perrault das Gefühl, dass ihm alles entgleitet und vor seinen Augen verschwimmt. Er fühlt sich nackt. Ganz plötzlich kann er nicht mehr, reißt sich den blauen Bart herunter und lässt sich aufs Sofa fallen. »Ich verstehe die Einwände der werten versammelten Damen sehr gut. Es handelt sich nur um die erste Fassung, und ich muss ganz offensichtlich noch weiter daran arbeiten. Ich habe mir die Kommentare zu Herzen genommen und werde die Moral noch einmal überdenken.«

»Ach, hört gar nicht hin – ich glaube, dieses Märchen wird sich großer Beliebtheit erfreuen«, sagt Angélique, die ihr Lob gern großzügig verteilt. Sie hat das Hochzeitskleid gerade ausgezogen, rückt ihren ausladenden Ausschnitt zurecht, streicht sich die Perücke mit den Fingern glatt und nimmt einen Schluck Milchkaffee mit drei Löffeln Zucker darin. »Ich glaube, Ihr habt einen Volltreffer gelandet, ganz ehrlich! Es ist schrecklich gruselig, Charles! Und so befriedigend am Ende, dass der Mann erdolcht wird und die Frau sein ganzes Geld behalten darf, findet Ihr nicht?« Angélique hat eine schlechte Woche hinter sich, aber diese optimistische Erzählung gibt ihr wieder Auftrieb.

Nach den Erfrischungen wird als Nächstes Charlotte-Rose de La Force auftreten. Sie wird zum allerersten Mal ihr Märchen »Persinette« vortragen, das 1698 in ihrem Buch *Les Contes des Contes* erscheinen und ihr zu Ruhm verhelfen soll. »Persinette« ist eine frühe Fassung des uns heute als »Rapunzel« bekannten Märchens. An diesem Abend ist Charlotte-Rose in bemerkenswert guter Form, obwohl sie weiß, dass über sie getuschelt wird. Der ganze scheußliche Zwischenfall mit Briou hat, so gesellschaftlich peinlich das Ganze auch ist, seltsam erfrischend auf sie gewirkt. Anfangs glaubte Charlotte-Rose, ihr sei das Herz gebrochen worden, aber dann wurde ihr klar, dass das gar nicht stimmte, und sie ist fast ein wenig stolz auf ihre eigene impulsive Dummheit. Früher oder später, hofft sie, wird sich das Gerede in eine Art Legende verwandeln. Sie hat jetzt ihre eigene kleine Skandalgeschichte, hat Erfahrungen gemacht und Abenteuer erlebt, von denen sie noch lange zehren kann.

Und da sie jetzt weiß, dass kein Prinz sie von ihrem öden Leben als Kammerzofe erlösen wird – jeder Traum in dieser Richtung war nie mehr als ein Luftschloss –, ist ihr tief im Innern klar, dass sie sich selbst retten muss, und die Schreibfeder wird ihre Waffe sein. Warum soll sie den Liebesgeschichten abschwören, wenn sie solch eine Begabung dafür hat? Im echten Leben wird sie die Finger davon lassen, aber nicht in der Literatur.

Charlotte-Rose bittet Henriette darum, Persinette darzustellen. »Aber bin ich nicht zu zynisch für diese Rolle, liebe Charlotte-Rose?«, entgegnet sie.

»Ganz und gar nicht. Diese Prinzessin langweilt sich fast zu Tode! Ich habe eine Perücke mit einem langen Zopf mitgebracht, bitte setzt sie doch auf! Ach, sie steht Euch ausgezeichnet.« Madame Miaou entkommt aus Angéliques Arm und versucht, das Zopfende mit den Vorderpfoten zu fangen, als sei es ein goldener Vogel. »Ich glaube, unsere böse Fee sehe ich schon«, bemerkt Charlotte-Rose, »aber unser hübscher Prinz scheint uns irgendwie abhandengekommen zu sein.« Dieser Witz auf ihre eigenen Kosten sorgt für viel wohlwollendes Schmunzeln bei den Gästen, die sich von dieser leichtherzigen Anspielung auf die Ereignisse beruhigt fühlen.

»Vielleicht Abbé Cotin«, schlägt Télésille wohlmeinend vor. Niemand, nicht einmal sie, sieht einen Prinzen im Abbé, aber seit der Aufführung von Molières letztem Stück tut er ihr leid, sie fand, dass er darin zu schlimm schikaniert wurde (auf den Gedanken, dass sich die Satire des Autors vielleicht auch gegen sie selbst richtet, ist sie noch nicht gekommen. Wie selten ist dieser Fall, liebe Leserinnen und Leser, dass man sich auf der Bühne selbst erkennt!)

Um die Wahrheit zu sagen, konnte Télésille es sich nicht verkneifen, nach ihrer Heimkehr aus dem Theater ein Dutzend lange Briefe zu schreiben, in denen sie die Handlung zusammenfasste, aber trotzdem versucht sie jetzt, etwas für den armen Pechvogel zu tun. »Es sei denn ...« – plötzlich überkommen sie Zweifel – »Ist die Rolle denn einem Geistlichen angemessen, Charlotte-Rose?«

Henriette denkt mit einem Schaudern an das letzte Mal, als der Abbé und sie eine Geschichte nachspielten und er ihr die schweißfeuchte Patschhand aufs Knie gelegt hat. »Worum sorgt Ihr Euch?«, fragt sie säuerlich. »Dass er nicht liebreizend genug oder nicht Prinz genug ist?«

»Ich spiele den Prinzen«, lässt sich die Stimme der Fürstin von Conti vernehmen; ihr wird klar, dass Henriette ihre Unterstützung braucht. Schnell trinkt sie das Glas Rotwein leer. Sie hat Gewicht verloren. Ihre Wangen sind ein wenig eingesunken, sodass die Wangenknochen hervorstehen.

»Ah, wie wunderbar!« Charlotte-Rose ist entzückt, weil die Prinzessin so selten mitmacht. »Ich bin Euch sehr verpflichtet, Hoheit. Ihr werdet eine sehr schneidige Figur abgeben als Prinz.« Sie bemerkt kaum, wie Henriette sich verkrampft. Und so nimmt Charlotte-Rose all ihren Mut für dieses Debüt zusammen, tritt in die Mitte des Raums, ins Zentrum der Aufmerksamkeit, richtet sich gerade auf, zieht wie gewohnt den Bauch ein und beginnt ihre Geschichte: »Es war einmal …«

Dieses Märchen beginnt mit einem Ehepaar, das die Geburt seines ersten Kindes erwartet. Es wohnt neben einer bösen Fee, in deren ummauertem Garten köstliche Kräuter und Gemüse wachsen, so auch Petersilie, auf die die schwangere Frau einen geradezu unstillbaren Appetit hat. Als ihr Mann durchs Tor schlüpft, um etwas Petersilie zu stehlen und dabei ertappt wird, sagt die Fee, er dürfe das Kraut haben, aber dafür müsse er ihr sein Kind versprechen.

Als das kleine Mädchen auf die Welt kommt, wird es von der Fee Persinette genannt (was »kleine Petersilie« bedeutet. Der Name »Rapunzel« aus den späteren Versionen bezieht sich entweder auf Feldsalat oder auf die Rapunzel-Glockenblume, deren Blätter früher ebenfalls gegessen wurden). Als Petersilchen zwölf Jahre alt ist, schließt die Fee – aus Angst vor männlicher Aufmerksamkeit – das Mädchen in einen silbernen Turm mitten im Wald ein.

Persinette fehlt es nicht an materiellen Gütern: alle Kleider, Muffs und Fächer, von denen ein Mädchen träumen könnte, gehören ihr, köstliches Essen wird ihr serviert. Aber schon bald leidet sie unter Langeweile und Einsamkeit. Ihre einzige

Gesellschaft ist die Fee, die von unten ruft: »Persinette, Persinette, lass dein Haar herab«, und dann klettert sie an ihrem goldschimmernden, fünfunddreißig Meter langen Zopf nach oben.

Doch alles ändert sich, als ein Prinz dort im Wald auf der Jagd ist, der Persinette singen hört und sich in ihre Stimme verliebt. Lauschend versteckt er sich hinter einem Baum und hört, wie die Fee Persinette auffordert, ihr Haar herabzulassen. In derselben Nacht ahmt er die Stimme der Fee nach und klettert selbst nach oben.

(Das stellt die Fürstin jetzt plastisch dar, arbeitet sich Handgriff für Handgriff immer weiter an der Perücke hinauf zu Henriette, ihr Blick bohrt sich tief und schmachtend in ihre Augen, Henriette kann es kaum ertragen, weil all die anderen ihnen dabei zusehen.)

Der Prinz umwirbt sie. Persinette wird schwanger.

(Dafür reicht die Fürstin von Conti Henriette ein Kissen, das diese sich zur allgemeinen Erheiterung vorn in den Manteau stopft. Sogar Henriettes Gesicht heitert sich ein wenig auf.)

Als die Fee den sich wölbenden Bauch bemerkt, ist sie fuchsteufelswild und zwingt Persinette, die Wahrheit zu gestehen. Zur Strafe schneidet die Fee ihr den Zopf ab und transportiert sie (mittels einer Wolke) zu einer Hütte an einen Meeresstrand, wo Persinette auf magische Weise mit Nahrung versorgt wird. Dort gebärt sie auch ihre Zwillinge.

In der Zwischenzeit lockt die böse Fee den Prinzen hinauf in den Turm, indem sie Persinettes Gesang nachahmt – sie ist eine echte Verstellungskünstlerin –, und lässt den abgeschnittenen Zopf als Seil herab. Als der Prinz hochgeklettert ist, verkündet sie, dass Persinette ihm nicht mehr gehört und stößt ihn aus dem Turm, sodass er in ein Gebüsch mit spitzen Dornen stürzt, die sich in seine Augen bohren und ihn erblinden lassen. Ein Jahr lang irrt der liebeskranke Prinz durch die Wildnis und ruft immer wieder voller Verzweiflung: *Persinette, mein Liebling! Meine Persinette, wo bist du?*

(Die Fürstin von Conti spielt das blinde Herumirren sehr überzeugend, was vielleicht am Wein liegt, stolpert dabei wie aus Versehen über Angéliques Fuß, fällt hin, schlägt verzweifelt mit der Faust auf den Boden und ruft: »Mein Liebling! Mein Liebling!«).

Eine Erregung breitet sich im ganzen Raum aus, als den Zuhörerinnen klar wird, dass Persinette den Prinzen retten wird. Gerüchte haben die Runde gemacht, Charlotte-Rose sei in ein Schloss eingedrungen, um Briou nach ihrer unter einem schlechten Stern stehenden Hochzeit aus der Gewalt seines Vaters zu befreien – in einem Affenkostüm, behaupten manche, andere, sie sei als Bär verkleidet gewesen, auch wenn das, seien wir ehrlich, kaum vorstellbar klingt.

Charlotte-Rose kämpft ihre Gefühle nieder, weil sie – natürlich – ebenfalls daran denken muss, dass Briou zu Tränen gerührt war, als sie ihn in seinem Schlafgemach aufspürte. Sie denkt an sein unterdrücktes, bemitleidenswertes Stöhnen, als sie sich auf dem Bärenfell liebten, sein erleichtertes Schluchzen, als er kam, zusammengekauert lag er da. An ihre Überzeugung in diesem Augenblick, dass sein Glück völlig von ihr abhing, wie es vermutlich alle rettenden Geister empfinden.

Doch als sie beide schliefen, wuchs irgendwie schon das Dornengebüsch um ihn herum hoch. Am Morgen war er vor ihr wach, lief in einem Spalt Tageslicht auf und ab, zappelig, in sich gefährlichen, auf nichts konkret gerichteten Zorn, der nach einem Ventil suchte. Er befahl Charlotte-Rose zu gehen, aus dem Schloss zu verschwinden, bevor sie gesehen wurde. »Verflucht, woher soll ich denn wissen, wie, Charlotte-Rose? Du hast dich selbst in diese missliche Lage hineinmanövriert. Willst du etwa, dass ich enterbt werde, bist du wirklich auf so etwas aus? Wenn jemand fragt, dann habe ich dich nicht gesehen, verstanden? Verstanden?« Und damit sah Briou sie an, als sähe er sie schon nicht mehr, als habe er aufgehört, sie zu sehen. *Ich bin nicht geschminkt*, dachte sie zitternd, voller Panik. *Ich habe vergessen, früh aufzuwachen und mich zurechtzumachen.*

Mittlerweile ist ihre Ehe bereits für ungültig erklärt worden. Brious Vater war geschickt und skrupellos und hat dafür gesorgt, dass Charlotte-Rose niemals einen Platz in seiner Familiengeschichte einnehmen wird. Gerüchten zufolge ist Briou inkognito sogar schon wieder in Paris.

Denk bloß nicht an ihn, ermahnt sie sich. *Das hier ist viel wichtiger als er.* Denn im Märchen, in Charlotte-Roses Geschichte, siegt die Liebe. Eines Tages begegnet Petersilchen dem Prinzen im Wald. Ihr blinder Geliebter sieht so bemitleidenswert aus, dass sie seinen Kopf in ihren Schoß bettet und anfängt zu weinen. Doch sobald die Tränen seine Lider benetzen, springen sie auf – klare, graue Augen, voller Liebe. Persinettes Liebe hat ihn geheilt.

(Es ist ergreifend romantisch. Als die Fürstin von Conti die Augen öffnet und hochschaut zu Henriette, werden überall im Raum Wangen abgetupft, manchen Besucherinnen wird ganz schwindelig. Leider ist Charlotte-Rose noch nicht fertig.)

»Und so wurde die kleine Familie wieder vereint«, schließt Charlotte-Rose. »Aber als sie zu ihrer Hütte zurückkehrten, hatte sich das Essen in Stein verwandelt, das Wasser war zu Gift geworden, die Kräuter im Garten zu Kröten und Schlangen und die Vögel zu riesig großen, feuerspuckenden Drachen, die mit ihren enormen Mäulern nach den kleinen Zwillingen schnappten, und sie wären fast gestorben. Glücklicherweise fuhr die böse Fee in einem von Gold und Juwelen blitzenden Wagen vor und ließ sie alle leben. Ende gut, alles gut.«

Perrault merkt, wie ihn ein kleiner Stich der Angst durchfährt. Das waren zu viele von den Worten, die er auf keinen Fall hören wollte, auf einmal: böse Fee, Gift, Kröten, Schlangen. Säuglinge, die um ein Haar bei lebendigem Leib geröstet worden wären. Aber er klatscht trotzdem: »Bravo, bravo.«

»Ach, und die Moral von der Geschicht«, fügt Charlotte-Rose noch hinzu, als der Applaus verklungen ist. »Ich dachte, ich versuche mich auch mal im Reimen, als kleine Hommage an Euch, Monsieur Perrault. Ungefähr so.« Sie liest vor:

Wenn du ein Turm-Prinzesslein bist,
Das seines Lebens müde ist,
Und hoffst, er hole dich vom Zimmer,
Mein Rat: Schneid dir die Haare nimmer.
Die Prinzen, kühn wie sie auch seien,
Müsst Ihr am Ende selbst befreien.

»Was für ein Debüt!«, lobt Marie d'Aulnoy. »O Charlotte-Rose, Ihr könnt stolz auf Euch sein. Das war ein wahrhaft unvergessliches Märchen! Wie wunderbar, dass *sie ihn* rettet.«

»Ich möchte aber vielleicht zu bedenken geben, Mademoiselle, falls Ihr diese Geschichte veröffentlichen wollt, was ich für unser aller Wohl sehr hoffe«, sagt Perrault. Er hofft, dass dieses Lob sie ermutigen wird, auf seinen wohlmeinenden Rat zu hören. »Vielleicht könntet Ihr die Geschichte ja ein wenig früher enden lassen? Es wäre viel berührender, wenn Ihr mit den Tränen schließen würdet, die dem Prinzen das Augenlicht wiederschenken: Diese Szene ist einfach meisterlich.«

»Ich dachte, ich brauche am Ende noch etwas Zauberei, damit es offiziell als Märchen durchgeht«, gesteht Charlotte-Rose. »Ein grausamer Vormund, ein im Turm eingesperrtes Mädchen, Prinzen ... Da habe ich mich gefragt, ob das nicht vielleicht alles zu nah am Leben ist und ein bisschen Hexerei benötigt ...«

»Ja genau«, schaltet sich Télésille ein. »Aber« – sie zögert einen Augenblick – »wäret Ihr vielleicht einverstanden, wenn ich auch einen winzigen Kritikpunkt anbringen würde, genau wie Charles, und weil ich letzten Monat so dankbar war für die ehrlichen Reaktionen der versammelten Damen und Herren? Ich fand es nämlich ein klein wenig traurig, dass Persinette Zwillinge zur Welt gebracht hat, weil ich doch das Gefühl hatte, sie sei ein aufrechtes Christenmädchen, das seine Ehre und Jungfräulichkeit mit weit mehr Eifer verteidigen würde. Wie meine liebe, vertraute Freundin Mademoiselle de Scudéry es so nachdrücklich zum Ausdruck gebracht hat: ›Die Unschuld, die nie von Versuchung angegriffen worden ist, verdient kein Denkmal.‹ Vielleicht wäre es besser, wenn Persinette ihre Unschuld bewahrt, und dann könntet Ihr eine schöne kirchliche Trauung ans Ende setzen – das wäre so romantisch ... Aber ich bin natürlich altmodisch in dieser Hinsicht, das ist mir klar, und vielleicht hat ja schon *tout Paris* abgesehen von mir beschlossen, dass solch Treiben völlig an der Tagesordnung ist.«

»Da muss ich Euch ganz und gar beipflichten«, sagt der Abbé zu Télésille und ergreift die Gelegenheit, den anderen seine moralische Überlegenheit unter die Nase zu reiben, die einzige Trumpfkarte, die ihm noch bleibt. Als Prinzen wollen sie ihn nicht, na schön, dann spielt er eben den Priester. Wollen wir doch mal sehen, wer beim Jüngsten Gericht als Letztes lachen wird. »Ich würde sogar noch weiter gehen – es wird wirklich Zeit, dass in diesen sogenannten Feenmärchen mehr Kirchenszenen vorkommen. Wenn die ehrenwerte Runde die Märchen modernisieren möchte, dann muss man ihre heidnischen Wurzeln stutzen und klarmachen, dass wir in einer christlichen Gesellschaft leben! Keine unschuldige Jungfrau darf Kenntnis von einem Mann erlangen, bevor unser Vater im Himmel es nicht ausdrücklich erlaubt hat. So steht es in der Bibel! Bei Euch würde die ewige Verdammnis einer gemeinen Bordsteinschwalbe auf das Frauenzimmer warten!«

»Aber ohne Schwangerschaft bestände keine Gefahr, dass es jemand herausfindet«, wendet die Fürstin von Conti ein und wechselt einen Blick mit Henriette. »Wenn sie vorsichtig wären ...«

»Dann sollen sie einfach vorher heimlich heiraten!«, ruft Télésille mit dem Enthusiasmus einer Frau, die glaubt, gerade eine schöne, elegante Lösung gefunden und nicht achtlos den Finger in eine immer noch schrecklich schmerzende Wunde gelegt zu haben. Beschämt vergräbt Charles das Gesicht in den Händen.

Zum Glück erwidert Charlotte-Rose schlagfertig: »Wo habt Ihr nur solche Ideen her, Télésille? Auf so etwas wäre ich im Traum nicht gekommen!« Alle lachen erleichtert.

»Mir hat es hervorragend gefallen, so, wie es ist«, sagt Marie, und dann leiser, nur für Charlotte-Rose bestimmt: »Ihr seid eine außergewöhnlich begabte Schriftstellerin, meine liebe Freundin, und eine mutige dazu. Die Schreibfeder wird Euch euer glückliches Ende bescheren, ich weiß es genau.« Und Charlotte-Rose lächelt zurück, weil sie es im Grunde auch weiß.

Hinter ihnen knicksen Henriette und die Fürstin von Conti und setzen sich wieder. Dabei liegt die Hand der Prinzessin an Henriettes Kreuz. Die mandelförmigen Augen von Madame Henriette de Murat glitzern, ihr Körper ist gespannt wie ein Geigenbogen. Ach, diese modernen Märchenerzählerinnen! In jeder uralten Geschichte, die sie sich aneignen, stecken hart gewonnene Wahrheiten, die aber immer wieder in Vergessenheit geraten. Ist diesen Frauen denn nicht klar, dass Begierden, ob nun nach Petersilie oder Rapunzelsalat, nur zu einem schrecklich hohen Preis befriedigt werden können?

17.

Das Märchen von der Rose

Die Stunde nach dem Salon ist Madame d'Aulnoy oft die liebste: Das Gefühl, etwas vollendet zu haben. Berthe räumt die Gläser zusammen und trällert dazu ein fröhliches Lied, Mimi fährt Judith vor dem Feuer hundertmal mit der Bürste übers Haar, Thérèse wacht unten über ihre Windhündin, die gerade einen Wurf quiekender Welpen auf die Welt gebracht hat – die Hündchen drehen und wenden sich wie ein Korb voll blinder Mäuse und erfüllen Maries mittlere Tochter mit einem leidenschaftlichen Beschützerinneninstinkt. Ihre jüngste Tochter Françoise samt Äffchen Belle-Belle sind nicht länger zu bestem Benehmen verpflichtet und spielen lautstark Fangen im Haus. Marie würde jetzt gern mit ihrem neuen Buch und einer Tasse Tee nach oben gehen.

Aber noch sind nicht alle Gäste verschwunden. Angélique hat gefragt, ob sie noch bleiben und ihr Herz ausschütten dürfe. Und so kommt es, dass die beiden Frauen ein wenig länger auf dem Sofa sitzen bleiben, Angélique nippt an einem Aprikosenlikör, der ihrem Mund einen klebrigen Glanz verleiht. Marie trinkt noch einen weiteren Kaffee mit Milch, weil sie vermutet, dass sie diesen Wachmacher für die letzten Minuten eines langen Abends benötigen wird.

»Ihr könnt Euch nicht vorstellen, wie scheußlich es mir in den letzten Wochen ergangen ist«, sagt Angélique. »Diese ganze Sache mit Briou habe ich mir sehr zu Herzen genommen! Ihr habt ja sicher gewusst, dass da etwas zwischen mir und Briou war; ich meine, Marie, Ihr seid doch eine Frau von Welt, Ihr wisst, wie so etwas passiert zwischen dem männlichen und weiblichen Geschlecht. Wir haben uns gut verstanden, es war ganz verspielt und freundschaftlich zwischen uns – aber dass er dann mir nichts, dir nichts einfach meine Freundin heiratet – na gut, die Patentochter meiner Freundin – und nicht mal die kleinste Andeutung mir gegenüber macht, mir keinerlei Zeit lässt, mich ein wenig zu fassen! Mir ist der Mund offen stehen geblieben, muss ich sagen, ganz ehrlich, als ich von der Heirat gehört habe – in einer Opernloge war das, ausgerechnet – es war so demütigend für mich, dass ich hinter meinem Fächer geweint habe. Zum Glück wurde eine Tragödie gegeben, *Alceste*; bei einer Komödie wäre es noch viel peinlicher gewesen. Ich meine, hat er denn gar nicht an meine Gefühle gedacht? Und was soll ich bloß zur Patentante von Charlotte-Rose sagen, wo ich doch ein Auge auf sie haben sollte? Heute Abend hat sie sich allerdings richtig gut gemacht, unsere Charlotte-Rose, findet Ihr nicht? Vielleicht wird sich das Ganze ja doch noch zum Guten für sie wenden. Und jetzt, wo die Ehe annulliert worden ist, tut es natürlich nicht mehr ganz so weh. Auf jeden Fall hat Claude dem Ganzen die Krone aufgesetzt und mir wieder mit einem *lettre de cachet* gedroht.«

»O Angelique«, sagt Marie kopfschüttelnd – dieser Teil ist ernst. »Ihr müsst versuchen, ihn zu besänftigen. Vielleicht könntet Ihr euch ja ein bisschen um Claudes verletzten Stolz kümmern, jetzt, wo das Problem mit Briou gelöst ist? Nur um Euer selbst willen?«

»O nein, nein, nein«, sagt Angélique und schüttelt heftig den Kopf. Sie ist viel zu aufgebracht, um sich dazu herabzulassen, über das Gefühlsleben dieses Schufts, ihres Mannes, nachzudenken. »Das kommt schon lange nicht mehr in Frage, Marie! Er ist viel zu weit gegangen. Und mein Diener Moura hat sich so verständnisvoll mir gegenüber gezeigt, für einen Bediensteten erweist er sich wirklich als erstaunlich gefühlvoll, wisst Ihr. Natürlich hat er seine Ambitionen, und dabei kann ich ja behilflich ein – ich will ihm helfen, Ihr kennt mich ja, Marie, wie großzügig ich bin, nichts ist mir für meine Freunde und Freundinnen zu teuer. Wahrscheinlich ist das mein größter Fehler.«

»Falls Ihr etwas mit Moura im Schilde führen solltet«, sagt Marie besorgt, »weiß ich nicht, ob das momentan ratsam wäre.«

»Aber sie hat gewonnen, oder etwa nicht?«

»Wer hat gewonnen?« Madame d'Aulnoy schafft es nicht, einen Anflug von Ärger über Angéliques Gedankensprünge zu verbergen.

»Die junge Braut, in Charles' Märchen. *Blaubart.* Sie hat es dem Schwein so richtig gezeigt, und am Ende fiel ihr alles zu, genau, wie sich's gehört! Und wenn sie ihren Brüdern was von dem vielen Geld abgibt, was soll daran falsch sein? Haben die nicht auch was für ihre Dienste verdient?«

»Bitte, so dürft Ihr nicht denken«, beschwört Madame d'Aulnoy Angélique und merkt, wie sich die Angst in ihr breitmacht. »Märchen haben nichts mit dem wahren Leben zu tun. Im Märchen herrscht sehr oft eine Traumlogik – es mag vielleicht so scheinen, als gebe es Handlungen und ihre Konsequenzen, aber das ist reine Illusion. Die Geschichten offenbaren nur das, was sich der Erzähler wünscht. Perrault will, dass Blaubart stirbt, also wird er ermordet. Ich kann und muss Euch leider versichern: Im wahren Leben endet die Geschichte anders. Von Corneille wissen wir: ›Oft ist's nur ein trügerischer Spiegel. Das Schicksal, welches unsern Geist beängstigt, ist nicht in der Vergangenheit zu lesen.‹«

Aber Angélique hört bereits nicht mehr zu. »Das ist mir zu hoch.« Sie zuckt die Achseln. Auf einmal will sie nur noch ins Bett. Ein bisschen mehr Unterstützung hatte sie sich schon erhofft. Sie kitzelt Madame Miaou am weichen Hals und reibt die Nase an ihrer. »Wenn ich ganz offen sprechen darf, dann gefallen mir Corneilles Stücke eigentlich nicht. Sie sind schrecklich düster. Es ist doch so: Es ist mir unmöglich, Freude zu empfinden, solange mein Gatte noch am Leben ist. Und seine Gesundheit ist viel zu robust, als dass ich mit einer baldigen Umkehr des Schicksals rechnen könnte.«

»Bitte glaubt mir. Ich weiß, wie diese Geschichte endet«, sagt Marie mit Nachdruck, aber zugleich gedämpft, die Kinder sollen das auf keinen Fall hören. »Ich will nicht an meine eigene Vergangenheit zurückdenken. Bitte zwingt mich nicht dazu. Ich versuche, Euch in Eurem eigenen Interesse zu warnen. Bitte.«

Erst in diesem Augenblick wird Angélique klar, dass Marie von der Intrige gegen ihren eigenen Mann, den Baron, redet – aber das ist ja nun kaum vergleichbar, sagt sie sich, das war vor vielen, vielen Jahren, und Maries Freiheit war, soweit sie weiß, nicht konkret bedroht, als sie den Komplott gegen ihren Ehemann schmiedete. Der ganze Plan, den Baron d'Aulnoy des Hochverrats zu beschuldigen, wegen seiner Kritik am König und seinen Steuern, war ihrer Meinung nach viel zu kompliziert und lange nicht so idiotensicher wie ein einfacher Mord.

Marie wirkt ein wenig gereizt – und die Kinder sind in der Nähe, ebenfalls nicht ideal – Angélique beschließt, sich nach einer neuen Vertrauten ohne traumatische Vergangenheit umzusehen. Das ist natürlich enttäuschend, aber Marie kann sich glücklich schätzen, Angélique ist eine großzügige Freundin und wird es ihr nicht übel nehmen. »Wie ich sehe, Marie, ist es schon schrecklich spät; ich möchte Euch keine weiteren Umstände machen.«

»Aber das sind doch keine Umstände, Angélique, ich bitte Euch.« Marie merkt, wie ihr die Ereignisse entgleiten und auf ein fürchterliches Ende zusteuern. »Ich habe einfach das Gefühl, ich, als Freundin – «

»Es tut mir leid, aber Madame Miaou war noch nicht *aux toilettes*, und wie Ihr wisst, bewundere ich Eure schönen Polstermöbel sehr, Marie, deswegen glaube ich, werde ich mich jetzt lieber verabschieden.«

Was für mich, eure Erzählerin, im passenden Augenblick kommt, denn gleichzeitig spielt sich anderswo eine zweite Geschichte ab, die wir genauer verfolgen müssen. Ich möchte gern nach Madame Henriette de Murat sehen, die nicht ahnt, dass sie sich in ernster Gefahr befindet, als sie die Stufen zu ihrer Eingangstür hinaufgeht.

Die Kutsche der Fürstin von Conti hat sie erst vor wenigen Augenblicken abgesetzt. Es lässt sich nicht abstreiten, dass Henriette die Auswirkungen der Fahrt noch anzusehen sind, als sie auf die Haustür zugeht: Ihr spitzes Kinn glänzt, der Puder ist verschwunden, auf der Zunge hat sie ein blondes Schamhaar, sie fühlt sich so schwach in den Knien wie ein neugeborenes Kalb, ihre Perücke sitzt schief, und sie ist unerhört glücklich.

»Ich habe mit aller Macht gegen mich angekämpft, aber vergeblich«, hat ihr die Prinzessin ins Ohr geflüstert, und ihr schaudernder Atem hat jede Nervenbahn in Henriettes Körper in Schwingung versetzt. »Bitte spielt nicht mit mir, Henriette.«

Doch mit dem kleinen Schritt über die heimische Türschwelle wechselt Henriette nun von einer Komödie in eine Tragödie. In der Eingangshalle herrscht ein ganz anderes Licht, eine andere Temperatur, und ihr Gatte Graf von Murat steht da – steht einfach nur da –, als sei er ein Jagdhund, der darauf wartet, dass die Jagd beginnt.

Vielleicht ist uns ja schon mal in einem Märchen das Bild einer Rose begegnet, deren Verblühen das Leben eines Menschen widerspiegelt? Mit jedem Blütenblatt, das von der Rose abfällt, wird dieser Mensch schwächer, und im Märchen stirbt er, wenn das letzte Blütenblatt zu Boden schwebt. Vielleicht lässt sich die Liebe des Grafen zu Henriette mit dieser Rose vergleichen.

Es gab eine Zeit, in der er voll der Bewunderung war für seine witzige, gebildete Frau aus gutem Haus, amüsant und in aller Munde, und die Rose erschien ihm vollendet schön. Als dann jedoch eine von Henriettes geistreichen Bemerkungen auf seine Kosten ging, fiel das erste Blütenblatt. Als die beiden keine Nachkommen empfangen konnten – und ganz sicherlich war *sie* dafür verantwortlich, mit ihrem Mangel an mütterlichen Instinkten, ihrer kultivierten Gehässigkeit, ganz zu schweigen von den adstringierenden Spülungen, die sie in der Vergangenheit zur Verhütung durchgeführt hatte – noch ein Blütenblatt und noch eins. Als der Graf eine junge Konkubine fand, die ihm mit ihren weichen Rundungen und liebevollen Worten Trost spendete: noch ein Blütenblatt. Als er Henriette zum ersten Mal schlug, sodass ihre Lippe aufplatzte, aber sie ihn nicht um Vergebung anflehte, sondern den Mund nur auf ihre typisch sarkastische Art verzog: noch ein Blütenblatt. Und je mehr Blütenblätter fielen, desto mehr verstand Henriette voller Grauen, dass ihr eigenes Leben mit dieser Blume vermählt war, und je nackter die Blume wurde, desto geringer wurde auch ihr Selbstbewusstsein; das Herz schien in ihrer Brust zu schrumpfen. In den letzten paar Monaten schließlich war sie nur noch auf Zehenspitzen um die Pflanze herumgeschlichen und hatte kaum in ihrer Nähe zu atmen gewagt, aus Angst, auch das letzte Blütenblatt könne abfallen und ihren Untergang besiegeln.

Jetzt sieht sie dieses Blütenblatt zu Boden segeln.

Der Graf stürzt sich auf sie, wirft sie gegen die Wand, umklammert ihren Hals und grunzt nur: »HURE, HURE«. Seine Hand ist ein Fleischerhaken, an dem Henriette baumelt. Sie würgt, gibt erstickte Geräusche von sich und tritt um sich wie eine Marionette. Die Eheleute scheinen von demselben schrecklichen Schaudern erfüllt, als fließe eine magnetische Spannung durch beide und verbrenne sie innerlich – sein Kopf wird in den Nacken geworfen, ihre Glieder zucken, seine Finger drücken zu, immer stärker, als sei ihr einziges Ziel, den Käfig immer enger zu machen.

Der Tod scheint nur noch einen Wimpernschlag entfernt, als Reynie nonchalant die Halle betritt, leicht vorgebeugt, um sich nicht den Kopf am Türrahmen zu stoßen. »Wenn ich Euch bitten dürfte, das zu unterlassen, Graf«, sagt er, wie der

Jäger zu seinem Hund. »Ich wäre Euch sehr verbunden.« Man muss wissen, dass der Polizeichef es sich nicht nehmen lässt, jeden *lettre de cachet* persönlich zu überreichen, und nun ist er hier, um Henriette den ihren auszuhändigen.

»Entschuldigt, dass ich nicht da war, um Euch persönlich zu begrüßen, Madame de Murat«, sagt er. »Oder darf ich Euch Henriette nennen? Ich glaube, ich nenne Euch Henriette. Ich musste mir die Hände waschen. Vielleicht hat Euer werter Gatte Euch schon in seiner Manier gesagt, dass ich Euch Kunde von dramatischen Veränderungen Eurer Umstände bringe? O je, o je!«

»Ich habe unflätige Worte und tierische Grunzer gehört, Sire«, erwidert Henriette, sobald sie wieder Luft bekommt, »falls Ihr das als ›seine Manier‹ bezeichnen wollt. Ich persönlich bin jedoch der Meinung, dass es ein Fehlen jeglicher Manieren beweist.«

»Du Hure«, spuckt der Graf. »Hört Ihr, wie sie mit mir redet, Reynie?«

»Allerdings, Graf, ich höre es. Es tut mir leid, dass Ihr das so lange hinnehmen musstet. Aber keine Sorge, ich bin hier, um Euch das Leben leichter zu machen. Henriette, Henriette, Henriette ...« Schrecklich langsam schüttelt Reynie den Kopf. »Eure Mutter möchte Euch darüber in Kenntnis setzen, dass sie Euch enterbt, während ich Euch leider mitteilen muss, dass es zu einer Zwangspause in Eurer literarischen Karriere kommen wird. Und was Eure Ehe anbelangt – tja, es macht den Anschein, als befände sie sich in den letzten Zügen. Ich habe hier nämlich« – er winkt mit den Schriftstücken, die er in der großen Hand hält – »einen Bericht, der Euch schockierender Praktiken und Überzeugungen beschuldigt.«

»Ich war nie auch nur in der Nähe von La Voisin!«, ruft Madame de Murat, weil sie die Gerüchte von der Verhaftung der Giftmischerin gehört hat; noch hofft sie, dass es sich nur um ein Missverständnis handelt. Es ist wahr, sie hat versucht, schwanger zu werden, aber nicht mit Hexenkräutern, sie hat ihrem Mann nur mit scharfen Gerichten »eingeheizt«, wie allgemein empfohlen wird. Nie hat sie eine Schwangerschaft mit Wermut oder Ysop beendet.

»Das weiß ich wohl, werte Madame, das weiß ich«, antwortet Reynie, dessen Mundwinkel nach oben zucken. »Glaubt mir, ich weiß, wer dort ein- und ausgeht. Nein, ich spreche von Sap-phis-mus. Widernatürliche Beziehungen zwischen Frauen, praktiziert von der Dichterin Sappho, großes Vorbild Eurer Freundinnen, der Preziösen. Ihr seid zur Verbannung verurteilt, Henriette de Murat. Hier ist die Order von Seiner Majestät Ludwig dem XIV. Ihr seid verurteilt zur Kerkerhaft im Château de Loches, wenn ich den Grafen davon überzeugen kann, Euch nicht vorher den Garaus zu machen.«

»Nein«, stottert sie. »Nein! Aber ich habe überhaupt nicht – «

»Das habt Ihr sehr wohl«, entgegnet Reynie, »und ob Ihr das habt. Und dazu noch mit der Tochter Seiner Majestät, auch wenn wir das lieber nicht erwähnen wollen. Aber Ihr werdet verstehen, dass der König nicht erlauben kann, dass Ihr ein Mitglied der königlichen Familie moralisch derart verderbt.« Und er zeigt ihr den Brief, in der Handschrift der Fürstin von Conti – rasend schnell überfliegt sie ihn, durstig, als sei er Gift und Gegengift zugleich:

... oft wird gesagt, der Tag beginne mit Gott, aber ich be-
gann diesen Tag genau wie jeden Tag: Ich dachte an meine
Geliebte, denn ich denke ohne Unterlass an sie ...

... Es ist mein Schicksal, das weiß ich mit Sicherheit, meine
Arme mit Euren zu verschlingen, Euch endlos zu küssen,
überall, immer ...

... Mein Liebling, nichts kann ich mehr denken, nur eins:
Ich bin rasend verliebt in Euch ...

O, wie bitterlich Henriette weint! Denn es ist so schrecklich, so tragisch, es droht, ihr den Verstand zu rauben, dass sie die eine wahre Liebe ihres Lebens – im selben Augenblick – findet und wieder verliert.

18.

Das Märchen von der Gänsemagd

Anne macht Spiegelei: Sie schlägt das riesige Gänseei am Rand der Pfanne auf, bis ein Netz von Haarrissen in der weißen Schale zu sehen ist, wie Sprünge in einem zugefrorenen See, dann gräbt sie die Nägel in die Schale und gießt den Inhalt ins zischende Öl.

Anne deckt die Pfanne eine halbe Minute lang ab. Seit dreißig Jahren kocht sie in einer Reihe von Haushalten, und ihre Hände sind rot und dick, furchtlos und rührend, die Knöchel geschwollen, überall Narben von heißen Ofenblechen, Fettspritzern und hochleckenden Flammen. Als Anne den Deckel abnimmt, ist das durchsichtige, gallertartige Eiklar weiß geworden, und das große, gelbe Dotter schwankt unter der fast unsichtbaren Krone wie ein sinnlicher Bauch, so golden, dass es wie eine Parodie auf Gold wirkt. Anne löffelt mehr Öl darüber. Am Rand bildet sich etwas rostige Kruste. Sie lässt das enorme Spiegelei auf einen Teller gleiten.

Gänse legen nur selten Eier, und dann auch nur im Sommer. An diesem Morgen ist eine zwölfjährige Gänsemagd mit wunderschönem, langem, blassem Hals und weizenfarbenem Haar – ein Mädchen, in das sich jeder Prinz leicht verlieben könnte, wenn es nicht so nach Gänsekacke stinken würde – früh aufgewacht und wollte ihre Gänseherde hinunter an den Fluss treiben. Die Gänse zischten und schnappten nach ihr – freundlich sind diese Tiere nicht –, aber die Magd fand die Eier, die sie sofort einem Bauernjungen übergab, der sie in Stroh packte und zum Markt brachte, wo Anne sie mit folgendem Gedanken kaufte: Gänseeier, so was Feines.

Mimi wirkt zufrieden, als sie ihr Brot ins Eigelb tunkt und eine Fontäne reinen Golds herausfließt. Alle sitzen zusammen um den Tisch und essen gemeinsam: Mimi, Judith, Thérèse, Françoise, Berthe, Anne und Marie, der nicht an vornehmem Getue gelegen ist, wenn keine Gäste anwesend sind. Sie will, dass der ganze Haushalt zusammen isst und einfaches, gutes Essen zu sich nimmt (sie haben allerdings gelernt, dass man Belle-Belle während der Mahlzeiten besser oben einsperrt). Madame ist keine schlechte Arbeitgeberin, das muss Anne zugeben, wenn auch ungewöhnlich. Sie scheint viele Geheimnisse zu haben: Thérèse und Françoise zum Beispiel sind beide lange nach Madames Trennung vom Baron geboren, mit dem sie vor den Augen des Herrn immer noch verheiratet ist, und sie sehen ihrer großen Schwester Judith kein Quäntchen ähnlich, aber Anne meint, dass die Moral ihrer Vorgesetzten sie nichts angeht.

»Können wir das Zitterspiel spielen?«, bettelt Françoise, deren Haar heute wie statisch geladen aussieht. Sie lässt sich immer leicht ablenken. Gemeint ist ihr neuestes Lieblingsspiel, es besteht aus einem wackligen Haufen schmaler Stäbchen und einer furchtlosen Hand.

»Erst isst du dein Ei auf«, sagt Marie. »Du hast noch fast nichts gegessen. Und zwar ordentlich mit Messer und Gabel.«

»Mir ist langweilig.« Françoise mimt schreckliche Langeweile, verdreht die Augen und lässt ihren ganzen Körper schlaff unter den Tisch sinken.

»Jetzt benimm dich mal, Gänseeier sind etwas ganz Besonderes.«

»Dürfen Affen Eier essen?«

»Das habe ich nicht gehört.«

»Du isst jetzt schön dein Ei auf, mein Chouchou«, ermahnt Mimi die Jüngste. »In einem Ei steckt viel Gutes drin. Davon wirst du groß und stark wie eine Amazone. Gab es denn irgendetwas Neues auf dem Markt, Anne?«

»Ja«, sagt Anne und sieht dabei Marie an, um ihre Reaktion einzuschätzen, »ein schlimmes Gerücht hat die Runde gemacht, aber es steckt hoffentlich nichts dahinter. Ich habe von einer Köchin, die gegenüber wohnt, gehört, der Polizeichef sei gestern Abend im Haus von Madame de Murat vorstellig geworden.«

»Das ist ja ein Ding!«, sagt Mimi und kann ihr Interesse an einem solch hochkarätigen Gerücht nicht verbergen.

Marie blickt von ihrem Ei auf. Mit einem Mal fühlt sie sich schrecklich wach. In Wahrheit isst sie nicht besonders gern Eier; sie empfindet sie als leicht beunruhigend, wie überreifes Obst, und das Gänseei hat von allen Eiern vielleicht den stärksten Eigeschmack. In der vergangenen Nacht hat sie nicht gut geschlafen, weil ihr Charles' Märchen immer wieder durch den Kopf gegangen ist – sie weiß, dass sich eine blutige Kammer in ihrer Seele befindet, die sie niemals betreten darf, in der zwei tote Kinder auf sie warten, und der schöne junge Mann, dessen abgeschlagener Kopf sie aus dem Korb des Scharfrichters anstarrt – und Angéliques Andeutungen über Mordpläne trugen auch nicht gerade zu einem ruhigen Nachtschlaf bei.

»Aber warum sollte er Henriette aufsuchen?«, fragt Marie,

aus ihrer Benommenheit erwachend. »Es muss um den Graf von Murat gegangen sein. Er – ich glaube nicht, dass er ein sonderlich guter Mensch ist.« Mehr als einmal sind ihr blaue Flecken an Henriette aufgefallen, und dicke Puderschichten über einem geschwollenen Auge. Aber wenn sie versucht hat, mit Henriette darüber zu reden, hat diese es abgewehrt: nichts als normaler Ehestreit. *Ihr kennt mich doch, Marie, ich kann meine Zunge nicht im Zaum halten.*

»Angeblich hat der Polizeichef das Haus zusammen mit Madame de Murat verlassen«, sagt Anne.

Da Marie nichts von der Tändelei zwischen Henriette und der Prinzessin weiß, denkt sie umgehend an ihre Märchen. Alle Welt weiß, dass die Zensur eine von Reynies Lieblingsbeschäftigungen ist und er ständig Bücher verbieten lässt. Vielleicht haben Henriettes Geschichten ja einen Nerv getroffen – »Immerschön« zum Beispiel, über einen König, der seine Frau nicht mehr liebt, als sie älter wird, und sich »jungen Schönheiten am Hof« an den Hals wirft, war vielleicht ein wenig zu offensichtlich. Oder »Der Palast der Rache« (allein schon der Titel!), in dem der ganze Palast mit Spiegeln ausgestattet ist, was für gewaltsame Leidenschaftsausbrüche sorgt, sodass am Ende sämtliche Spiegel zerschlagen sind. Eine solche Szene ließe sich möglicherweise als Aufruf zur Revolution interpretieren – und vielleicht *ist* es ja auch ein Aufruf zur Revolution; Madame de Murat ist nun wirklich nicht für ihre ausgeprägte Zufriedenheit mit den herrschenden Zuständen bekannt.

Aber wie haben diese Geschichten an sein Ohr dringen können, wenn sie bisher nur mündlich vorgetragen und noch nicht gedruckt worden sind?

Ihr wird klar, dass Charles Perrault natürlich mit Reynie bekannt ist. Er war jahrelang ein mächtiger Mann, und die beiden müssen viel miteinander zu tun gehabt haben: Die Louvre-Kolonnade wurde von Charles' Bruder in Auftrag gegeben, die Eröffnung der Tuilerien. Aber Charles wird sie doch sicherlich nicht verraten haben? Sie will diesen Gedanken nicht zulassen. In den letzten paar Monaten, seit er am Salon teilnimmt, hat er sich immer so – nicht gerade bescheiden gegeben, er kann auf jeden Fall ein bisschen wichtigtuerisch sein, aber so, wie sie ihn kennengelernt hat, hat er sich immer warm und verletzlich und großzügig und komplex gezeigt: als eine echte Persönlichkeit.

Aber was ist mit seiner Cousine Télésille, der die Feder so lose sitzt, dass sie keine Makrone essen kann, ohne halb Versailles einen Brief darüber zu schreiben? Marie würde wesentlich lieber Télésille verdächtigen.

»Meine arme Henriette!«, ruft Marie aus. »Meine liebe Freundin! Was sollen wir nur tun? Wir müssen ihr helfen.« Ihr erster Gedanke ist, dass sie sofort mit Charles sprechen muss. Aber was, wenn er der Spion ist? Dann bemerkt sie etwas.

»Françoise, wo ist dein Ei?«

»In meinem Bauch.« Françoise lächelt sie mit gespielter Unschuldsmiene an. Bei ihr kommen zwei neue Zähne nach, bevor die alten ausgefallen sind: in einer zweiten Reihe, wie bei einem Haifisch. Unter dem Tisch rühren sich die Windhunde. Einer taucht mit einer gelb glänzenden Nase unter ihrem Stuhl auf.

»Maman«, sagt die rothaarige Judith, die das Thema wechselt, um ihre süße kleine Schwester zu schützen (oder Halbschwester, sie ist alt genug, um zu verstehen, dass sie anders aussieht und der Baron nicht mehr mit ihrer Mutter verkehrte, als der Storch Thérèse und Françoise gebracht hat).

»Haben Euch die anderen schon erzählt, dass wir heute eine Einladung in den Palast bekommen haben? Wieder zu einem Ball. Dürfen wir hingehen, das letzte Mal war es so schön? Diesmal soll er sogar im Garten stattfinden, ein Sommerball.« Sie lächelt hoffnungsvoll. »Ich habe gedacht, wie gern ich ein grünes Kleid hätte und wie gut das zu meinem Haar passen würde. Falls wir uns neue Ballkleider leisten können.«

Niemand in diesem Haushalt weiß genau, ob sie jetzt arm oder reich sind und woher ihr Einkommen stammt – Marie scheint das Geld herbeizuzaubern. Vielleicht hat sie ja eine verhexte Geldbörse, eine luxuriöse Version des Breitopfs, und jedes Mal, wenn man den Deckel lüftet, ist Gold darin. Der Baron zahlt ihnen schon lange keinen Unterhalt mehr und hat Madame d'Aulnoy und ihre Töchter vor Jahren enterbt – auch wenn er irgendwo da draußen noch am Leben ist und sich gerade zu Tode säuft: ins Bett pinkelt, mit dem Gesicht im Essen einschläft, gelb angelaufen, tatterig, zusammengeschrumpft auf die Größe eines Daumens.

»Ist es ein Maskenball?«, fragt Françoise. »Ich würde gern als Elefant gehen!« (Sie hat eine Schwäche für Elefanten.)

»Leider nicht, so leid es mir tut«, sagt Marie.

»Wirklich schade, dass es kein Maskenball ist«, erwidert Thérèse schüchtern. Sie würde einen maskierten Ball vorziehen, weil sie ihr zartes, ängstliches Gesicht immer gern hinter den Haaren versteckt. »Vielleicht sollten wir ja lieber nicht hingehen, Mutter, wenn Ihr es nicht wünscht.«

Françoise hat Belle-Belle bereits die Tür geöffnet und tanzt jetzt ein Menuett mit dem Äffchen. »Für einen Affen kann sie gar nicht schlecht tanzen, findet Ihr nicht?«, bemerkt Mimi. »Was meint Ihr, ob sich herausstellen wird, dass sie eine Affenprinzessin ist? Niemand erkennt, dass sie ein adliges Fräulein ist, wie in der Geschichte von der Gänsemagd, das ich Euch immer erzählt habe, mit dem sprechenden Pferdekopf an der Wand.« Es ist eine von Mimis brutaleren alten Lieblingsgeschichten, in der die falsche Prinzessin am Ende grausam bestraft wird: Sie wird nackt ausgezogen und von zwei Schimmeln über Nägel geschleift, bis sie bei lebendigem Leib gehäutet ist und stirbt.

Wir können zusehen, wie sich Maries Gedanken hinter den sanften braunen Augen immer schneller drehen, tausend Konsequenzen durchspielen, versuchen, sich plausible Ausreden einfallen zu lassen. Wie kann es sein, dass sie von so viel Liebe umgeben und zugleich so grauenhaft einsam ist? Momentan ist ihr einfach alles zu viel, mit so wenig Schlaf und ihrer lieben Freundin Henriette, wahrscheinlich schon auf dem Weg ins Exil, während sie hier tanzen. Ihr Instinkt zwingt sie, ihren Töchtern selbst den kleinsten Anflug von Panik auf ihrem Gesicht zu verbergen, und so widmet sie sich dieser Pflicht als Erstes.

19

Die Märchen von Ricdin-Ricdon und
den drei lächerlichen Wünschen

Benommen stolpert die Fürstin von Conti in den Salon, verspätet und betrunken. Irgendwie schafft sie es, sich das Schienbein oder die Zehen an jedem Stuhl oder Tisch oder mit Pferdehaar ausgestopftem Sitzhocker oder Fuß im Raum zu stoßen, dann lässt sie sich mit dem gesamten Körpergewicht in einen Lehnstuhl fallen. Ihr Gesicht ist zu einer grimmigen, selbstverachtenden Fratze verzogen, als sie sich die Pfeife anzündet.

Es ist ein warmer Sommerabend, viele der Damen haben einen Fächer in der Hand und sorgen für einen leichten Luftzug im Raum. Angéliques neuer Fächer zeigt eine üppige Venus, die sich, umgeben von Nymphen und rundlichen kleinen Putten, aus einer Muschel erhebt. Eine Vielzahl gelber und rosa Rosen parfümiert die Luft – Marie empfindet eine gewisse abergläubische Abneigung gegen weiße und rote Rosen. Anne hat einen ausgezeichneten Kuchen aus Blätterteig und Marzipan gebacken, dessen gekämmte Glasur Marmorkacheln gleicht. »Wein?«, bietet Marie ihren Gästen an. Champagner erscheint ihr zu festlich und daher unpassend, aber sie braucht Wein, um den heutigen Abend durchzustehen.

»Gewiss«, antwortet Charles leise. »Wein wäre hilfreich. Und darf ich Euch beim Servieren zur Hand gehen, Marie?« Es ist der erste Salon seit Henriettes Festnahme, und die Atmosphäre ist angespannt. Es sind weniger Anwesende als sonst; bleiben einige vielleicht lieber fern? Bei dem Gedanken, er könne indirekt in irgendeiner Art und Weise dafür verantwortlich sein, wird Charles unwohl.

Möglich, dass sein Stolz unter der Reaktion auf seinen »Blaubart« im letzten Salon gelitten hat – aber Henriettes Verhaftung überzeugt ihn zumindest davon, dass es sich bei Madame d'Aulnoy kaum um Reynies Fliege handeln kann. Wenn die beiden Frauen miteinander im Gespräch waren, hat er selbst gesehen, in welch zärtlicher Freundschaft sie sich zugetan sind, und er ist froh, dass er diesen Verdacht los ist. Aber wenn nicht Marie, wer könnte es dann sein? Der einzige regelmäßige Teilnehmer, der nie wirklich Teil des vertrauten Zirkels geworden ist, ist Abbé Cotin. Und der Geistliche hatte in den letzten Monaten auf jeden Fall Anlass, Groll gegen die literarischen Kreise zu hegen. Aber nein, der Abbé kann es nicht sein – er ist immerhin ein Mann Gottes, auch wenn er langweilig und Gegenstand des allgemeinen Spotts ist. Charles fragt sich, ob es nicht auch für ihn selbst besser gewesen wäre, den Salon zu meiden, aber er fühlte sich zu stark davon angezogen, als riefe ihn etwas Unvollendetes zurück.

»Ich dachte, Ihr würdet den Salon nach Henriettes Festnahme vielleicht absagen«, gesteht er Marie so leise, dass die anderen es nicht hören können. »Ich bin natürlich sehr froh, dass Ihr das nicht getan habt, aber ich habe das Gefühl, wir müssen vorsichtig vorgehen, nur für den Fall ... die Wände haben in Paris Ohren. Ich wollte nur, dass Ihr wisst, dass ich jederzeit zu Eurer Verfügung stehe.« Seine Besorgnis verängstigt Marie ein wenig: Wenn selbst Charles die Bedrohung ihres Salons ernst nimmt, dann muss sie wirklich mit dem Schlimmsten rechnen. Und doch kann sie nicht anders: Seine Zuneigung ist eine Wohltat. Vielleicht braucht sie ja tatsächlich Hilfe im Umgang mit dieser Situation, jetzt, wo Henriette nicht mehr an ihrer Seite ist. Als sie zustimmend nickt, fühlt sie sich schon nicht mehr so allein.

»Ich danke Euch, Charles, das bedeutet mir sehr viel. Oh. Was ist das für ein schrecklicher Geruch?«, fragt sie ihn. Es ist ein schmutziger Geruch wie nach Ziegenhaar – fast wie ein Schwefelhauch weht er sie an.

»Herr im Himmel!«, schreit Charles, wirft sich wie ein Zauberer quer durch den Raum – das Haar der Prinzessin steht in Flammen, wie es scheint, ist sie gegen einen Kerzenleuchter gestolpert – und gießt seinen Weißwein über sie.

»He, was soll das?«, ruft sie verständnislos.

»Ich bitte um Verzeihung, Hoheit, Euer – Eure Frisur hatte Feuer gefangen. Es roch nach brennendem Haar …«

Die Prinzessin kichert seltsam. »Danke, Charles«, sagt Marie. »BERTHE? Berthe, hol der Prinzessin ein Taschentuch, damit sie sich abtrocknen kann …« *O Gott*, denkt Marie, *das fängt aber nicht gut an.* Und als Erstes kommt heute auch noch Télésille dran, die Marie in ihrem geistigen Gerichtshof bereits für schuldig befunden hat, aber sie muss versuchen, ihren Verdacht nicht offen zu zeigen.

Seit ganz Paris von dem Gerücht gehört hat, Henriette de Murat sei wegen geschlechtlicher Verderbtheit arretiert worden, kann Télésille – von der bekannt ist, dass sie dem inneren Kreis der modernen Märchenerzählerinnen angehört – die schiere Menge an Korrespondenz mit nahen und entfernteren Bekannten, die sie nach ihren intimen Einsichten in die Sache fragen, kaum noch bewältigen. Das Ganze hat so überhandgenommen, dass ihre Schreibhand entzündet ist. Trotzdem hat sie gegen die Schmerzen angeschrieben, um ihr Märchen »Ricdin-Ricdon« zu vollenden, das uns vielleicht als früheste Fassung von »Rumpelstilzchen« bekannt ist. Télésille hofft, dass ihre Lust an Rache und Gewalt im Reich der Poesie diesmal die aufrechte Moral ihrer Erzählung nicht trüben wird.

»Wollt Ihr Eure Nerven vielleicht mit einem Glas Wein beruhigen, werte Cousine?«, fragt Charles sie.

»O nein, lieber nicht. Den Wein trinke ich besser erst nach meinem Auftritt, davon wird mir die Zunge immer so schwer. Vielleicht einen heißen Kakao, falls es einen gibt? Ich möchte natürlich keine Umstände machen.«

»Ich bitte Berthe, sobald ich ihrer habhaft werden kann ...«

Eine Viertelstunde später ist die heiße Schokolade endlich zubereitet. Nachdem Anne Kakao und Zucker in der Küche gefunden und die Milch aufgewärmt und Berthe das Getränk in einer zierlichen rosa Porzellantasse serviert und Perrault beide über die Maßen gelobt hat, nimmt Télésille einen Schluck, seufzt anerkennend und beginnt ihre Erzählung, inspiriert, wie sie anmerkt, von den galanten Troubadoren und einem fernen Echo altgallischer Ritterzeiten.

In diesem Märchen ist ein vorausschauender König mit dem Beinamen Wackermann verheiratet mit der hart arbeitenden fleißigen Königin, genannt Arbeitsam, und sie haben einen Sohn, der aber weder vorausschauend noch fleißig ist, sondern sich nur für Bälle und Spektakel interessiert, gern Fangen und Blinde Kuh spielt und deswegen den Namen Prinz Freudlieb trägt.

Eines Tages wird der Prinz bei der Jagd von seinen Gefährten getrennt und sieht zu, wie ein schönes Mädchen von einer alten Bauersfrau mit derber Gewalt in eine Hütte gestoßen wird. Das Mädchen trägt ein veilchenblaues Mieder und sein blondes Haar in einer ländlichen Frisur, in der Hand hält es Spinnrocken und Flachs. Als der Prinz die Alte zur Rede stellt, warum sie ihre Tochter so schlecht behandele, antwortet sie: »Bitte, Ihr könnt sie haben, ich will sie gern loswerden. Diese ungehorsame Tochter ist eine reine Zierpuppe. Sie ist schrecklich langweilig, sie spinnt in einem fort.« Und so hebt der Prinz die junge Frau mit dem Namen Rosanie auf sein Ross.

Als der Prinz das Mädchen mit nach Hause bringt, stellt er es der Königin, seiner Mutter, als die geschickteste und fleißigste Spinnerin des ganzen Landes vor. Rosanie soll sich sofort an die Arbeit machen und einen riesigen Haufen Flachs aus Syrien, bretonischen Hanf und viele andere kostbare Fasern verspinnen. Aber sobald sie allein ist, weint sie bitterlich, weil sie das Spinnen hasst, es ist eine entsetzliche Strafe für sie, und sie kann an einem Tag kaum genug spinnen, um einen halben Rocken zu füllen. Am Hof sind schon bald alle verliebt in das Mädchen, das sie »die schöne Spinnerin« nennen. Doch der gefürchtete Tag, an dem die Königin die Früchte ihrer Arbeit sehen will, rückt immer näher.

Weinend geht Rosanie durch den Garten. Sobald der Hof herausfindet, dass sie gar nicht gut spinnen kann, wird man sie auslachen und aus diesem Paradies vertreiben! Da stößt sie auf ein kleines, schrumpeliges Männchen. »Aber warum weint Ihr denn, mein Kind?«, fragt das Männchen. »Erzählt mir von Euren Sorgen.« Und das tut Rosanie.

»Nehmt einmal«, sagt der Unbekannte, »dieses Stäbchen, das ich hier in meiner Hand halte, und betrachtet es.«

Rosanie nimmt es und betrachtet es aufmerksam. Es ist ein kleines niedliches Stäbchen aus hellem, bräunlichem Holz, mit einem Edelstein verziert, rosarot wie ein Karneol. »Berühre den Hanf oder Flachs damit«, sagt er ihr. »Das Stäbchen wird so viel für Euch spinnen, wie Ihr wollt, sogar die feinste Seide wie Arachne! Drei Monate lang will ich Euch mein Stäbchen überlassen, aber das ist meine Bedingung – wenn ich zurückkomme, müsst Ihr sagen: ›Ricdin-Ricdon, hier ist dein Stäbchen.‹ Wenn Ihr meinen Namen nicht mehr wisst, dann gehört Ihr mir und müsst mir folgen.« Der Name scheint Rosanie so leicht zu merken, dass sie sofort einwilligt. Bald darauf bewundert die Königin edle Stoffe und Garne, und der Prinz und Rosanie verlieben sich natürlich ineinander.

An dieser Stelle weicht Télésilles Märchen jedoch von der Version ab, die wir kennen. Sie führt die Figur Misslieb ein, eine Frau voller Schönheit und Ehrgeiz, aber mit einer »schwarzen Seele, zu gleichen Teilen hinterlistig und rachsüchtig, die hinter dem Prinzen her ist.« Vom Prinz verschmäht wendet sich Misslieb an eine Hexe, um schreckliche Rache an ihm zu nehmen. Bald wird der Prinz in Kenntnis gesetzt, dass ein grausamer Tyrann namens Tückebold das angrenzende Königreich Traumland übernommen hat und er aus politischen Gründen die Prinzessin des Traumlands heiraten müsse. Aber als er sie zurückweist, weil er Rosanie treu ergeben ist, zeigt sich die Dämonengeliebte in ihrer wahren Gestalt.

Misslieb ist zornentbrannt über das Scheitern ihres Plans und arrangiert als Nächstes die Entführung von Rosanie. Zum Glück kann Rosanie ihrem Entführer entkommen. Jetzt steht dem Eheglück der beiden Verliebten also nichts mehr im Weg, außer ... wie hieß das Männchen doch gleich?

Rosanie hofft, dass ihr der aus dem Gedächtnis entschwundene Name beim Aufschreiben wieder einfällt, und bringt Hunderte von Namen zu Papier:

Racdon

Ricordon

Ringaudon

Raccledon

Rickidi

Rumpeldon

Ricci-ticci

Rumpelpumpel

Zum Glück ist der Prinz eines Nachts unterwegs und kommt an der Ruine eines alten Palasts vorbei, in dem alle Fensterscheiben zerbrochen sind. Im Schein bläulicher Flammen – wie bei einem Hexensabbat – sieht er ein seltsames, vertrocknetes Männchen fröhlich hüpfen und springen, dazu singt es:

Wenn das junge, hübsche Mädchen,

das nur Kinderspiele weiß,

hätt in seinem Sinn behalten,

dass Ricdin-Ricdon ich heiß,

käm' sie nicht in meine Schlingen.

Doch nun ist die Schöne mein,

denn das Wort fällt ihr nicht ein.

Jedenfalls stellt sich heraus, dass Rosanie in Wirklichkeit die Prinzessin aus dem Traumland ist, die fälschlicherweise als Totgeburt bezeichnet (irgendwie kam eine Pastete ins Spiel) und dann in einem Sarg in die ärmliche Hütte geschmuggelt wurde, um sie vor dem Tyrannen zu schützen. Erkennen könne man sie an einem Muttermal in der vollendeten Form einer Rose an ihrem Ellbogen.

Am Tag ihrer Hochzeit taucht Ricdin-Ricdon wieder auf, doch dank des ausgezeichneten Gedächtnisses ihres Bräutigams kann Rosanie zu ihm sagen: »Hier, Ricdin-Ricdon, hier ist dein Stäbchen«, und der höllische Geist stößt ein grässliches Geheul aus und wird von der Erde verschluckt. Ende gut, alles gut.

Abgesehen von Misslieb, die die Hexe tötet und dann Selbstmord begeht.

»Bravo!«, ruft Madame d'Aulnoy und klatscht. Sie muss es zugeben: Diesmal hat Télésille echtes Talent bewiesen. Hat sie zu hart über die junge Frau geurteilt? Eine von Reynies Fliegen hätte doch sicherlich keine Hexe in ihrer Geschichte vorkommen lassen? Außer es ist ein doppelter Bluff, um die anderen von ihrer Spur abzubringen. Das restliche Publikum klatscht ebenfalls, und Télésille errötet und knickst.

»Wie originell!«, lobt Charles. »Und doch scheint zugleich der altehrwürdige Geist der Troubadoren aus Euch zu sprechen, liebe Cousine, ganz, wie Ihr es Euch erhofft habt – ausgezeichnet. Ich kann mir gut vorstellen, wie Blondel de Nesle Richard Löwenherz nach dem dritten Kreuzzug so etwas vorsingt. Ihr habt Euch Euren Platz auf dem Parnass verdient.«

»Und die Moral?«, lallt die Fürstin von Conti, die erstaunlicherweise noch bei Bewusstsein ist. Sie hat allerdings nicht richtig zugehört, abgesehen von der Sache mit dem Schwenken des potenten Zauberstäbchens.

»Die Moral lautet, nicht zu leichtfertig gefährliche Verpflichtungen einzugehen.«

»Ach wirklich? Sehr vernünftig. Was habt Ihr für eine sehr, sehr vernünftige Romanze geschrieben! Wir fühlen uns alle gebührend gemaßregelt.«

»Wie bitte, Hoheit?« Télésille macht ein bestürztes Gesicht; sie wirkt verblüfft, am Boden zerstört.

»Aber wenn Rosanie sich nicht auf die gefährliche Verpflichtung eingelassen hätte, wäre sie gescheitert und zurückgeschickt worden in die scheußliche Hütte«, merkt Charlotte-Rose an, das Gesicht halb versteckt hinter ihrem sorgfältig platzierten Fächer; sie fühlt sich mittlerweile ein wenig sicherer im Kreis der Literaturkritikerinnen. »Dann hätte es kein Abenteuer gegeben. Sie hätte nie herausgefunden, dass sie im Traumland eine Prinzessin ist.«

»Vielleicht lautet die Moral: Merkt Euch stets die Namen Eurer Feinde!«, schlägt Charles mit gespielter Beiläufigkeit vor (wie gern wüsste er den Namen des Seinen!).

»Ich werde mir auf jeden Fall den Namen Misslieb merken, es gibt da eine gewisse Dame am Hof, die werde ich innerlich so nennen«, wirft Charlotte-Rose ein. »Mir hat die Stelle mit dem Hexensabbat besonders gut gefallen. Schrecklich gruselig.«

»Ich glaube, Rici-Ricdoo war eher eine Art Kobold«, witzelt Charles, um umgehend vom Thema Hexen wegzusteuern. »Oder hieß er Ricdee-Racdee?« Die Salonnières lachen. Reine Ablenkung, das weiß er genau.

»Der vorausschauende König und die fleißige Königin«,

schnaubt die Prinzessin. »Dass ich nicht lache! Das ist nun wirklich reine Fantasie! Man stelle sich nur mal eine Königin vor, die arbeitet. Oder auch nur weiß, wie man sich selbst die Zähne putzt. Man stelle sich vor, mein Vater würde für irgendetwas oder irgendjemanden außer sich selbst Sorge – «

Bei dieser direkten Erwähnung der Eltern der Prinzessin wechseln Charles und Marie einen schnellen Blick. Nach außen wirkt Marie so ruhig wie eh und je, aber Charles kann die Bestürzung unter ihrer Braue pochen sehen. Er schluckt. »Am besten hören wir noch eine Geschichte«, schlägt er fröhlich vor. »Wir haben noch so viel Programm vor uns. Bin ich als Nächster dran, Madame d'Aulnoy? Ich habe an diesem Abend nur einen amüsanten kleinen Schwank mitgebracht, eine rustikale Satire, die, wie ich hoffe, zur allgemeinen Erheiterung beitragen wird ...« Marie nickt übereifrig.

Es ist das Märchen von den drei lächerlichen Wünschen.

Darin gewährt der Gott Jupiter einem Baumfäller unerwartet drei Wünsche. Als er das am Abend bei einem Glas Wein feiert, wünscht er sich versehentlich eine schöne, lange Bratwurst, die auch sofort wie eine Schlange aus dem Kamin gekrochen kommt. Als seine Frau ihn einen Tölpel schimpft, gerät er in Wut und wünscht sich, die Bratwurst wäre an ihrer Nase festgewachsen. Sein letzter Wunsch ist es dann, dass ihre Nase ihren ursprünglichen Zustand zurückerlangt.

Es ist keines von Charles' Meisterwerken. Wenn man ganz ehrlich sein will, dann hat er das Märchen fast wortwörtlich so vorgetragen, wie seine Amme es ihm damals erzählt hat. Das Beste an der Geschichte ist, dass weder Königsfamilien noch Hexen darin vorkommen. Aber sie wird trotzdem mit einigen schmutzigen Lachern belohnt, besonders von irgendeinem Marquis im Hintergrund – Perrault kann sich nicht erinnern, ihn schon einmal gesehen zu haben, außer beim *Lever* in Versailles, der Ankleidezeremonie des Königs. Charles' Unbehagen verstärkt sich. Er kann nur hoffen, dass er für angemessene Ablenkung gesorgt hat.

Und was würde er sich wünschen, wenn er drei Wünsche frei hätte?

Dass er wieder in Versailles im Zentrum der Macht wäre? Vielleicht. Nein, das nicht.

Dass seine Frau wieder lebendig wäre?

Aber er weiß ja, wie sich solche Geschichten abspielen: Ihr halb verwester, von Schmerzen gepeinigter Körper würde von den Toten wiederauferstehen, und sie hätte nichts Liebenswürdiges mehr an sich. Sie würde sich wünschen, wieder tot zu sein. Und er würde noch nicht einmal glauben können, dass sie es war: Sie würde ihm wie eine Dämonin erscheinen, die nur gekommen ist, um ihn auf Abwege zu führen. Es könnte nie wieder so sein wie früher. Als Nächstes würde er sie zurück ins Grab wünschen müssen.

Charles wünscht sich, er könnte Marie d'Aulnoy helfen. Ihr irgendwie als Freund die Hand reichen. Er würde ihr gern die Hand drücken, denkt er auf einmal, aber nur, wenn sie das als angenehm empfände. Er wünscht sich ... Würde er sie gerne küssen? Der Gedanke beunruhigt ihn. Nein, das erscheint ihm zu vulgär, das würde sie sicher nicht wollen. Den Gedanken wird er nicht zulassen, er will sich einfach nur – oder nicht? – mit einem anderen menschlichen Wesen verbunden fühlen. Die andere sehen, von ihr gesehen werden. *Ich wünschte. Ich wünschte.*

Und dann erscheint Berthe an der Tür und flüstert Madame

d'Aulnoy etwas ins Ohr. Als sie den Kopf schüttelt, breitet sich eine Welle der Bestürzung im Raum aus. Langsam und leicht gebeugt tritt Reynie ein.

»Sieh an, sieh an«, sagt er. »Der berühmte Salon der Madame d'Aulnoy.« Er nimmt den Hut ab. »Die versammelten Damen und Herren sind also die modernen Märchenerzähler, richtig? *Les précieuses*. Was für eine preziöse kleine Versammlung wir hier haben.«

»Ich wünsche Euch einen guten Abend, Reynie.« Instinktiv übernimmt Charles das Kommando, weil er das Gefühl hat, dass Reynie Männer eher respektiert. »Welch übler Pesthauch hat Euch hierher geweht, dass Ihr den Anwesenden den Abend verderben wollt?«

»Ach, das tut mir aber leid«, erwidert Reynie und blinzelt träge. »Ich war einfach bisher zu beschäftigt mit Taschendieben und Vagabunden und Bordellen und so weiter. Paris schläft nie, Perrault, und die Unterwelt schon gar nicht, insofern habe ich erst jetzt die nötige Zeit gefunden, diesen *lettre de cachet* zu überbringen. Aber ich lasse es mir nicht nehmen, diese Briefe persönlich auszuhändigen, das ist mir eine große Ehre – wie Ihr wisst, kommen sie direkt von Seiner Hoheit, unserem König Ludwig dem XIV. Dieser Brief ist für ...« Er kneift die Augen zusammen und liest den vollständigen Namen vor, als genieße er den Geschmack jeder einzelnen Silbe. »Charlotte-Rose Caumont de La Force. Wenn Ihr Euch zu erkennen geben könntet. Ich habe Order, Euch ins Benediktinerkloster Gercy-en-Brie zu bringen.«

»Ich bin hier«, sagt Charlotte-Rose mit klarer, bebender Stimme und tritt vor.

»Wenn Ihr mit mir kommen würdet, Mademoiselle. Ihr

dürft vorher noch Eure Sachen packen, auch wenn ich vermute, dass Ihr im Nonnenkloster keine Schönheitspflaster und Fächer und anderen Tand brauchen werdet.«

»Nein!«, schreit Marie d'Aulnoy auf. »Nein! Sie hat nichts Schlimmes getan. Die Familie des Jungen ist schuld. Die Ehe wurde vom König genehmigt.«

Angélique lässt ihren Fächer sinken und eilt zu Charlotte-Rose, um ihr schützend den Arm um die Schultern zu legen. Sie war davon ausgegangen, dass der *lettre de cachet* ganz sicher für sie bestimmt sein würde, und fühlt sich zittrig und leicht hysterisch. »O mein liebes Kind, diese schrecklichen Männer! Das können wir nicht zulassen!« Charlotte-Rose selbst scheint wie erstarrt dazustehen, leicht schwankend, als sehe sie sich aus großer Ferne dabei zu, wie sie eine Rolle spielt. Sie kann nicht glauben, welches Schicksal ihr bevorsteht: Dass sie weit, weit weg von männlicher Gesellschaft unter den Zölibatären eingesperrt werden soll, als sei sie in ihrer eigenen Geschichte gefangen.

Reynie mokiert sich über die Aufregung. »Wenn die werten Damen sich beruhigen könnten, bitte. Hier im Brief steht, der Grund sei literarischer Natur – der König kann das Wort ›Gift‹ nun einmal nicht ausstehen, das muss die ehrenwerte Runde verstehen. Seine Majestät wollen nicht, dass in einer Geschichte zur moralischen Erbauung von Kindern – sollte das tatsächlich das sein, was hier zum Vortrag kommt, auch wenn es meine Gutgläubigkeit ein wenig übersteigt, muss ich sagen – so hässliche Worte wie ›Gift‹ vorkommen.«

»Wer hat Euch das verraten?«, zischt Marie ihn an.

»Nur eine kleine Fliege auf dem Fenstersims. Wisst Ihr ...« Er spricht jetzt leiser, nur an sie direkt gewandt. »Ein kleiner

Hinweis für Euch, Marie-Catherine, den ich immer wieder gern anbringe: Solange Ihr in Paris seid, geht Ihr am besten davon aus, dass der König alles sieht und hört. Auf diese Art werdet Ihr Euch immer von Eurer allerbesten Seite zeigen, nicht wahr? Und Euch ist natürlich bewusst, dass der König ein besonderes Interesse daran hat, mit welcher Gesellschaft *Ihr* Euch umgebt, Madame? Ein ganz besonderes Interesse.« Sie nickt kleinlaut. Für einen Augenblick hat sie vergessen, ihre Gefühle zu verstecken.

Als Reynie Charlotte-Rose zum Ausgang führt, eilt Charles ihm hinterher. Die Bedeutung von dem, was er Reynie gerade zu Marie hat sagen hören, kann er so schnell nicht erfassen und muss es erst einmal beiseiteschieben. »Wartet einen Augenblick, bitte. Was geht hier vor sich, Reynie? Arretiert Ihr Charlotte-Rose allen Ernstes für das Wort ›Gift‹? Schickt eine junge Frau ins Exil, die noch ihre ganze Zukunft vor sich hat, als läge nicht aller Welt dieses Wort auf der Zunge? Als wärt Ihr nicht auch davon besessen? Wer soll sich denn von dieser Geschichte beleidigt fühlen: Athénaïs, Eure Erzfeindin?«

»Da habt Ihr mich falsch verstanden, Perrault. Sie ist *Eure* Feindin, nicht meine. Der König hat angeordnet, dass alle Athénaïs betreffenden Untersuchungen eingestellt werden, ihr Name soll aus dem Gerichtsdossier getilgt werden, um jeden weiteren Skandal zu vermeiden. Ich habe vierunddreißig Menschen zum Tode verurteilt, La Voisin wird brennen, aber Athénaïs wird nicht der Prozess gemacht. Wir haben es Feiglingen wie Euch zu verdanken, dass sie immer noch Einfluss am Hof besitzt. Die Ungeheuerlichkeit ihrer Verbrechen erweist sich als ihr Schutz. Ihr Salonniers tut gut daran, Euch das ins Gedächtnis zu rufen, bevor Ihr Euch über sie lustig macht.«

»Aber es sind doch nur Märchen, Reynie! Macht Ihr das etwa, um mich zu bestrafen?«

»O nein, so wichtig seid Ihr nun wirklich nicht mehr, Charles Perrault«, sagt Reynie und schiebt Charlotte-Rose zur Tür hinaus.

Nachdem die beiden das Haus verlassen haben, herrscht ein betretenes, quälendes Schweigen in Maries schönem Korallenzimmer. Ein Schniefen. Ein Zungenschnalzen. Irgendjemandem knurrt der Magen. »Ich will ja nicht auftrumpfen, aber ich habe es den werten Damen doch gesagt«, ergreift der Abbé schließlich mit seltsam belegter Stimme das Wort; seine Tränensäcke sind vor Rührung angeschwollen, und er zieht an seinen wächsernen Locken. »Die Damen können nicht behaupten, dass ich nicht seit vielen Wochen auf die bösen, heidnischen Untertöne dieser *contes de fées* hingewiesen hätte, die die anwesende Damenwelt in Schwierigkeiten stürzen können. Ja, die Intelligenz der Salonnières ist die Zierde von Paris, aber man fragt sich doch, ob es nicht angeraten wäre, sich auf gelegentliches Versedichten, das Bibelstudium und die Haushaltsführung zu konzentrieren, statt sich mit Wölfen in Frauenkleidern und Ähnlichem mehr zu beschäftigen. Ich bin nicht so naiv, dass ich nicht wüsste, dass in dieser Stadt meine fröhlichen kleinen Gedichte über lavendelblaue Kutschen und andere heitere Zerstreuungen verspottet werden! Aber zumindest sind sie weder gottlos noch lüstern und begehen keinen Verrat am König. Das wollte ich nur gesagt haben.«

Das Glas Wein in Maries Hand zittert einen Augenblick,

weil sie es ihm zu gern ins Gesicht geschüttet hätte. Aber sie entscheidet sich stattdessen, Mitleid mit dem Geistlichen zu haben.

Nicht so Perrault. Der Zorn packt ihn. Was ist das für ein galliger Monolog, wenn nicht das Geständnis ihrer Fliege? Das ist doch Beweis genug, dass er der Spion ist! »Was für eine garstige kleine Rede, Abbé«, bemerkt er bitter. »Oder, nein, sagt's mir nicht – stammt sie etwa von dem Theaterschreiber Molière?«

20.

Das Märchen vom Spieglein

Das Problem mit den Spiegeln sind wir selbst.

Athénaïs starrt sich im Spiegel an: Ihr sehr helles Gesicht mit den feinen Wangenknochen und Grübchen ist rundlich geworden – sie weiß, dass sich der Hofchronist Primi Visconti letzte Woche mit der Äußerung vorgewagt hat, ihr Bein sei so dick wie sein eigener Oberschenkel – und ihre Wangen hängen schwer herab, trotz endloser Massagen im Vanilledampf der Bäder.

Ihre eisblauen Augen, die früher so viel Schaden an Männerherzen anrichteten, scheinen tiefer zu liegen, sie haben ihren Glanz verloren, und auch die Augenbrauen wirken spärlich – vielleicht sollte sie sich ein künstliches Paar aus Mäusepelz anfertigen lassen.

Auf ihrer Wange haben sich schwarze Flecken gebildet, die Athénaïs mit dickem, weißem Bleipuder abdeckt. Sie ahnt nicht, dass diese Abhilfe zugleich Ursache der Flecken ist und das Blei auch ihre Augen bereits getrübt hat. Am Kinn wächst ihr eine neue kleine Warze, die sie mit einem sternförmigen Schönheitspflaster abklebt.

Aber ihre tausend blonden Ringellocken, durch die sie berühmt geworden ist, umspielen immer noch ihr Gesicht, oder etwa nicht, in einem Stil, den man Hurluberlu – oder auch Kohlkopffrisur – nennt, fixiert mit einer aus Schmalz gemachten Pomade. Laut fragt sie sich: »Wer ist die Schönste im ganzen Land?«

Frau Königin, Ihr seid die Schönste hier, aber Schneeweißchen ist tausendmal schöner als Ihr, antwortet der Spiegel.

Ludwig hat ihren Namen aus den Prozessprotokollen tilgen lassen, aber sie weiß, dass er wütend auf sie ist. Sie hat sein sorgfältig aufgebautes Bild befleckt und einen Schatten auf seine goldene Sonne geworfen. Ob sie noch die Verführungskraft besitzt, ihn zurückzuerobern? Sie fühlt sich erschöpft und lustlos. Und hat sie nach all diesen Jahren überhaupt noch den Willen dazu – wer ist er denn schon, ganz ehrlich, dass sie ihn so sehr liebt? Klein ist er, hat Pockennarben und immer irgendwelche Schwierigkeiten mit seinem Arschloch, beim Essen quillt es ihm aus der Nase heraus, diesem Zinken, wenn er die Zähne mal wieder in irgendeinen fettigen Kadaver haut; an seinem kleinen Glied blüht irgendeine neu erworbene Geschlechtskrankheit, die Taschen hat er voller Hundekuchen. Und, o Gott, in welche Rage seine lächerlichen, hochhackigen Schuhe sie versetzen. Wie sehr sie aufpassen muss, keine spitzen Bemerkungen über ihn zu machen! Was ist der König nur für ein armseliger geiler Bock, er hat sogar ihre Zofe gevögelt, während sie im Bad war. Und älter wird er auch: Gicht, Ischias, die ständigen Aderlässe und Einläufe. Man sagt, der spanische König vertrage nur noch menschliche Muttermilch.

Liebt sie Ludwig, oder hasst sie ihn? Hat sie ihn je geliebt? Oder ging es ihr nur um seine Macht, seine Krone, den Thron, die Bälle, den Glitzer, ihr eigenes Spiegelbild, wenn sie im Spiegelsaal gefickt haben und sie oben war?

Jetzt hört er auf Madame de Maintenon. Maintenon! Sie wird schon als seine neue offizielle Mätresse bezeichnet.

Diese Gouvernante, die *sie selbst* in der Rue de Vaugirard in Paris mit einem hübschen Einkommen und vielen Hausangestellten installiert hat, damit Maintenon diskret ihre und Ludwigs gemeinsamen Kinder aufziehen konnte. Und jetzt verdreht ihm die ach so tugendhafte Gouvernante den Kopf mit ihrem Geschwätz über Jesus und Vergebung und dass in der Fastenzeit keine Opern gegeben werden dürfen. In den Sälen von Versailles werden schon Verse auf sie geschmiedet, sie wird Madame Jetzt genannt!

Und was Ludwigs Geschlechtstrieb angeht ... Er hat sich schon wieder irgendein neues kleines Mädchen angelacht. Athénaïs hat doch beim letzten Ball gesehen, wie er sich die Lippen nach ihr geleckt hat. Das Mädchen erinnerte sie an jemanden, wie ein kleiner Geist. Aber hat sie wirklich noch Lust auf so etwas? Jetzt ist keine La Voisin mehr da, die ihr helfen könnte, ihre Erbschaftspulver sind alle aufgebraucht. Was hätte sie davon, wenn sie das Leben dieser Kleinen beenden würde? Ein paar Monate länger, und vielleicht den einen oder anderen Anstandsfick um der alten Zeiten willen, und dann wird auch sie in irgendein Kloster abgeschoben, damit sie Buße tun kann. So ergeht es allen von Ludwigs Frauen am Ende, nur hätte Athénaïs dann eine Sünde mehr zu bereuen. O Gott, war sie wirklich immer nur eine seiner Frauen?

... Louise, Bonne, Diane, Thérèse, Catherine, Julie, Anne-Madeleine, Gabrielle, Marie, Isabelle, Lydie, Olympia ...

Das Märchen soll doch eigentlich an der Stelle enden, wenn der König sich in die Glückliche verliebt hat, warum war es nicht da zu Ende? Warum muss sie ihn immer und immer wieder für sich gewinnen? Warum sagt einem keiner, dass aus der schönen Prinzessin die böse Königin wird, dass sie dieselbe Person sind, nur an verschiedenen Stellen in der Geschichte?

Athénaïs verteilt mit einem Wollebausch Rouge auf ihren Wangen, tupft etwas Lippenstift aus Schmalz und Roter Beete auf. *Sehr schön. Schon viel besser. Na komm, du schaffst das.*

»Ich bin die Schönste im ganzen Land«, sagt sie zum Spiegel.

Nein, Frau Königin, antwortet der Spiegel. *Nicht mehr.*

Das Problem an den Spiegeln sind wir selbst.

21.

Das Märchen vom Ballkleid

Judith d'Aulnoy hat sich für ein graugrünes Kleid in der Farbe von seladongrünem Porzellan entschieden, das einen aparten Kontrast zu ihrem dunkelroten Haar bildet. Bei Françoise d'Aulnoy, die sich etwas in Lavendelblau hat nähen lassen, sind gerade Läuse gefunden worden. Ihre Amme Mimi kämmt sie ihr mit einem feinen Nissenkamm, so gut sie kann, aus den Haaren, während Françoise mit verträumtem Gesichtsausdruck dasteht.

»Woran denkst du, mein Püppchen?«, fragt Mimi.

»Ich stelle mir nur vor, wie sich alle im Ballsaal in mich verlieben. Das ist ganz schön peinlich.«

»Nummer dreißig!«, sagt Mimi und hält eine weitere Laus hoch. »Ist das ein neuer Rekord?«

»Nein, ich hatte schon mal zweiundfünfzig«, antwortet Françoise. »Belle-Belle hat mir eine aus den Haaren geklaubt und gefressen! Nicht geflunkert, das hat sie wirklich gemacht!« Momentan hockt das Äffchen Belle-Belle auf dem Buffet und verspeist in Windeseile einen angestoßenen Apfel, wobei die Koteletten an den kleinen Bäckchen wie wild hüpfen.

Thérèse, die mittlere Tochter, erscheint plötzlich, ganz in Rot. Die Farbe steht ihr ausgezeichnet, ihre jungen Brüste zeichnen sich durch das Kleid ab, ihr glattes, dunkles Haar ist zurückgesteckt, sodass ihr ovales Gesicht und ihr kleiner, runder Mund gut zur Geltung kommen. »Seid ihr soweit, Mädchen?«, sagt Marie. »Der Kutscher wartet schon draußen – oh! Oh, Thérèse.«

Eine weitere Tochter, die schon fast eine junge Frau ist. »Kommt Ihr denn nicht mit, Maman?«

»Nein, ich glaube, das wäre unklug. Mein Ruf war schon mal besser. Aber Thérèse, du siehst so – einfach so ...« Ein Schwindelgefühl überkommt Marie, als könne sie jeden Moment über den Rand der Welt fallen.

Rosenrot   Schneeweiß   Rosenrot   Schneeweiß
Rosenrot   Schneeweiß   Rosenrot   Schneeweiß

»Maman?«

»Ich habe Migräne«, bringt Marie vor, was in gewisser Weise auch stimmt. »Es tut mir leid, Mädchen. Bitte genießt den Abend. Seid höflich, seid vorsichtig, bleibt nicht zu lange weg und passt aufeinander auf.« In diesem Augenblick wünscht sie sich, sie wäre eine Mutter, die ihre Kinder gewohnheitsmäßig küsst, dann könnte sie ihnen jetzt einen Abschiedskuss geben, als eine Art Schutzzauber.

In der Zwischenzeit bereitet sich anderswo in der Stadt Angélique de Tiquet sorgfältiger als sonst auf den Ball vor. Er fängt erst um dreiundzwanzig Uhr an und wird wahrscheinlich bis in die Morgenstunden dauern, weswegen es immer sinnvoll ist, vorher etwas zu essen. Angélique lässt gerade ein eher angespanntes Abendessen mit ihrem Mann Claude über sich ergehen. Beide sitzen an den gegenüberliegenden Enden eines langen Tischs. In jüngster Zeit haben sich beide in ihre voneinander getrennten Flügel des Hauses zurückgezogen, aber diese Woche hat sie Claude eine Menge Geld gegeben, um ihn zu besänftigen. Im flackernden Kerzenlicht stehen alle gewohnten Gänge aus Suppe, Eiern, Fisch und Fleisch auf goldenen Platten und in silbernen Terrinen vor ihnen.

Zu Hause trägt Claude seine Perücke nicht, er hat einen vollständig kahlen Kopf, sein Körper ist dafür mit Haaren bedeckt. Am Rücken hat er dunkle Flügel aus Flaum. Er hat eine kräftige, untersetzte Statur, seine Augen scheinen ein wenig aus den Augenhöhlen zu quellen. Angélique hat Moura gebeten, das von ihr besorgte Gift unter die Knoblauchsoße des Hammelfleischs zu mischen, da Claude dieses Gericht liebt und sie es noch nie gern gegessen hat, es liegt ihr zu schwer im Magen. Überhaupt ist das viele Fleisch jeden Tag ganz offen gesagt ein bisschen viel: Wenn Angélique könnte, würde sie nur von Süßspeisen leben.

Was für ein schönes Zimmer sie hier geschaffen hat, denkt sie: die Reliefs an den Wänden, die Sommervorhänge aus geblümter Seide, die Anrichte mit Marmorintarsien, die Gobelins, auf denen der Raub der Europa zu sehen ist, die Vasen voller Lilien. Sie liebt die Schönheit. Wie kann dieser Mann glauben, er könne sie heiraten und ihr dann all ihre schönen Dinge wegnehmen?

Das Problem ist nur, dass sie nicht genau weiß, ob das Arsen wirklich reichen, ob Claude genug vom Hammelfleisch essen wird – bisher hat er kaum eine Gabel voll zu sich genommen. Ihr Plan ist es, auf den Ball zu gehen – damit sie nicht zu Hause ist, wenn ihr Mann stirbt, und Überraschung heucheln kann –, aber der Diener, Moura, hat Order, Claude im Auge zu behalten, und falls er den Eindruck macht, nur halb tot zu sein oder herumzustolpern und nach Hilfe zu rufen oder etwas in der Art, hat sie Moura eine Pistole gegeben, damit er Claude den Gnadenschuss geben kann. Sie wollen dann behaupten, es sei ein Raubüberfall gewesen: Seit der schlechten Ernte hat die Zahl der Räuber stark zugenommen.

»Noch ein Schluck Wein?«, fragt Moura sehr förmlich und hält Angélique den mit tanzenden Bacchantinnen bemalten Krug hin, ein kleines Handtuch über dem Arm.

»Ja, bitte«, sagt sie mit ihrer charmantesten Stimme und lächelt zu ihm hoch. »O Claude, Ihr wollt doch sicher auch noch einen Schluck, solch eine exzellente Beaujolais-Traube. Das passt sicher besonders gut zum Hammelfleisch, zu schade, dass ich das nicht zusammen probieren kann.«

Claude kann ihre Stimme auf den Tod nicht ausstehen – wie unangenehm deutlich man hört, wenn sie versucht, einem Mann zu gefallen –, allerdings hält er fälschlicherweise sich selbst für den Mann, dem sie gefallen will. Als sie ihm das verlangte Geld aushändigte, nahm er es als Zeichen, dass sie auch zu weiteren Zugeständnissen bereit ist. Jetzt scheint sie sich allen Ernstes einzubilden, er könne sie wieder begehrenswert finden, wenn sie ein Schmollmündchen macht, mit ihren grauen, stinkenden Zähnen. »Na gut, klar, schenk nach, Moura.«

Uns ist vielleicht schon aufgefallen, dass Moura für einen achtzehnjährigen Diener recht gut aussehend ist, auf eine unvollendete, in die Länge gezogene Art – langer, schlaksiger Körper, langes Gesicht –, er ist so ein langer Lulatsch, dass seine Freunde im Wirtshaus ihn »das Baguette« nennen. Möglicherweise bezieht sich dieser Spitzname noch auf etwas anderes, wie Angélique letzte Woche feststellen konnte, als sie zum Dank für seine Hilfe versuchte, seinen Penis in den Mund zu nehmen und dabei sehr unangenehme Erstickungsgeräusche von sich gab. Die Geräusche schreckten Madame Miaou auf, die sich steif machte, den Schwanz aufrichtete und Moura anfauchte. Rücksichtsvoll korrigierte Moura diese Situation, indem er Angélique zu ihm aufs Bett hochzog. Er ging auf die Knie und stieß sehr, sehr tief in sie – junge, hungrige Stöße –, bis sich die Decke über ihr drehte.

»Ich habe ihn leider nicht rechtzeitig rausgezogen, Madame«, murmelte er hinterher, als er sich wieder anzog. Ein wenig nervös, fast, als wolle er einen kleinen Tanz aufführen. Pickel verunzierten den Winkel seines schönen Munds. »Bitte verzeiht mir, wenn ich das hätte tun sollen. Bitte verzeiht, wenn ich zu schnell war – ich war nur …«

»Nein, nein«, lächelte sie, »mach dir keine Sorgen, da passe ich schon auf, Moura. Wir helfen uns gegenseitig, oder etwa nicht? Wie zwei Freunde.«

Unter dem Tisch wird gemaunzt, also greift Claude nach einem Stück Hammelfleisch. »Hier, Madame Miaou, hier!«

Angélique kreischt auf. Die Katze flüchtet sich in ihren Schoß. »Du kriegst heute nur Fisch, meine Süße«, sagt sie, und ihr Herz pocht vor Angst, als sie die Flunder schnell von der Gräte zu befreien versucht. »Besser für das Bäuchlein. Schrecklich warm heute Abend, oder nicht? Ich mache mich dann mal lieber fertig für den Ball. Ihr wollt ganz sicher nicht mitkommen, Claude?«

»Nein«, antwortet er. »Diese ganzen herausgeputzten Frauenzimmer, das geht mir auf die Nerven. Ich fühle mich sowieso nicht so gut.«

Also geht Angélique sich umziehen. Sie legt ein Puffärmelkleid aus golddurchwirktem Taft mit einer himmelblauen

Schärpe und weiße Spitzenhandschuhe an, ein Perlencollier um den Hals. Sie steigt in die Pferdekutsche, ein Lakai steht hinten auf dem Tritt. Als sie losfährt, nickt ihr Moura gelassen vom Fenster aus zu, was sie beruhigt und geradezu mit einem Gefühl der Euphorie erfüllt – sie fühlt sich wieder richtig jung.

Und jetzt ist sie auf dem Weg zu einem prächtigen Ball in Versailles, was für ein Spaß!

Auch wir dürfen mit auf den Ball gehen, liebe Leserinnen und Leser. Wir sind dabei an diesem Spätsommerabend. Ist es nicht wunderschön? Es herrscht eine ausgelassene Stimmung wie an Karneval. Bitte haltet eine kurze, witzige Bemerkung bereit, wenn ihr Dauphin und Dauphine vorgestellt werdet. Überall hängen Orangen an den Bäumen, diese prallen Sonnen, und so viele Blumen – Jasminkonstellationen blühen unter dem Sternenzelt und tränken die Nachtluft mit ihrem Duft, ein Teppich aus blühendem Phlox. Süßigkeiten, Wein und Likör stehen für die Gäste bereit, die sich selbst bedienen dürfen.

Überall gibt man sich Luftküsse. Männer verbeugen sich und lachen. In ihren Ballkleidern sehen die Frauen ebenfalls wie Blumen aus, nicht wahr, in jeder Farbe knicksen und wirbeln sie, flirten und fächern sich Luft zu, im endlosen Tanz, von den Sälen in die Grotten und unter Baldachine. So viele Perücken, aus dem feinsten Haar normannischer Bauersfrauen gefertigt, mit Mehl bestäubt und Bergamotte parfümiert. Frisuren, die über eisernen Gestellen auftoupiert und mit Pferdehaar ausgepolstert werden und so hoch sind, dass ihre Trägerinnen sich unter jedem Türrahmen bücken müssen. Eine Perücke ist mit Früchten geschmückt, bei einer anderen scheint eine Ratte herauszulugen.

Und hier ist auch der neue *Salle de Bal* mit seinem halb-
runden Springbrunnen und den vergoldeten Leuchtern –
perfekte Kulisse für ein sommerliches Tanzvergnügen. Das
Hoforchester spielt bereits, auch der größte Komponist der
Ära Jean-Baptiste Lully ist dabei. Einige bekannte Gesichter
sind mit von der Partie: Da ist Angélique, die mit einem Mann
mittleren Alters tanzt, irgendein Baron, auf eine Art, die auf
frühere Intimität schließen lässt; geistesabwesend vergisst
Angélique immer mal wieder das Lächeln. Und Judith tanzt
mit einem Jungen, der peinliches Geplauder über den Mond
zum Besten gibt. Die Fürstin von Conti lehnt an einem Podest,
während ihr Mann versucht, sich an die Zeilen des Stücks zu
erinnern, das sie gelegentlich aufführen und in dem sie verheiratet sind. Die eleganten neuen Schuhe der kleinen Françoise
passen nicht recht – um ehrlich zu sein, ist sie von Zuhause
das Barfußgehen gewöhnt – an einem Hacken ist ein bisschen
Haut abgescheuert, und es blutet. Françoise tritt an den Rand
der Tanzfläche, um ihren Fuß zu inspizieren, blickt auf – und
der Mund bleibt ihr offen stehen.

Oh! Viele der Anwesenden scheinen das Paar anzustarren,
das jetzt die Tanzfläche einnimmt. Sogar Athénaïs mit ihrem
Gefolge hält den Blick starr auf die Szene gerichtet, das Gesicht wie aus Stein, als sei es ihr eigenes Abbild in einem ge-
sprungenen Spiegel.

Der König – Ludwig der XIV., der Sonnenkönig höchstpersönlich – tanzt eine Gavotte mit einer geheimnisvollen
jungen Schönheit im scharlachroten Kleid. Die Haut der jungen Frau ist weiß wie Schnee, die Lippen rot wie Blut, ihr Haar
schwarz wie Ebenholz.

Die Stunde schlägt Mitternacht.

22.

Das Märchen vom gestiefelten Kater

Die unglaubliche Geschichte, die auf diesen Abend folgte, ist viele Male erzählt worden.

Das Gift wirkte nicht, oder nicht genug, jedenfalls bekam Claude Tiquet nur Durchfall und schreckliche Bauchschmerzen, die ihm sehr verdächtig vorkamen. Deswegen beschloss er, zu seinem Freund zu gehen, einem Arzt in der Nachbarstraße, um dessen Meinung einzuholen, wurde dann aber auf dem Weg dorthin dreimal in den Rücken geschossen. Als Monsieur Tiquet durch den dreckigen Rinnstein kroch, bemerkte er einen großen, schlanken und vertraut wirkenden Umriss im Dunkeln. Zum Glück oder Unglück, das kommt ganz auf die Perspektive an, peinlich war es auf jeden Fall, gingen auch die Schüsse daneben. Eine Kugel wurde zwar später in der Nähe von Claudes Herz gefunden, aber er überlebte. Alle kennen heute die Worte, die er stöhnte: »Bringt mich nicht zurück nach Hause, mein einziger Feind ist meine eigene Frau«, als ihn Passanten auffanden.

Angélique war augenblicklich die Hauptverdächtige. Außerdem gab es einen Zeugen, der folgende Sätze mitgehört haben wollte: »Es ist mir unmöglich, Freude zu empfinden, so lange mein Gatte noch am Leben ist. Und seine Gesundheit ist viel zu robust, als dass ich mit einer baldigen Umkehr des Schicksals rechnen könnte.«

Dass Angélique Tiquet die Wasserfolter überstehen würde, war von vornherein eher unwahrscheinlich. Es war damals üblich, die verdächtige Person auf eine Streckbank zu binden und ihr acht Krüge Wasser in den Hals zu gießen, und Angélique hatte immer schon einen starken Würgereflex. Sie ertrug nur einen Liter, als ihr klar wurde, dass sie die Folter nicht würde durchstehen können, da gestand sie praktisch alles und verriet auch ihren Komplizen Moura.

Marie d'Aulnoy wirkt erschöpft und vor lauter Schlaflosigkeit wie ausgehöhlt, als sie die Erlaubnis erhält, Angélique in der Bastille zu besuchen. Zuerst kamen die Mädchen um sechs Uhr morgens vom Ball nach Hause und plapperten alle gleichzeitig drauf los. Françoise versuchte, Aufmerksamkeit dadurch zu erregen, dass sie vorgab, einen Schuh beim Tanzen verloren zu haben, und Judith rasselte die Namen verschiedener Jungen herunter. Am beunruhigendsten aber war Thérèse, die in ihrem roten Kleid einfach nur in schrecklich strahlender Klarheit dastand, so wie Iphigenie in Aulis vor der Menge gestanden haben musste.

Am folgenden Morgen kurz nach Tagesanbruch hörte Marie die schreckliche Nachricht von Angéliques Verhaftung. Eine unerträgliche Flut von Erinnerungen stürzte auf sie ein. Dieses Mal konnte sie die tosende Welle nicht aufhalten, sondern wurde von ihr mitgerissen. Die beiden armen Männer, die sich damals von Maries Mutter dazu überreden ließen, den Baron der Steuerhinterziehung zu beschuldigen! Charles Bonenfant und Jacques de Crux. Besonders Bonenfant. Wie konnte sie zulassen, dass er in die komplizierte Intrige ihrer Mutter, mit der sie Maries Schicksal wenden wollte, verwickelt wurde, in diese schreckliche Zitterpartie? Als sie damit anfingen, hatten sie noch nicht einmal miteinander geschlafen, aber Bonenfant wollte sie retten; sein Kopf war voll romantischer Ideen. Wie bitterlich Marie die Nacht bereut, in der sie weinte und er ihre nassen Augenlider küsste, o Gott, dieser liebe, dumme Kerl! Sie sehnte sich so sehr danach, gerettet zu werden, sie ließ ihn in dem Glauben, dass er sie retten könnte. Aber er rettete sie nicht, im Gegenteil, mit ihren taubenetzten Wimpern, ihrem Zittern, ihrer Verletzlichkeit, verdammte *sie ihn* zum Untergang.

Als der Baron im Gefängnis saß, hatten Bonenfant und sie versucht, im Geheimen ein bisschen Familie zu spielen. Einfache, gemeinsame Abendessen. Anfangs hatte Marie sich nach den furchtbaren Jahren mit dem Baron bei jeder Berührung versteift, aber Bonenfant war sanft und geduldig, und schließlich liebten sie sich, wachten gemeinsam auf, nackt zwischen verknäulten Laken. Als sie schwanger war, massierte er ihr den Rücken. Mit wie viel Fürsorge er ihr Neugeborenes bedachte, die kleine Judith, und den Säugling in den Schlaf sang! Aber Marie ahnte, dass alles nicht von Dauer war und unter einem schrecklichen Fluch stand. Und dann schaffte der Baron es, sein Urteil rückgängig machen zu lassen. Marie übergab sich, als sie davon hörte.

Jetzt ist Angélique in der Bastille eingesperrt, dem Ort aus Maries Alpträumen – wie oft sie davon träumt, der Baron sitze dort fest, sehe sie lüstern an mit seinen langen, gelben Zähnen, die aus dem grauen Bart ragen, lecke sich die Lippen wie ein Wolf und schriebe ihr schmutzige Briefe, was er mit ihr machen würde, wenn er entlassen werde. Und dann ist es nicht mehr ihr Gatte, er hat sich in Bonenfant verwandelt, ihren guten jungen Retter, der noch kaum gelebt hat und so unbedingt leben will: der seinen Wärter um einen einzigen letzten Schluck Leben anfleht.

Wie kann sie sich je dafür vergeben, dass sie davongekommen ist, während Bonenfant für dasselbe Verbrechen hingerichtet wurde? Wie kann sie sich je verzeihen, dass sie an dem Strang aus zusammengebundenen Betttüchern aus dem Turm geklettert ist, wo unten ihre Mutter ungeduldig auf sie wartete, schrecklich stolz auf sich und ihr mütterliches Gewissen. Die winzige Judith war zu fest an Maries Brust gebunden, und sie hatte fürchterliche Angst, sie zu zerdrücken; ihre Muttermilch leckte durch den Stoff wie heiße Scham. Ihr Geliebter wurde enthauptet, während sie in dem mitternächtlichen Fluchtboot nach England saß, von den Wellen herumgeworfen und voller Flöhe. Zu Charles de Saint-Évremond, ihrer Zuflucht.

In dem Jahr darauf floh sie nach Deutschland, als sie das Gefühl hatte, Ludwigs Handlanger seien hinter ihr her. Später dann weiter nach Spanien. Ein Jahrzehnt, das ihr zwischen den Fingern zerrann. Seltsame Speiseöle, die ihr auf den Magen schlugen, lange, von Krankheit geschüttelte Reisen, eine Springflut, die Jahre ein Fiebertraum. Ihre kleine Tochter, die in einem Hotelzimmer in Madrid auf einmal ganz schlaff wurde. Marie war immer wachsam, immer misstrauisch, unterschrieb mit falschem Namen, inkognito, erschauderte, wenn sich eine Hand auf ihre Schulter legte. Fürchtete sich vor dem Trinkwasser. Fürchtete sich vor den Pocken. Fürchtete sich vor dem König oder dem Baron oder, in Wahrheit, vor jedem Mann mit einer Meinung über Ehefrauen. Konnte keine Ruhe finden, bis der Brief von Saint-Évremond sie endlich erreichte, mit einem Angebot, das er in Versailles für sie ausgehandelt hatte –Begnadigung, ein schönes Haus in Paris (wie sie sich nach Paris sehnte!) und regelmäßige finanzielle Zuwendung, im Austausch für eine Gegenleistung.

»Verkaufe ich meine Seele?«, hatte sie ihren Vertrauten gefragt. Saint-Évremond hatte zurückgeschrieben, das sei möglicherweise der Fall, aber so einen guten Preis würde sie nie wieder dafür bekommen.

Zwei schlaflose Nächte hat sie jetzt hinter sich, in denen sie dagelegen und sich rastlos den Schädel gekratzt hat: vielleicht die Läuse von Françoise, die in ihrem Haar herumhüpfen wie düstere Gedanken. Sie sollte sich von Mimi mit dem Nissenkamm bearbeiten lassen. Aber sie schreckt vor dem Bild zurück, wie ein Mädchen zwischen Mimis Beinen zu sitzen, von Mimis warmem Körper umfangen zu sein, Mimi, die sie selbst als Kind gesäugt hat. Zu viele Erinnerungen, die ihr dabei die Kehle zuschnüren, sie kann es nicht ertragen.

Die Bastille ist der Inbegriff königlicher Macht: brutal und rücksichtslos. Eine riesige, mittelalterliche Festung mit acht Türmen, im Burggraben fließt Wasser aus der Seine. Hinter den Turmzinnen stehen Wachen und beobachten Marie d'Aulnoy, als sie sich nähert. Die Internierung hier geschieht auf direkten Befehl des Königs und ist demnach geheimnisumwittert und zeitlich unbegrenzt – angeblich wird ein Mann mit einer eisernen Maske seit vielen Jahrzehnten in einer Zelle mit mehreren Türen festgehalten, eine schließt sich nach der anderen, auch wenn niemand weiß, warum (es wird gemunkelt, es handele sich um den älteren, illegitimen Bruder Ludwigs des XIV., oder um seinen geheimen leiblichen Vater). Die meisten Gefangenen sind Adlige; viele sind nur deswegen hier eingesperrt, weil sie Ärger gemacht haben oder weil Ludwig seinen Freunden einen Gefallen tun will. Marie merkt, wie sie vor Nervosität zittert, als sie die Zugbrücke überquert und unter den Zähnen des Fallgitters hindurchgeht: Es ist, als beträte man eine riesige Gewitterwolke, eine Masse zusammengeballter, dunkler Energie, die eines Tages explodieren und ganz Paris mit sich reißen wird. Wachen führen Marie durch graue Korridore. Die reichsten Häftlinge haben Diener, die zusammen mit ihren Herren hier im Dunkeln gefangen sind und gebeugt ihren lichtlosen Pflichten nachgehen. Irgendwo wird geschrien, jemand schwenkt seinen Penis, ein anderer wird in eine Zwangsjacke gesteckt.

Es geht eine steinerne Treppe hoch zur Zelle von Angélique, die ohne Schminke ungewohnt aussieht. Kaum noch wiederzuerkennen, auch wenn immer noch die Schönheit eines ruinierten Meisterwerks zu erahnen ist. »Ich freue mich sehr, dass Ihr zu einem Abschiedsbesuch kommen durftet! Ihr hattet Recht, Marie«, sagt sie mit heiserer, schleppender Stimme. »Ihr hattet wahrhaft Recht. Das wollte ich Euch nur sagen. Aber wisst Ihr was? Ich bin froh, dass sie mich töten werden, nein, ganz ehrlich. Ich glaube nicht, dass ich gern länger an so einem Ort leben würde, es passt einfach nicht zu mir – es ist alles so schimmlig hier, es gibt kein Sorbet und keinen Champagner, nicht das kleinste bisschen Glitzer. Es gibt einfach keine – keine Schönheit! Und dafür habe ich gelebt, Marie. Leidenschaft und Schönheit. Werdet Ihr es den anderen sagen, im Salon, ja, Marie – unseren Freundinnen? Sagt ihnen, dass ich für die Leidenschaft und die Schönheit gelebt habe.«

»Natürlich«, sagt Marie und denkt, dass es jetzt, zu diesem späten Zeitpunkt, nicht schlimm ist, wenn Angélique die Geschichte ihres Lebens ein wenig umschreibt. »Das habt Ihr.«

»Könnt Ihr Euch um meine Madame Miaou kümmern, bitte, sie wird« – bei dem Gedanken schafft Angélique es nicht länger, stoisch zu bleiben, und fängt an zu schluchzen – »sie wird mich so vermissen, meine süße kleine Schmusekatze. Sie ist verwöhnt, wisst Ihr, und will ständig gestreichelt werden, und sie wird glauben, ich liebe sie nicht mehr! Sie wird glauben, ich habe sie im Stich gelassen, aber das würde ich nie, das würde ich nie …«

»Ich weiß«, sagt Marie, und nun fallen auch ihre Tränen in einem dichten Regen. »Ich verspreche es. Sie wird bei mir für immer in Sicherheit sein.«

Als Marie mit Madame Miaou nach Hause zurückkehrt, die sie bei Angéliques Nachbarn abgeholt und in der Kutsche mitgenommen hat, lässt sie die Katze auf den Boden springen, wo sie sofort aufs Feuer zuläuft und auf direktem Weg Mimis Schoß ansteuert.

Warum kommen ihr in diesem Augenblick die von dem Zeugen überlieferten Worte wieder in den Sinn, die Angéliques Schicksal besiegelt haben? *Es ist mir unmöglich, Freude zu empfinden, so lange mein Gatte noch am Leben ist.* Irgendwas mit der Umkehr des Schicksals. Warum klingen diese Worte so verdächtig bekannt? Ein Gedanke durchfährt sie wie eine schreckliche Hitzewallung.

Marie wartet nicht auf Berthe, sondern zieht sich den Mantel schnell selbst aus und hängt ihn in die Garderobe, wo sie, wie gewohnt, nach ihrem *loup* guckt, der normalerweise auf dem Haken daneben hängt. Als Marie sieht, dass ihre schwarze Samtmaske nicht da ist, hält sie einen Moment verstehend inne, nickt mit dem Kopf, schluckt die Enttäuschung herunter.

»Hallo, kleine Mieze«, sagt Mimi im Wohnzimmer, hält Madame Miaou ihren Fingerknöchel hin, die ihn beschnuppert und dann sanft daran kaut. »Na du? Ein kleines Katzenküsschen für mich, was?« Mimi krault ihr den weißen Bauch. »Katzen interessieren sich im Grunde nicht für uns, muss man wissen. Sie mögen jeden, der sie füttert.«

»Na, dich mag sie.«

»Die Kinder sind gerade ins Bett gegangen«, berichtet Mimi. »Auch wenn ich nicht glaube, dass sie schon schlafen, um ganz ehrlich zu sein. Als ich rausgegangen bin, haben Thérèse und Françoise gerade unter der Decke gespielt, sie wären Maulwürfe.«

»Hast du ihnen eine deiner Geschichten erzählt, Mimi?«

»Ja, sie haben heute Abend den ›Gestiefelten Kater‹ verlangt. Ich glaube, Euer Freund Charles hat eine neue Fassung, aber wir mögen es lieber altmodisch, wie in dem Buch von dem Italiener, Basile, das Ihr damals als Kind hattet. Da ist es ja eine schlaue Katze, kein Kater – sie wird ›Ihre Katzlichkeit‹ genannt, das gefällt mir! Eine bessere Katze hätten sie sich nicht wünschen können, oder? Wie sie den Menschen mit ihrer List schöne Kleider und Essen verschafft. Aber obwohl die Katze so viel für sie getan hat, wollen die Menschen kurzen Prozess mit ihr machen, als sie glauben, sie sei tot: ›Pack sie am Bein und wirf sie zum Fenster hinaus.‹«

»Du hast diese Fassung immer sehr gut erzählt«, sagt Marie und setzt sich neben sie.

»Das ist lieb, *ma petite crotte*. Und die Katze, die gar nicht tot ist, wie sich herausstellt, sagt: ›So ergeht es denen, die ihre Perlen den Säuen vorwerfen! Wer wie ein Esel verfährt, wird auch wie ein solcher behandelt. Du verdienst es nicht einmal, dass man dir ins Gesicht spuckt!‹ Und die Katze hüllt sich in ihren Mantel und geht ihres Weges.«

»Ich glaube, du nennst *mich* einen Esel«, sagt Marie leise und blickt ins Kaminfeuer, auch wenn ihr davon die Augen brennen. »Aber ich verstehe dich schon, Mimi, vielleicht bin ich wirklich ein Esel. Du bist Reynies Fliege, und es wird mir jetzt erst klar.«

»Ach, Unsinn«, sagt Mimi mit einem bemühten Schmunzeln und so wenig Überzeugung, dass Marie weiterredet, als hätte sie alles gestanden.

»Außer dir hat niemand hören können, was Angélique nach dem Salon zu mir gesagt hat! *Seine Gesundheit ist viel zu robust, als dass ich mit einer baldigen Umkehr des Schicksals rechnen könnte.* Sie hat mir das anvertraut, weil sie geglaubt hat, hier in Sicherheit zu sein. Aber du hast am Feuer gesessen und uns belauscht. Ich vermute, dass du bei den Treffen mit Reynie meine Maske getragen hast.«

»Als Amme, wisst Ihr«, erklärt Mimi langsam, mit zitternder Stimme und rosarot anlaufendem Kopf – sie spricht fast so sehr mit sich selbst wie mit Marie, die Rede ist auf jeden Fall eingeübt – »ist man Teil der Familie, aber im Grunde auch wieder nicht. Es ist nur etwas, was man für Geld tut. Jederzeit droht einem der Rauswurf, einfach so – wie Euer Vater es damals mit mir gemacht hat – und man kann sich noch nicht mal verabschieden. Ihr wart mein Herz, und Ihr habt mir nicht auf Wiedersehen gesagt.«

»Ich …«, beginnt Marie. Kann es denn sein, dass sie das Ganze völlig falsch in Erinnerung hat? War in Wirklichkeit sie in ihrer Beziehung die mit mehr Macht? Wie schrecklich, diese neue Wahrheit.

»Euer Vater war so ein widerwärtiges Scheusal!«, bricht es aus Mimi hervor, ihre faltigen Augen auf einmal strahlend und lustig.

»Das kann man laut sagen«, stimmt Marie zu, und die Frauen lächeln einander zögerlich, hoffnungsvoll, an.

»Euch würde ich nie schaden, nur dass Ihr es wisst, Marie«, fügt Mimi hinzu, während sie im Feuer stochert und zu ihrer Geschichte anhebt. Kleine Funken schießen aus dem brennenden Holzscheit. »Ich weiß, dass Ihr Euer Bestes tut mit dem, was Euch das Schicksal aufgebürdet hat. Ihr habt einen klugen Kopf, das habe ich immer schon bewundert. Ich habe mich aufrichtig gefreut, als Ihr mich hier eingestellt habt, dass Ihr nach all den Jahren noch freundlich an mich gedacht habt! Und die Kinder, meine Mädchen! Ich liebe Kinder. Die Frauen in Eurem Salon dagegen – so leid es mir tut, aber für sie empfinde ich nichts, wirklich nicht. Stehlen uns arbeitenden Frauen wie mir und meiner Maman und meiner Mamie einfach die Geschichten! Generationen von Frauen, all die vielen Muttergänse, die einander lieben und versorgen und warnen. Und Eure Freundinnen nehmen unsere Geschichten einfach und polieren sie auf mit Bergen von Diamanten und piekfeinen Namen, die nach alten Griechen klingen, und tun so, als würden sie die moderne Literatur retten! Sie halten sich für was Besseres, aber dieser Brief von der Prinzessin an Henriette de Murat war unerträgliches Geschmier – den habe ich mir von Belle-Belle stibitzen lassen. Sie ist ein nützliches kleines Äffchen, was die alles kann! Und diese Charlotte-Rose, die geht doch an keiner Pfütze vorbei, ohne sich selbst darin zu bewundern. Und Télésille, diese Schnepfe! Die wollte ich Reynie eigentlich als Nächstes servieren. Wie hat sie es noch gleich ausgedrückt? *Solche Erzählungen füllen sich mit Schmutz, wenn sie durch den Mund der einfachen Leute gehen, wie Wasser, wenn es durch den Rinnstein läuft.* Was für ein mieses Dreckstück, wenn Ihr meine Ausdrucksweise verzeihen würdet.«

»Das hätte sie nicht sagen sollen«, gibt Marie zu und ist froh, dass Mimi so viele einleuchtende Erklärungen vorzubringen hat, weil sie nicht aufhören will, sie zu mögen.

»Charles Perrault habe ich immer so wenig wie möglich erwähnt, weil Ihr ihn gernhabt.«

»Ich habe ihn gern?«

»Ja, das tut Ihr.« Einen Augenblick schweigt Marie verblüfft. Mimi hat recht. Aber dann merkt sie, wie Zorn in ihr hochsteigt – wie kann Mimi nur so selbstgerecht sein, nach allem, was sie getan hat? So ohne Mitgefühl für ihre Freundinnen? Nicht ein Wort der Entschuldigung von ihr!

»Heute habe ich Angélique besucht«, sagt Marie scharf, weil sie ihr ein schlechtes Gewissen machen will.

»Eine *Mörderin*! Stimmt doch. Die kann noch nicht mal Geschichten erzählen. Und jetzt sag mir bitte schön mal einer, warum ich mir nicht angucken soll, wie ihr der Kopf abgehackt wird?« Ein langes Schweigen entsteht. Mimi weiß, dass sie zu weit gegangen ist, doch nach dem Schweigen so vieler Jahre bricht es jetzt mit einer solchen Macht aus ihr heraus, dass sie sich nicht entschuldigen kann.

»Aber mich zu bespitzeln, Mimi!«, ruft Marie empört. »Für diesen – diesen *Mann*! Das kann doch nicht sein! Wenn du Geld brauchst, hättest du zu mir kommen sollen.«

»Ich will keine alberne Moral von der Geschicht hören.«

»Zu versuchen, ein moralisches Leben zu führen, ist nicht

albern. Ich meine, ich weiß, dass wir es manchmal falsch ausdrücken. Aber trotzdem. ›Kein Mensch ist klug genug, um all das Böse zu kennen, dass er tut.‹ Das ist von Rochefoucauld. Ich denke oft daran.«

»Ich muss zugeben, das ist ein guter Satz. Aber wer ist damit gemeint: ich oder Ihr?«

»Wir alle!«, antwortet Marie. Mimi ist einfach unglaublich!

»Ich weiß, Ihr kümmert Euch gut um mich, Marie, aber ich habe auch eine Familie – Brüder, Schwestern, Nichten, eine Stieftochter. Eine Zeitlang hatte ich sogar einen Ehemann, aber der ist mir abhandengekommen. Nicht, dass ihr feinen Damen je gefragt hättet, wie es denen geht. Für die arbeitende Bevölkerung war es ein schrecklich harter Winter. Warum soll ich nicht mein Hirn und meine Zunge nutzen, um ein bisschen Profit daraus zu schlagen, genau wie Ihr, hm? In der Stadt sind viele, viele Säuglinge erfroren! Meine Stieftochter hat ein zuckersüßes Kindlein – wenn ich nur an dem kleinen Kopf schnuppere! Warum soll es keinen warmen Schal haben, nur weil es keine adlige Dame zur Mutter hat? Ich liebe kleine Kinder.«

»Ich weiß. Mir jagen sie Angst ein.«

»Zwei habt Ihr verloren, richtig? Ich habe drei verloren. Alle drei.«

»Das tut mir leid«, sagt Marie. Natürlich hat sie das gewusst, aber sie hat sich nie erlaubt, daran zu denken – wenn man sich selbst jedes Mitleid versagt, ist es schwer, anderen gegenüber nicht mitleidlos zu werden. »Es tut mir leid, dass ich nie mit dir darüber gesprochen habe.«

Mimi nickt die Tränen zurück in ihre Augen und krault die Katze am Hals, die zufrieden schnurrt. »Mir tut es jedenfalls auch leid«, schnieft Mimi. »Ihr habt recht, er ist kein angenehmer Mensch, dieser Reynie, er hat etwas ziemlich Unheimliches an sich, wie er sich ständig die Hände wäscht. Und immer dieses ›bssst bssst‹.«

»Es ist ungerecht, da muss ich dir beipflichten. Nichts an der ganzen Sache ist gerecht.«

»Irgendwann kommt es hier zu einer Revolution, lasst Euch das gesagt sein. Die Bevölkerung hat die Nase voll, und Eure ganzen schicken Freundinnen werden dann auf der falschen Seite stehen, nur dass Ihr's wisst. Kamele und Nadelöhre und so.«

»Das stimmt. Das ist wahr. Mimi?«

»Ja?«

»Bitte zieh nicht den Mantel über und geh. Ich will dich nicht schon wieder verlieren.«

»Wenn Ihr es nicht wollt, bleibe ich, *ma puce*. Ach, Marie« – Mimi setzt Madame Miaou ab und klopft auf das Sofa zwischen ihren Beinen – »Ihr habt Läuse, stimmt's? Ich habe gerade gesehen, wie Ihr Euch gekratzt habt. Kommt her.«

»Nein, nicht nötig, alles in Ordnung«, sagt Marie, weil sie es so gewohnt ist.

»Doch, es ist nötig. Kommt schon, mein Kind.«

Und Marie kommt und setzt sich zwischen Mimis Schenkel, spürt, wie ihre alte Amme den Nissenkamm zur Hand nimmt und vorsichtig ihr Haar durchkämmt, eine Strähne nach der anderen, eine winzige, blutsaugende Laus nach der anderen herauspickt und zwischen Zeigefinger und Daumen zerquetscht. Und zum ersten Mal seit sehr langer Zeit weint und weint sie, während Mimi beruhigend murmelt: »Ist ja gut, mein Püppchen, ist ja gut.«

23.

Das Märchen
von der weißen Katze

Tausende drängen sich in den Straßen rund um die Place de Grève.

Ein Murmeln pflanzt sich in der Menge fort, als Madame Angélique Tiquet und ihr Diener auftauchen. Moura wirkt wie ein gebrochener Mann, er humpelt und schluchzt, aber Angélique zeigt sich elegant und feierlich in Schwarz und hält den Kopf hoch erhoben. Wegen des Standesunterschieds soll als Erstes der Diener gehängt werden, vor dem Hauptereignis, bei dem der Adligen der Kopf abgehackt wird.

In den dunklen, grauen Wolken grummelt und poltert es, als ob ein Riese dort oben Hunger hätte. Ein Blitz zuckt zu Boden. »Verurteilung verschoben!«, überbrüllt ein Bürokrat den Wind. »Verurteilung wegen Gewitter verschoben. ICH WIEDERHOLE. VERURTEILUNG WEGEN GEWITTER VERSCHOBEN!«

Grummel, KNALL!

Trotz allem wartet Angélique, das muss die Menge zugeben, mit Gleichmut unten vor dem Schafott, bis sich das Gewitter verzogen hat. Ihr Mantel hat sich in dem Wolkenbruch vollgesaugt, während Moura sich zusammenkrümmt und den Rotz mit seinem Handrücken abwischt wie ein verwundeter Welpe. Zu Tausenden rufen und buhen die Pariser und Pariserinnen, arm und reich, unter dem peitschenden Regen;

fliegende Händler versuchen, gepanschtes Bier und durchweichte Kekse an den Mann und die Frau zu bringen, strömendes Wasser spült über die Straßen. Diejenigen, die auf die berühmt gewordenen Straßenlampen geklettert sind, um besser sehen zu können, sind dem Gewitter schutzlos ausgesetzt. Angéliques Gesicht wird gelegentlich von einem Blitz erhellt: der üppige Mund – jetzt mit einer Zahnlücke vorn, der Zahn ist schließlich doch noch ausgefallen – verzogen zu einem abwesenden Lächeln.

Endlich, als aus dem Wolkenbruch ein Tröpfeln geworden ist, wird Moura gehängt, der bis zum letzten Atemzug bettelt und fleht. Als die Schlinge sich straff zieht, zuckt sein Körper, das lange Gesicht verfärbt sich lila. Der durch die Schlinge ausgeübte Druck auf das Kleinhirn löst einen Priapismus aus, eine postmortale Erektion oder »Engelslust«, die der schaulustigen Menge das legendäre »Baguette« offenbart. Viele der anwesenden Frauen, ganz zu schweigen von einigen Männern, sind sich einig, dass Mouras Tod eine Schande ist.

Schließlich besteigt Angélique das Blutgerüst mit Haltung und Bühnenpräsenz, hält dem Scharfrichter die Hand hin, damit er ihr die Treppe hochhilft, dann geht sie auf die Knie und scheint ein stilles Gebet zu sprechen. Nachdem sie ihre Haube, das lange Haar und ihren Ausschnitt gerichtet hat, küsst sie den Block.

»Sire«, sagt sie zu dem Scharfrichter Longval, »wäret Ihr so gut und sagt mir, welche Haltung ich einnehmen soll?«

»Ihr braucht nur Euren Kopf auf den Block zu legen, Madame, weiter nichts«, antwortet er. Und Angélique gehorcht, so entspricht es ihrem Naturell.

»Ist es so richtig?«

»Ja, das ist gut so, Madame.«

Ihr Gatte Claude steht in der ersten Reihe und sieht mit feierlicher Befriedigung zu, neben ihm Reynie, Chef der Polizei. Abbé Cotin sieht es sich von weiter hinten in der Menge an, den Mantel über die Nase gezogen. Die anderen aus dem Salon – oder was noch davon übrig ist – wollen das Spektakel nicht miterleben und stehen nicht in der wogenden Menge. Stattdessen halten sie einen Salon ab, auch wenn es sich eher wie eine Trauerfeier anfühlt. Im Haus von Madame d'Aulnoy an der Rue Saint-Benoît gibt es viel Champagner und viel Kuchen.

Unerwarteterweise taucht Briou auf, mit einem verlegenen Gesichtsausdruck und eingezogenem Kopf, als mache er sich auf Schläge gefasst. In der vergangenen Nacht hatte er einen feuchten Traum von Angélique – er nahm sie von hinten, während sie sich über den Block des Scharfrichters beugte – und fühlt sich schuldig. Seine Jagdgefährten sind alle gegangen, um sich das große Spektakel anzusehen, ohne etwas von seiner Affäre mit der Beschuldigten zu ahnen, und als er die Einladung von Marie erhielt, kam es ihm wie eine praktische Ausrede und die Möglichkeit zur Sühne vor. Die Fürstin von Conti, die die ganze Nacht auf war und dem Glücksspiel gefrönt hat, drängt sich auf dem Weg zu ihrem Sessel grob an ihm vorbei und raunzt: »Na, wen haben wir denn da?«

»Ich wünsche Eurer Hoheit einen guten Nachmittag«, gibt er zurück und schluckt den Affront herunter. Er hat es verdient, findet er.

Es wird möglicherweise der letzte Salon in absehbarer Zukunft sein, hat Marie ihre Gäste vorgewarnt, da Reynie immer stärker in den literarischen Zirkeln durchgreift und selbst private Zusammenkünfte nicht mehr vor ihm sicher sind – gerüchteweise ist ebenfalls zu vernehmen, dass fast keine königlichen Lizenzen für Buchverlage mehr vergeben werden. Aber Marie hat ein neues Märchen geschrieben, das sie den anderen erzählen will, bevor alles vorbei ist. Es heißt »Die weiße Katze«. Vielleicht kennt ihr es ja.

Regen schlägt gegen die Fensterscheiben. »Es war einmal«, beginnt Madame d'Aulnoy und unterbricht sich einen Augenblick, *grummel, KNALL,* bis das Gewitter draußen verklungen ist, »ein König, der hatte drei schöne und beherzte Söhne. Er fürchtete, sie könnten Lust zur Regierung bekommen, noch bevor er stürbe, und stellte ihnen deswegen eine unlösbare Aufgabe, damit sie beschäftigt waren. Er verkündete, dass derjenige, der ihm das schönste kleine Hündchen verschaffen würde, alsbald sein Nachfolger werden solle, und gab ihnen ein Jahr Zeit, um dieses Hündchen zu finden.

Der jüngste Sohn reiste immer weiter und setzte sich keine Grenzen auf der Suche nach kleinen Hunden. Dabei geriet er eines Nachts mitten in einem finsteren Wald an einen vortrefflichen Palast. Die Pforte war aus Gold und mit Karfunkelsteinen besetzt. Die Mauern bestanden aus durchsichtigem Porzellan und waren mit den Geschichten aller Feen seit Anbeginn der Zeit bemalt: Da war Eselshaut, Aschenputtel, der blaue Vogel, Persinette, die geschickte Prinzessin, Ricdin-Ricdon, Anguillette und noch hundert andere, alle in Porzellan gemalt. Auf Zehenspitzen schlich sich der Königssohn hinein und fand einen wunderschönen Saal aus Perlmutt, der von unzähligen Kronleuchtern und brennenden Wachskerzen erhellt wurde. Plötzlich erschien ungefähr ein Dutzend Hände in der Luft. Er wurde von schönen, weißen Händen ausgekleidet, denn er war sehr nass, man zog ihm Hemd und Schlafrock an, frisierte und parfümierte ihn. Man führte ihn in einen Saal aus purem Gold, an dessen Wänden viele Bilder berühmter Katzen hingen, so auch des Gestiefelten Katers. Ein Katzenorchester erschien und spielte auf kleinen Zittern für ihn. Ob dies ein Palast der Katzen war?

Man deckte für zwei Personen, aber der Prinz wusste nicht, wer mit ihm speisen würde. Das schönste weiße Kätzchen, das jemals gewesen ist und jemals sein wird, setzte sich ihm gegenüber. »Meine katzenliche Majestät sieht dich mit viel Vergnügen!«, sagte sie. Die Hände der Unsichtbaren trugen eine Schüssel mit Taubenbrühe und eine mit fetten Mäusen auf, dann führten sie den Prinz in ein liebliches, mit Schmetterlingsflügeln tapeziertes Gemach. Als er am Morgen erwachte und ans Fenster trat, sah er auf dem Hof ein großes Getümmel, weil die Katzen auf die Jagd gehen wollten. Sie ritten auf geschmückten Affen und fingen Hasen und Vögel.

Fast ein Jahr lang leistete der jüngste Prinz der weißen Katze Gesellschaft in ihrem Palast und verbrachte die Tage mit Lustbarkeiten, bis die Katze ihn an seine Aufgabe erinnerte und ihm eine Eichel mit auf den Weg gab. Als er nach Hause ins königliche Schloss zurückkam und die Eichel aufbrach, befand sich ein unglaublich winziges Hündchen darin, das eine Sarabande mit Kastagnetten tanzte.«

Darüber wird im Salon gelacht, aber es ist ein bemühtes Lachen. Ein Begräbnislachen. Charles, der Madame Miaou auf dem Arm hält, nickt Marie zu, als wolle er ihr sagen: Nur weiter, du schaffst das. Aus dem Regen draußen ist ein Tröpfeln geworden: Stille senkt sich.

»Der jüngste Prinz war der eindeutige Sieger«, fährt Marie

fort, »aber der König war trotzdem nicht bereit abzutreten. Er schickte seine Söhne wieder los, diesmal auf die Suche nach einem Stück Musselin, so fein, dass man es durch das Öhr einer Nähnadel ziehen konnte. Der jüngste Prinz kehrte zurück in den Palast seiner lieben weißen Katze und verbrachte ein weiteres Jahr dort. Nach Ablauf des Jahres erinnerte sie den Königssohn daran, dass er heimkehren musste, und gab ihm eine Walnuss mit, in der sich ein prächtig gewebtes Stück Musselin befand, das durch das Öhr der feinsten Nadel passte.

Trotzdem stellte der König seinen Söhnen eine dritte Aufgabe. »Reiset noch ein Jahr, und wer mir die schönste Prinzessin bringen wird, soll König werden.« Der jüngste Prinz kehrte wieder in den Palast zurück, weil er sich nicht von seiner geliebten Katze trennen konnte – und sie versprach, ihm ein schönes Mägdlein zu suchen, damit er den Preis davontrüge, wenn er bei ihr bliebe.

Nach Ablauf des Jahres sagte ihm die weiße Katze, wenn er die schönste Prinzessin auf Erden zu seinem Vater heimbringen wollte, müsste er ihr den Kopf abschlagen.«

An dieser Stelle muss Marie einmal tief durchatmen. Vielleicht sollte sie sich vorstellen, ihr Publikum sei nackt, oder einmal bis zehn zählen. Das Geheimnis besteht darin, nicht zu viel über die Worte nachzudenken, sondern sie einfach von der Zunge rollen zu lassen.

»Es war nämlich so, dass die Mutter des Weißkätzchens eine Königin war«, fährt sie fort. »Eine Königin mit einem unstillbaren Verlangen nach den köstlichsten, vortrefflichsten Früchten, die allerdings im Garten der Feen wuchsen. Im Tausch gegen das Obst versprach sie den Feen ihr Kind, wie Königinnen es zu tun pflegen. Und die Feen verfluchten das

Kind dazu, als weiße Katze leben zu müssen, bis jemand kam und den Mut aufbrachte, sie zu befreien.

Anfangs wehrte der Prinz sich dagegen, seinem geliebten Weißkätzchen den Kopf abzuschlagen, aber sie flehte ihn an. Sie flehte und flehte. Sie wollte frei sein. Sein Schwert zitterte, als er es über ihren Kopf hob ...

(Natürlich gibt es in Wirklichkeit niemanden, der überall gleichzeitig sein kann, aber ich muss das Märchen von Marie d'Aulnoy an dieser Stelle unterbrechen: Der Legende zufolge erzählte sie diesen Teil genau in dem Augenblick, in dem auf der Place de Grève ein schweres, zweischneidiges Schwert auf dem Hals von Angélique Tiquet niederging. Ein Aufschrei des Grauens erfolgte, weil das Blut zwar heraussspritzte, in Fontänen, aber der Kopf nicht abfiel. Und der arme Scharfrichter Longval musste wieder zuschlagen, doch der Kopf war immer noch nicht abgetrennt. Das Geschrei der Menge klang bedrohlich, bis er dann – blind vom Blut, das bei jedem Schlag hochspritzte – wie ein Wilder ein drittes Mal auf sie einhackte, da rollte der Kopf endlich davon. Und selbst danach behaupteten einige, das Gesicht von Madame Tiquet hätte sich etwas von seiner Schönheit bewahrt. Ein Zuschauer in der ersten Reihe hielt fest: »Nichts war schöner als ihr abgetrennter Kopf.«)

Maries Stimme zittert, als sie das Märchen zu Ende erzählt, ihre Nerven sind zum Zerreißen gespannt, um ihr Lächeln flattert Trauer:

»Und damit hackte der Prinz der weißen Katze den Kopf ab, auch wenn er es kaum ertragen konnte. Aber er wusste, er musste es tun, um sie zu befreien, damit sie die atemberaubende Königin werden konnte, die sie immer sein sollte.«

24.

Das Märchen von den Töchtern

Als der Salon vorbei ist, bleibt Charles Perrault noch da, um beim Aufräumen zu helfen, und bringt eine traurige Ernte leerer Teller ein. »Bitte sagt ihm, Madame, er braucht das nicht zu tun – das ist wirklich nicht notwendig, Sire, bitte nicht«, sagt Berthe und wirft Marie verzweifelte Blicke zu, weil ihr das männliche Eingreifen gar nicht recht ist.

»Das macht mir nichts«, erwidert er. »Und dieser Kuchen, Anne! Was für ein Meisterwerk! Sie hat sich mal wieder selbst übertroffen. Nein, ich mach das schon.« Wie gewohnt teilen die Töchter die Reste unter sich auf. Marie lässt zu, dass Charles noch ein wenig bleibt. Sie merkt, wie sehr er ihr fehlen wird: sein umfassendes Wissen, die Konversationen, seine kleinen Aufmerksamkeiten. Seine schöne Erzählstimme.

Es klopft an der Tür, und sie geht nach unten, um nachzusehen. Belle-Belle hat sich ein Glas Champagner geangelt. Françoise spielt mit einem großen Reifen. »Nicht in der Wohnung«, wird sie von Mimi ermahnt.

Als Marie die Treppe wieder hochkommt, ist jede Faser in ihrem Körper angespannt, in Gedanken ist sie weit weg an einem dunklen Ort. Charles kann nicht anders, er wirft schnell einen Blick aus dem Fenster, wo er eine Kutsche sieht – mit den Dienern in Livree scheint es eine königliche Kutsche zu sein. Marie hält einen Brief in der Hand, darauf das Lilienwappen des Königs, wie Charles bemerkt. An Maries Hals treten die Adern hervor. »Marsch, nach oben, Kinder«, schnappt sie. »Geht mir aus den Augen, bitte, es war ein langer Nachmittag. Ich will mit Monsieur Perrault allein sprechen.« Ihre Töchter spüren die Anspannung sofort und verziehen sich. Berthe, Anne und Mimi, alle Frauen des Hauses außer Marie, die die schwere Tür leise hinter ihnen zudrückt und dann Charles anschaut.

Im Korallensalon ist es still, abgesehen vom Knistern der Holzscheite im Kamin. Charles kann sich keinen Reim auf ihr Verhalten machen – ist Marie vielleicht zornig auf ihn? Den Gedanken kann er nicht ertragen – besonders nicht heute, wo er nicht einmal weiß, ob er sie wiedersehen wird. Er ist noch geblieben, weil er gehofft hat, dass er die letzten paar Minuten in ihrer Gesellschaft ein wenig ausdehnen kann, aber sie ist fuchsteufelswild und sieht aus wie eine der Furien.

»Ich möchte mich entschuldigen, Madame – Marie, meine ich«, beginnt er ungeschickt. *Ich bin wirklich ein alter, geschwätziger Narr*, denkt er. »Ich muss gestehen, mir war bekannt, dass Reynie böse Absichten gegen Euren Salon hegt. Er hat mich aufgesucht und um Unterstützung in einer Sache gebeten – einer Versailles betreffenden Sache –, und ich habe mich feige verhalten. Ich habe keinen Geschmack mehr daran, die Mächtigen herauszufordern – ich habe zu viel Angst um mich selbst, aber auch um meine Söhne, das ist meine Entschuldigung. Ich liebe die beiden sehr. Deswegen ist es am sichersten, nichts zu tun. Dennoch muss ich Euch etwas gestehen, Marie: Als ich Nein zu Reynie sagte, sprach er eine – versteckte, aber meiner Meinung nach deutliche – Drohung gegen Euren Salon und alle aus, die der Mode der *contes de fées* folgen, wie Ihr sie selbst so passend getauft habt. Er hat angedeutet, dass es einen Spion in unserer Mitte gäbe, und – «

Sie sagt nichts. Was denkt sie bloß?

»Und ich hätte mich Euch anvertrauen sollen«, schließt er. »Ich wünschte, ich hätte es getan.«

»Bitte macht Euch keine Gedanken, Charles«, sagt sie schließlich mit einem leichten Schulterzucken, als wolle sie etwas von sich abschütteln. »Die Identität von Reynies Spion ist mir bekannt, es ist – es war – eine Person aus meinem eigenen Haushalt, so schwer mir das Eingeständnis fällt, und ich bin entsprechend mit der Person verfahren. Im Grunde trage ich die Verantwortung.«

»Also nicht der Abbé? Ich dachte, dass – «

»Nein, er war es nicht.«

»Ah. Dann bin ich vielleicht zu hart mit ihm umgesprungen. Was meint Ihr, muss ich mich bei ihm entschuldigen? Ihm ist in letzter Zeit ziemlich übel mitgespielt worden von der feinen Gesellschaft.«

»Ihr schuldet ihm gar nichts. Ihr braucht Euch nicht zu entschuldigen, Charles, weder bei ihm noch bei mir. Er hat es nicht besser verdient. Und was Ihr gerade erwähnt habt, das kenne ich auch: Ich habe ebenfalls Angst vor den Mächtigen – um meiner Selbst und meiner Töchter willen. Ich bin immer noch zu sehr das brave Mädchen, das immer gehorchen will. Das sich sagt, die da oben werden es schon gut mit uns meinen.«

»Dann ist es also wahr?«, fragt Charles, als er eins und eins zusammenzählt. »Mir ist zu Ohren gekommen, der König habe beim Sommerball mit Eurer Tochter Thérèse getanzt.«

»Ja. Es ist seine Kutsche, die draußen auf sie wartet«, ant-

wortet Marie, nimmt sich irgendein halb volles Champagner-
glas – vielleicht das des Äffchens – und leert es in einem
Zug. »Er hat ihr eine Nachricht zukommen lassen. Der König
habe sie bezaubernd gefunden. Er möchte sie wiedersehen,
bei einem privaten Rendezvous in seinen Gemächern. Die
Kutsche werde so lange warten, bis sie soweit sei. Dieses
elende Stück *Scheiße*.« Ihre Lippen haben sich zu einem Knur-
ren verzogen, wie bei einem Haustier, dem zu oft wehgetan
worden ist, als dass man es noch streicheln könnte. Eine Sekunde später schmettert sie das Glas bebend an die Wand.
»DIESES ELENDE STÜCK SCHEISSE!«

»Was hat er Euch angetan?«, fragt Charles bestürzt. Schwer
atmend schüttelt sie den Kopf.

»Nein, nein, nicht mir.«

»Aber wem dann?«, fragt er.

»Erinnert Ihr Euch an ein anderes Mädchen in Versailles,
das auch Thérèse hieß?«, fragt Marie zurück.

Und er erinnert sich tatsächlich an sie, kurz nach seiner
Ankunft am Hof: ein puppenkleines Mädchen mit weißer
Haut, roten Lippen, schwarzem Haar. Irgendeine kleine Ver-
wandte, die der König ins Herz geschlossen hatte, die auf sei-
nen Schoß klettern durfte wie ein Welpe. Ludwig veranstaltete
ihr zuliebe ein Puppentheater und zog sie auf dem Schlitten,
die Kufen auf Tabletts, durch die Marmorgänge des Palasts.
Thérèse spielte zu seinen Füßen. Und dann war auf einmal
der Bauch unter ihrem Kleidchen angeschwollen, was für alle
Beteiligten sehr peinlich war, wie Charles von Colbert wusste.
Es war nicht einmal bekannt gewesen, dass sie schon ihre
Monatsblutungen hatte.

Perrault hat gehört, sie habe ein gesundes Mädchen auf

die Welt gebracht, vor Publikum, wie es damals in Versailles üblich war, um das Vertauschen von Kindern zu verhindern, aber kurz danach sei Thérèse erkrankt. Charles hatte es so verstanden, dass weder Mutter noch Kind den ersten Monat überlebten. Der König sei untröstlich gewesen. Es heißt, er sei bis zu ihrem letzten Atemzug dagewesen und habe bitterlich geweint, als er sah, was er seinem kleinen Liebling angetan hatte.

Jetzt begreift Charles, was Marie ihm da erzählt, dafür ist er wenigstens gescheit genug. Angesichts des Alters und Namens ihrer Tochter ist ihm nun klar, dass der Säugling doch überlebt haben muss und nach Paris in Sicherheit gebracht worden ist. Marie ist nicht die leibliche Mutter von Thérèse. Ob Françoise wohl auch eine Tochter des Königs ist? Sie sehen sich ähnlich, wie Schwestern. Wie viele illegitime Kinder der König wohl in der ganzen Hauptstadt versteckt haben mag, fragt sich Charles. Aber wie gut Marie die Mädchen hier beschützt, was für ein Zuhause sie ihnen hier geschaffen hat! Charles fühlt sich tief bewegt von ihrer Herzensgüte.

»Dann sind die beiden also nicht das Produkt ... ich dachte ... ich dachte, Ihr müsst viele Liebhaber gehabt haben«, gesteht Charles fast gegen seinen Willen. Er ist bestürzt über seine tiefe Dankbarkeit dafür, dass dem nicht so war. Wie kann er so ein Gefühl zulassen! War er allen Ernstes derart eifersüchtig, obwohl ihn das ja gar nichts angeht?

»Nur einen. Bonenfant, und der wurde hingerichtet.«

»Und Ihr wart keine Spionin?«

»Nein«, antwortet sie. »Meine Mutter ist diejenige, der Intrigen Freude bereiten. Sie hat sich ihr Leben in England eingerichtet, und ich vermute, dass sie Frankreich von dort gute Dienste leistet, aber ich habe kein Interesse an derlei Dingen. Habt Ihr mich für eine Spionin gehalten?«

»Möglicherweise«, erwidert er. »Die Leute reden, und ich habe zugehört, Gott vergebe mir. Könnt Ihr mir vergeben?«

Sie nickt fast belustigt, dass er glaubt, Vergebung nötig zu haben. Aber trotzdem will ihr die Geschichte nicht über die Lippen kommen: Es ist, als wolle man sich zum Erbrechen zwingen.

»Ihr seid also ein wenig wie Madame de Maintenon, früher, als sie noch Gouvernante war«, sagt Charles, als wolle er ihr helfen, es auszusprechen. »Die in dem Haus an der Rue de Vaugirard über die Kinder des Königs mit Athénaïs wachte. Das ist die Wahrheit, oder? Das war die Vereinbarung, die es Euch erlaubte, nach Paris zurückzukehren? Die heimliche Aufzucht illegitimer Kinder ist Euer Dienst an der Krone.«

»Ja, ich ... ja.« Marie stockt, so ans Schweigen gewöhnt, dass ihr selbst das laute *Ja* wie ein Verrat an ihren Töchtern vorkommt – als würde sie ihre Töchter verleugnen. Denn sie liebt sie aus ganzem Herzen: ihre wunderbaren, klugen, lieben, witzigen Mädchen. Und sie hat fast zu viel Mitgefühl mit den armen leiblichen Müttern – allein die Vorstellung, was sie durchgemacht haben. Als Marie die Augen schließt, rauschen Tröpfchen aus Licht und Blut unter ihren Lidern. Aber sie merkt auch, wie sehr sie will, dass Charles ihre Geschichte kennt: Ein unerzähltes Leben ist solch eine schwere Last. »Judith habe ich auf die Welt gebracht«, beginnt sie. »Die andern beiden sind adoptiert.«

»Ihr habt also Françoise und Thérèse diskret für den König aufgezogen. Sie sind seine Nachfahren – königlicher Abstammung –, aber sie wissen es nicht.«

Sie nickt. »Aber *er* weiß es.« Sie verzieht vor Abscheu das Gesicht.

»Er weiß es«, wiederholt Charles. Er atmet durch die Nase ein und aus. »Ja, ja, ich verstehe. Wie im Märchen von ›Eselshaut‹! Thérèse ist seine Tochter. Seine wiederauferstandene Thérèse.« Marie nickt wieder. »Gibt es noch mehr?«, fragt er. »Natürlich nur, falls Ihr es mir erzählen wollt.«

»Athénaïs«, platzt es aus ihr heraus. »Mir wurde gesagt, man habe sie im Verdacht, die erste Thérèse mit einer Frucht vergiftet zu haben. Einer Birne. Aus Eifersucht auf ihre Jugend und Schönheit. Eine der dicken, köstlichen Birnen mit der roten Backe aus dem Küchengarten, ihr Lieblingsobst – jeder liebt diese Birnen, natürlich. Athénaïs brachte eine Silberschale voller Birnen ans Kindbett des Mädchens. Und deswegen sollte meine Thérèse in Paris aufwachsen. Und dann später meine kleine Françoise, als er irgendeine Zofe geschwängert hatte. Er hatte Angst, was Athénaïs den Kindern antun könnte.«

»O gütiger Gott, Marie.«

»Ich wünsche ihm die Krätze und die Pest an den Hals, den er sich brechen soll!«, zischt sie. »Man sollte ihm verdammt noch mal den Schwanz abschneiden!« Sie zerknüllt den Brief und wirft ihn ins Feuer, wo die kleine königliche Lilie schwarz wird, zusammenschnurrt, dann ist sie weg.

»Soll ich dem Kutscher sagen, er soll sich verpissen?«, fragt Charles fast übermütig und richtet sich auf.

»Ja, gern, besonders, wenn Ihr das im Stil eines Unsterblichen der Académie française ausdrücken könntet«, sagt sie und lacht, und er lacht auch, weil er sich so über ihr Lachen freut.

»In der Tat, ein widerliches Pack«, bemerkt er. »Ich dachte, wir hätten einen Himmel erbaut, dabei ist es die mit Spiegeln verhängte Hölle. Und natürlich darf Eure Thérèse nicht dorthin gehen. Sie wird nicht kommen. Ich sage unten Bescheid. Ihr seid die Mutter, Marie, die Umstände der Geburt spielen dabei keine Rolle, eine wunderbare, liebende Mutter. Was soll der König schon machen? Uns zwingen, dem Polizeichef ›Eselshaut‹ vorzulesen? Eure Unterhaltszahlungen einstellen? Wir kriegen das schon hin.« Damit ist er zu weit gegangen. Er dankt Gott, dass sie es nicht zu bemerken scheint, und macht sich schnell auf den Weg nach unten.

Sie beobachtet Charles vom Fenster aus, wie er sich in die Kutsche lehnt und mit jemandem spricht. Er sagt etwas in der Art, dass es sich angesichts der historischen Verbindungen des Königs zum Haushalt nicht recht zieme, dass Seine Majestät und Thérèse sich auf eine Art träfen, die törichte Nachrede hervorrufen oder an die Ohren von Athénaïs oder Madame Maintenon dringen könnte. Als er die Treppe wieder hinaufsteigt, sind die Schimmel mit der Peitsche bereits angetrieben worden. Die Kutsche ist weg, zumindest fürs Erste. Marie hat wieder ein wenig Haltung angenommen. »Vielen, herzlichen Dank, Charles«, sagt sie voller Nachdruck. »Ich bin froh, dass Ihr das nun wisst.«

»Ihr könnt Euch natürlich vollständig auf meine Diskretion verlassen – ich hoffe, Ihr wisst, dass Euer Geheimnis bei mir sicher ist.«

»Das weiß ich. Was meint Ihr – ob er mich wieder in einen Turm einsperren wird?«, fragt Marie, seltsam übermütig. Denn sie fühlt sich in diesem Augenblick fürchterlich frei – als sei ihr Ende doch noch nicht geschrieben.

»Das Ansehen des Sonnenkönigs hat in letzter Zeit schwer gelitten, er kann sich keinen weiteren Skandal leisten. Seine neue Mätresse Maintenon ist fest entschlossen, ihn in einen vorbildlichen christlichen König zu verwandeln. Ich habe das Gefühl, er wird Gnade walten lassen.«

»*Gnade!*«, ruft sie aus. »Ich weiß nicht warum, aber bei dem Wort läuft mir immer ein kalter Schauder den Rücken herunter. Dass meine Existenz von seiner Großmut abhängt.«

»Ihr habt recht«, sagt Charles. »Ich habe mich falsch ausgedrückt. Ich meine damit nur, dass der König ausnahmsweise einmal an sein Gewissen denken wird. Und was jetzt? Soll ich lieber gehen?« Aber sie nickt nicht. Er fängt an, Glasscherben vom Boden aufzusammeln. Eine scharlachrote Blüte sammelt sich an seiner Fingerspitze.

»Bitte nicht«, sagt sie, »Ihr tut Euch noch weh.«

»Ich will aber«, sagt er und beginnt lautlos zu weinen, dass es ihn nur so schüttelt. Scheinbar ist er jetzt an der Reihe. Er versucht, sich aufzurichten. Sie sind sich sehr nah, so nah, dass sie sich berühren. Er wünschte, er könnte sie küssen, aber er darf sie nicht küssen, beugt sich aber trotzdem zu ihr vor, magisch angezogen, und merkt, dass seine Stirn einen Augenblick an ihrer ruht. Als sei ihr Kopf die Tür. »Ich bin verliebt in dich«, murmelt er. Und dann: »Verzeiht mir, bitte verzeiht mir.«

»Ich habe wahrscheinlich Läuse«, antwortet sie. Warum sagt sie das? Weil sie Angst hat. Weil sie für so lange Zeit unberührbar sein wollte.

»Das macht mir nichts aus, meine Söhne haben ständig Läuse«, erwidert er, und Marie küsst ihn flüchtig auf die Lippen. Ein freundlicher Kuss, denkt er, ein zögerliches Küsschen, aber es reicht ihm. Das sollte mehr als genug sein. Es ist großzügig von ihr, ihm einen solchen Segen mitzugeben. »Ich fühle mich wie ein Frosch«, witzelt er, obwohl ihm augenblicklich bewusst wird, wie grotesk er im Licht dieser Bemerkung aussehen muss – er fordert Marie geradezu heraus, sein Gesicht mit dem eines Froschs zu vergleichen –, unbeholfen weicht er einen Schritt zurück und wischt sich die Augen mit den Handgelenken.

»Aber ich will nicht, dass Ihr Euch in etwas anderes verwandelt, Charles«, sagt sie.

»Ich sollte besser gehen«, erwidert er. »Ich danke Euch für alles, Marie, und entschuldige mich. Das war … ungehörig von mir. Ich« – er sucht nach einer passenden Formulierung. Wo ist ein gutes Racine-Zitat, wenn man es braucht? Er kann nur an »Eine Glut, die man verdeckt, bricht um so mächt'ger nur hervor« denken, was in diesem Augenblick nun wirklich nicht angemessen ist. *Ruhe, Seele! Bitte gib Ruhe!*

»Was für ein Parnass das war, Madame«, bringt er stattdessen heraus. »Ich meine damit: Euer Salon wird als Höhepunkt der französischen Zivilisation in die Geschichtsbücher eingehen. Ihr müsst wissen, dass ich Euch schrecklich bewundere.«

»Und dabei dachte ich, Ihr wärt in mich verliebt«, sagt sie und hat offensichtlich eine Entscheidung getroffen. Ihr rundes Gesicht ist zu ihm hochgeneigt – die vollen Lippen, das kleine Kinn – ihre Augen braunwarm wie Pelz, und er merkt, dass er sie sehen kann. Er kann das Ich in ihrem Innern sehen, und sie kann auch in ihn hineinblicken.

»Wie bitte?«, fragt Charles, das Gesicht zu einer hässlichen Grimasse verzogen, denn er wagt nicht einmal zu hoffen. Sollte er sie missverstanden haben, dann stirbt er lieber.

»Es war so schön, das zu hören«, gesteht ihm Marie. »Ja, es stimmt, dass ich nicht frei bin, eine Ehe einzugehen. Aber es wäre mein größter Wunsch, dass Ihr mir erlauben möget, Euch ebenfalls zu lieben.«

»Bitte«, sagt er. »Träume ich?«

Die Antwort ist ein schnelles Kopfschütteln, und dann ein Kuss mit vollem Mund, mit ganzem Fleisch und Blut. Diesmal küsst sie ihn richtig, auf die französische Art, und sie küssen sich und küssen sich – welch köstliche Erleichterung! Wenn es so etwas wie den Kuss wahrer Liebe gibt, dann müssen wir diesen Kuss zu einem solchen ernennen: dieser Augenblick, in dem ihr ganzes Leben erbebt wie die in einem Tautropfen sich spiegelnde Welt.

25.

Das Märchen
vom verzauberten Brief

Aber wartet – bleiben wir noch ein wenig länger am Feuer sitzen. Vielleicht habt ihr gedacht, ich, eure Mutter Gans, würde das Märchen an dieser Stelle beenden. Natürlich wollen wir den Salonniers und Salonnières nicht bis ins Grab folgen. Aber eine Geschichte habe ich noch, die ich euch erzählen will.

Ein paar Monate später ist der Herbst da und mit ihm rote Beeren wie Blutstropfen, Eicheln und Walnüsse, Spinnweben, Altweibersommer. Die Bäume ziehen Säfte und Nährstoffe in ihr Inneres zurück und machen sich bereit für den langen, verzauberten Schlaf, und die Blätter – die in ihrer Jugend einfach nur grün waren – werden in ihren letzten Stunden unverwechselbar: fleckig, löchrig, gekräuselt, mit Pocken und roten Spitzen, in den Farben von Lebkuchen, Bärenfell, Kürbis, Widder, Haferbrei und blutigem Schlüssel.

All diese Farben, das Wogen der entfernten Bäume, kann Henriette-Julie de Murat nur von Ferne aus ihrer steinernen Zelle im Château de Loches sehen, der riesigen, aus dem neunten Jahrhundert stammenden Burg im Tal der Loire, die Ludwig der XIV. als Gefängnis nutzt. Henriettes Aussicht ist auf ein winziges Fenster beschränkt. Nachts hört sie von weit her das Heulen der Wölfe, am Morgen kriechen die ersten Lichtstrahlen über den Horizont wie zu Gold gesponnenes Stroh.

277

Henriette trägt keine Perücke, ihr schwarzes Haar ist geflochten, ihr Kleid ist einfach. »Einen schönen guten Morgen, Sire«, begrüßt sie das Rotkehlchen, das morgens oft an ihrem Fenster landet, angelockt von der Spur aus Brotkrumen, die sie ihm zwischen die Gitterstäbe streut. Heute hat er irgendetwas Zappelndes im Schnabel. Sie nennt den Vogel Misslieb. Manchmal kommt Misslieb jetzt sogar auf ihren Schreibtisch gehüpft, wenn sie Briefe schreibt, und scheint zu ihr aufzublicken: welch kleine, weiche Federn, welche scharfe schwarze Augen! »Ist das ein Wurm in deinem Schnabel, oder freust du dich einfach, mich zu sehen?«, fragt Henriette und ist einen Augenblick lang zufrieden mit sich selbst.

Auf so etwas verwendet sie heutzutage ihren Witz. So langweilig ist ihr Leben geworden.

Aber immerhin wird sie im Château de Loches von niemandem geschlagen. Sie darf die Bibliothek benutzen, weswegen sie viele, viele Bücher liest; sie schreibt Gedichte und arbeitet an einer Gruselgeschichte und einem Märchen, das »Der Schweinekönig« heißt, manchmal befriedigt sie sich selbst. Sie muss am Gottesdienst teilnehmen und hat insofern reichlich Gelegenheit, über ihren Glauben nachzudenken; nach vielen Überlegungen ist sie zu dem Schluss gekommen, dass sie keinen besitzt.

Wenigstens darf sie Korrespondenz empfangen. Jeden Morgen, wenn die Briefe eintreffen, lässt Henriette sie erst eine Weile liegen, um die Vorfreude zu genießen, dann öffnet sie die Briefe und liest sie langsam und sorgfältig, stellt sich vor, sie würden ihr mit der Stimme ihrer Freundinnen vorgelesen. Heute im Morgengrauen ist einer von Madame d'Aulnoy eingetroffen, wie sie sieht. Von ihrer lieben Marie. Sie öffnet ihn.

Liebe Henriette,

ich schreibe Euch aus Paris, wo es allen gut geht. Ich glaube, ich habe Euch in meinem letzten Brief berichtet, dass Charles und ich zu einem Einverständnis gelangt sind. Wir führen nach wie vor zwei getrennte Haushalte – wie es angesichts meines Standes als verheiratete Frau angemessen ist –, aber ich kann voller Freude berichten, dass wir uns täglich sehen. Wir gehen häufig zusammen ins Theater, spazieren durch die Tuilerien oder besuchen den neuen Salon seiner Cousine Télésille – sie hat die Samstagsempfänge ihrer Freundin Mademoiselle de Scudéry übernommen. Unsere Söhne und Töchter geben ein sehr fröhliches Bild ab, wenn wir am Wochenende zusammen speisen. In der letzten Zeit hat sich mein Einkommen durch den Verlust eines Mäzens stark verringert, aber ich habe einen Teil meines silbernen und goldenen Tafelgeschirrs zu einem vernünftigen Preis verkauft, und ich weiß, dass ich gemessen an meinen Umständen immer noch von Glück sprechen kann – immerhin musste selbst der König jüngst etwas von seinem Geschirr einschmelzen lassen, um seine Kriege zu finanzieren.

Ich vermute, dass Télésille Euch mindestens zweimal am Tag schreibt. Und vielleicht habt Ihr ja auch mit Charlotte-Rose korrespondiert? Ich freue mich berichten zu können, dass sie sich gut in der Abtei Gercy-en-Brie eingerichtet zu haben scheint. Sie macht sich im Küchengarten nützlich (sie schreibt mir stolz von der Größe ihrer Rüben!) und verfasst natürlich weiterhin vorzügliche Literatur. Die Nonnen scheinen sich dort ihre eigene kleine Insel der friedvollen Freuden geschaffen zu haben. Ich habe außerdem gehört, sie arbeite an ihren Memoiren: Pensées chrétiennes de défunte de Mlle de la Force.

Andere Freundinnen aus meinem Salon müssen Euch aber sicherlich sehr fehlen. Charles zitierte neulich den Theaterautoren Racine – Ihr wisst ja, welch wunderbares Gedächtnis Charles für Zitate hat –, und ich möchte diesen Brief mit Racines Worten beschließen und Euch beschwören, die Hoffnung nicht aufzugeben, dass auch Ihr geliebte Menschen wiedersehen werdet:

»Die Glut der Liebe lässt sich nicht
Verschließen in des Busens Schrein, bei ihr
Wird Alles zum Verräter: Blicke, Worte
Und selbst das Schweigen. Eine Glut, die man
Verdeckt, bricht um so mächt'ger nur hervor.«

Habt Ihr eine Kerze in Eurem Zimmer, liebe Freundin?

In tiefer Zuneigung,
Marie d'Aulnoy

Die Antwort lautet Ja: Auf Henriettes Schreibtisch steht eine Wachskerze. Sie betrachtet sie. »Eine Glut, die man verdeckt, bricht um so mächt'ger nur hervor«, sagt sie laut vor sich hin. »Eine Glut, die man verdeckt, bricht um so mächt'ger nur hervor.«

Ein Geistesblitz durchzuckt ihren Kopf, und ein Lächeln umspielt ihre Lippen.

Als Henriette die Kerze angezündet hat, hält sie den Brief über die tanzende Flamme und sieht, wie ein zweiter Text –

wie durch Zauberhand – langsam unter Maries Worten zum Vorschein kommt. Die mit Zitronensaft gekrakelte Schrift verdunkelt sich auf dem von unten erleuchteten Papier:

Geliebte Henriette,

man kann nicht von mir erwarten, dass ich ohne die Liebe meines Lebens weiterexistiere. Ich kann nicht aufhören, an Euch zu denken, also weigere ich mich einfach, es zu tun. Mit Maries Unterstützung habe ich eine Kammerzofe bestochen, heute Abend ein Paket bei Euch abzuliefern, in dem sich Männerkleidung befindet. Sobald Ihr diese angezogen habt, wird die Zofe Euch dabei helfen, durch den Hinterausgang zu entkommen. Dort werdet Ihr mich auf meinem Pferd vorfinden, wo ich Euch voller Ungeduld erwarte. Ich hoffe, Ihr werdet mir die Kleiderwahl vergeben – Ihr müsst wissen, dass ich mich manchmal der Fantasie hingebe, Ihr wäret mein Prinz, denn ich bin, für immer,

Eure Prinzessin

Was glaubt ihr: Ob Henriette wohl weint oder lacht? Manchmal ist das schwer zu unterscheiden. Und ich kann auch nicht versprechen, dass sie glücklich sind bis an ihr Lebensende – das kann nicht mal eine alte Märchenerzählerin wie ich.

Aber eins schwöre ich euch: Jetzt gerade ist sie glücklich. Jetzt ist sie sehr glücklich.

Anmerkungen der Autorin

Dieser Roman ist inspiriert von den wahren Abenteuern der modernen Märchenerzählerinnen des ausgehenden siebzehnten Jahrhunderts, die den Märchen die Form gegeben haben, die wir heute kennen. Er ist zugleich eine kreative Auseinandersetzung mit den genialen Geschichten, die sie geschrieben haben. Ich lernte die *contes de fées* durch die Werke von Marina Warner, Jack Zipes und Angela Carter kennen, die ich sehr zur weitergehenden Lektüre empfehle. Im Dienst einer guten Story habe ich mir viele Freiheiten erlaubt – von wilden Spekulationen über das Sexleben der Salonnières bis hin zum sehr lockeren Umgang mit der Chronologie –, aber eins könnt ihr mir glauben: Ein schier unglaublicher Teil davon ist wahr.

Danksagungen

Ich bedanke mich bei meinen fantastischen Agentinnen, deren Glauben an dieses Buch mir sehr viel bedeutet hat: Jenny Hewson im Vereinigten Königreich und Lucy Carson in den Vereinigten Staaten. Bei Helen Garnons-Williams und Lauren Wein, meinem lektorierenden Dreamteam, für die absolut hundertprozentigen Anmerkungen: Der gesamte Prozess war eine große Freude für mich. Ich bedanke mich bei Ella Harold, Amy Guay und Sarah-Jane Forder fürs Korrekturlesen.

Ich bin jeden Tag voller Dankbarkeit für die Unterstützung durch meine Mum und meine Kinder Gruff und Cate. Eine besondere Erwähnung verdienen meine Schwiegereltern John und Helen, die uns auf einer sehr heißen Reise nach Paris und Versailles begleitet haben.

Ich widme dieses Buch meinem Mann Richard anlässlich unseres zwanzigsten Hochzeitstags, in ewiger Liebe.

Quellen

S. 7: Elisabeth Charlotte d'Orléans, *Die Briefe der Liselotte von der Pfalz, Herzogin von Orleans*. Carl Künzel (Hrsg.): Ebenhausen: Wilhelm Langewiesche-Brandt, 1912.

S. 13, 18 ff.: Leicht modernisiert nach Charles Perrault, »Eselshaut«. »Peau d'Âne«. In: *Contes de ma mère l'Oye*, 1697. Auf Deutsch in: *Märchen*, o. Übersetzerangabe, o. O., o. J., Projekt Gutenberg, Die weltweit größte kostenlose deutschsprachige Volltext-Literatursammlung.

S. 79, 119, 257: François de La Rochefoucauld, *Maximen und Reflexionen. Maximes et réflexions morales*, Deutsch von Konrad Nußbächer. Stuttgart: Reclam, 2012.

S. 152: Molière, *Don Juan oder Der steinerne Gast. Dom Juan ou le Festin de Pierre*, Deutsch von Benno Besson und Heiner Müller. Berlin: henschel SCHAUSPIEL Theaterverlag Berlin, 2006.

S. 161: Molière, *Tartuffe* (auch: *Tartüff*). *Tartuffe*, Lustspiel in fünf Akten, Deutsch von Ludwig Fulda. Stuttgart: J. G. Cotta'sche Buchhandlung Nachfolger, 1921.

S. 175 ff.: Leicht modernisiert nach Charles Perrault, »Blaubart«. »La Barbe bleue«. In: *Contes de ma mère l'Oye*, 1697. Auf Deutsch in: *Märchen*, o. Übersetzerangabe, o. O., o. J., Projekt Gutenberg, Die weltweit größte kostenlose deutschsprachige Volltext-Literatursammlung.

S. 205: Pierre Corneille, *Cinna oder Die Milde des Augustus. Cinna ou la Clémence d'Auguste: La célèbre tragédie*, Deutsch von Adolf Laun. Leipzig: Druck und Verlag von Philipp Reclam jun., ca. 1890.

S. 222 ff.: Leicht modernisiert nach Marie-Jeanne L'Héritier de Villandon, »Ricdin-Ricdon«. »Ricdin-Ricdon«. In: *Märchen der Welt*, Deutsch von H. Kletke, o. O., 1846.

Gedicht S. 225: Marie-Jeanne L'Héritier de Villandon, »Ricdin-Ricdon«. »Ricdin-Ricdon«. In: Ernst Tegethoff: *Französische Volksmärchen. 2 Bände.* Jena: Eugen Diederichs, 1923.

S. 253: Giambattista Basile, »Gagliuso«. »Gagliuso«, 1634. In: *Das Pentameron*, Deutsch von Felix Liebrecht. Leipzig: Philipp Reclam jun., 1979.

S. 262 ff.: Leicht modernisiert nach Marie-Catherine Le Jumel de Barneville d'Aulnoy, »Die weiße Katze«. »La chatte blanche«, Deutsch von Charles Joseph Mayer. In: *Das Cabinet der Feen oder Gesammelte Feen-Mährchen in neun Theilen, Fünfter Theil.* Nürnberg: Gabriel Nicolaus Raspe, 1763.

S. 275, 280: Jean Racine, *Andromache. Andromaque.* Tragödie in fünf Akten, Uraufführung 17. November 1667, Deutsch von Adolf Laun. Leipzig: Verlag des Bibliographischen Instituts, ca. 1890.